KB043164

삶은 모든 인간에게 한 번쯤 어깨를 두드리며
성격과 재능에 맞는 아주 특별한 일을 할 기회를 준다.
인생 최고의 순간이 될 그 기회를
준비하지 못하거나 자격을 갖추지 못해 놓쳐 버린다면
그보다 더 큰 비극은 없다.
— 윈스턴 처칠

희망의 증거가 된 60개월의 패자부활전!

당신에게는
기회가
있습니다

박진수 지음

또다른우주

우리는 위기를 극복할
지혜와 능력이 있다

내 지갑 속에는 딸 예림이의 사진이 들어 있다. 60개월 동안 4억여 원의 빚을 갚고 연 수입 3억 8천만 원을 달성하겠다는 목표를 세워 혼신의 힘을 다했지만, 앞이 보이지 않을 때가 많았다. 그럴 때마다 해맑게 웃는 딸아이 사진을 보았다. 지치고 힘들 때 그 사진을 보면, 부정적인 마음이 바뀌면서 희망과 각오가 새롭게 차올랐다. '실패한 아빠로 기억되면 안 되는데…….' 부채상환 독촉 전화를 받고 카드론으로 돌려막을 때마다 결국 신용불량이 되어 파산신청을 해야만 할지도 모른다는 압박감이 가슴을 짓눌렀다. 그러나 딸에게 끝내 아빠가 재기하는 모습을 보여주고 싶다는 소망이 절망을 이겨냈다.

2016년 10월 서울보증보험 대리점을 시작한 지 5년 만에 나는 부채를 모두 상환했다. 비록 코로나19 팬데믹으로 영업활동에 큰 지장을 받아 연 수입 목표 달성 기간은 2년 연장했지만, 안정된 수익 기반을 확보해 경제적 자유를 달성했다. 간혹 딸과 저녁을 함께 먹을 때면 그렇게 기분이 좋을 수가 없다.

나는 엄마의 도움으로 카페를 운영하던 20대의 딸아이에게도 보증보험 영업자가 되도록 권유했다. 함께 영업하러 다니며 살아가는 방법과 소소한 요령들을 가르쳐 주는 것이 즐겁다. 나처럼 땀이 많은 딸아이가 무더운 날씨에 땀 범벅이 된 모습을 보면 안타까운 마음이 든다. 시간에 쫓길 때는 끼니를 거르기도 한다. 하지만 영업은 하면 할수록 몸에 익는다. 딸아이는 못 느끼겠지만, 처음 영업하러 다닐 때의 어색한 모습은 어느새 사라지고 이제는 가끔 여유마저 느껴진다.

사람들은 우리 부녀를 신기하게 바라본다. 대한민국에 딸과 함께 보험 영업을 하러 다니는 사람은 별로 없을 것이다. 나는 내가 하는 일이 자랑스럽고, 함께 그 길을 걷는 내 딸이 자랑스럽다. 땀의 가치를 느끼며 하루하루 영업을 하면서 성장해 나가는 딸아이를 바라보는 것이 행복하다.

더 이상 물러설 곳이 없을 때

오십을 바라보는 나이에 거처도 없이 직장인 월급으로는 평생 갚기 힘든 부채를 짊어진 이혼남……. 그게 바로 5년 전 내 모습이었다. 피부관리실을 운영하다 폐업한 후 비어 있던 상가에서 매일 밤 사람들의 눈을 피해 잠을 청했다. 어쩌다가 이렇게 되었을까? 후회와 한탄이 북받쳐 올라 잠을 이루기 어려울 때는 청주 시내를 흐르는 무심천(無心川)을 따라 달빛 아래 한참을 걸었다.

나에게도 40대 초반까지는 고소득을 올리던 남부럽지 않은 시절이 있었다. 순탄하게 살았다는 뜻은 아니다. 대학을 졸업하자마자 결혼하고 딸을 얻은 나는 장인이 운영하는 부품회사에서 일하며 가족을 부양했는데, 그 회사는 IMF 외환위기 이후 부도가 났다. 아버지는 경제적으로 어려워진 여러 지인에게 돈을 빌려주었다가 받지 못하자 술만 드시다가 당뇨합병증으로 돌아가셨다. 어머니 역시 충격에서 헤어나지 못하시고 위암에 걸려 고생하시다가 반복되는 항암치료로 쇠약해지셔서 돌아가셨다. 아버지는 67세, 어머니는 66세였다. 은퇴 후 별 어려움 없이 평화롭게 사시던 부모님의 삶은 불과 몇 년 만에 풍비박산이 나버렸고, 나는 마음의 준비가 전혀 안 된 상태에서 부모님 두 분을 한꺼번에 잃었다.

나는 지인의 소개로 생명보험회사에서 보험설계사로 일하면서 가까스로 가족을 부양하고 부모님의 치료비를 마련하던 중 뇌경색으로 쓰러졌다. 한동안 재활치료를 받으며 뇌경색 진단 보험금을 수령해서 생활했다. 그러던 중, 고등학교 동창 이성우에게서 연락이 왔다. 대기업에 다니다가 외자(외국자본)계 생명보험사로 이직했던 그는 종신보험 가입을 권유하려고 연락한 것이었지만, 내 형편을 알고 나자 저렴한 어린이보험 가입을 권유했다. 근래에는 하나생명보험 경영지원부장으로 재직하다 얼마 전 퇴직하고 물류센터에서 지게차 운전을 하고 있다. 퇴직하면 감정노동과 정신적 스트레스에서 비교적 자유로운 육체노동을 하고 싶어 했는데, 꿈을 이룬 셈이다.

어머니가 투병생활을 하실 때부터 연락을 주고받던 이성우는 장례식 이후 내게 새로운 일을 제안했다. 외자계 보험사 지점장들과 세일즈 매니저, 그리고 영업사원들이 독립해서 보험판매전문회사를 만들려고 하는데 한 번 와보라는 것이었다. 지금은 일반화된 법인보험대리점(General Agency, GA) 사업을 본격적으로 추진하려는 것이었다. GA는 여러 보험회사와 계약을 맺고 다양한 보험상품을 판매하는 대리점을 뜻한다. 나는 보험판매전문회사의 비전에 대해 들으면서 새로운 도전을 꿈꾸게 되었다. 보험상품을 만드는 회사와 판매하는 회사가 분리되는 것이 세계적인 추세라고 했다.

나는 국내 최초의 보험상품 판매 전문회사로 출범한 회사에 사업가형 지점장(기본급 없이 영업실적만으로 급여를 받는 형태) 명함을 받고 합류했다. 대학 시절 운동을 하다가 다쳐 오른쪽 다리를 수술하고 한창 일할 나이에 뇌경색을 겪고 나자, 앞으로 어떤 일이 생길지 모르니 기회가 왔을 때 반드시 잡아야겠다는 생각이 들었다.

미래에 대한 불안이 전 국민을 짓누르는 가운데 종신보험의 위력과 인기가 대단했다. IMF 외환위기 전후 금융계와 대기업에서 퇴출된 사람들이 외자계 보험사로 몰려들던 시기였다. 보험설계사로 일했던 경험이 큰 도움이 되었다. 무엇보다도 나 자신이 뇌경색으로 쓰러져 병원비와 생활비가 막막할 때 수령한 보험금이 삶을 지탱하는 힘이 되어주었기에 '보험의 가치'를 누구보다도 정확히 이해했고 교육을 통해 구성원들에게 생생하게 전달하며 의욕을 고취했다. 그 결과 내 지점에 속한 구성원 수가 100명을 넘어섰고 연 수입은 수억 원에 이르렀다.

부모님이 일찍 돌아가시면서 인생의 허무함을 느꼈기에 조기에 은퇴하고 하고 싶은 일들을 마음껏 하면서 살아야겠다고 생각하곤 했다. 요즘 식으로 말하면 나는 파이어(FIRE, Financial Independence, Retire Early)족이었다. 내 나이 44세가 되는 2012년 런던올림픽 개최 전까지 조기 은퇴하고, 현지에서 올림픽 경기를 직접 관람하겠다는 목표를 세웠다. 상가를 두 채 사서 한 곳에서는 임대료를 받고 한 곳에서는 언젠가 캐나다를 여행할 때 먹어 보았던 맛있는 티본스테이크 전문 요리점을 운영하면서, 직접 일하지 않고도 충분한 수입을 올려 평생 여행을 다니며 살고 싶었다.

그런데 내가 일하던 GA는 현재는 대주주 체제로 운영되지만, 당시는 종업원지주제로 출발했고 제도의 문제인지 경영 역량의 문제인지 판단하기는 어려우나 의사결정에 여러 문제점이 있었다. 사내에서 주주들 간에 무수히 의견충돌이 빚어지는 상황에서 여러 대형 보험사 담당자들이 수시로 찾아와 창업을 권유하고 자사 보험상품을 교육할 시간을 할애해 달라고 요청했고, 결국 나는 독립해서 G&P(Gloria&Partners)라는 GA를 창업했다.

그러나 영업을 잘하는 것과 경영을 하는 것은 차원이 달랐다. 나는 처절하게 실패했다. 금전적 손해보다 실패했다는 패배감이 나를 힘들게 했다. 하지만 그동안 모아둔 돈이 있어서 생활하는 데는 어려움이 없었다. 평소에 생각하던 제2의 인생을 시작할까 궁리하던 중 나를 높게 평가하던 외자계 생명보험사에서 지점장 자리를 제안받고 활동했으나 결과는 좋지 않았다. 열정 없이 바쁘게 돌아다니며 사람들을 만나느라 시간만 축내고 성과는 미미했다.

그때 지인이 산업용 기계 청소 약품을 외국에서 수입하는 회사에 투자하자고 제안했다. 청소년기 내 꿈은 무역업에 종사하는 것이었다. 그래서 무역학과에 진학했지만, 졸업 후 바로 결혼하게 되어 미래를 차근차근 준비하기보다는 당장 무슨 일이든 해서 가족을 부양해야 했기에 꿈을 포기하고 말았다. 지인의 제안은 오랫동안 잊고 있었던 내 꿈을 자극했다. 여러 경로로 알아본 결과 그 사업에 비전이 있다고 확신하게 되었다. 2억을 투자하고 기술팀과 함께 영업을 하러 다녔다. 그런데 영업은 말처럼 쉽지 않았고 투자금을 고스란히 날리게 되었다. 조금만 더 투자하면 잃었던 돈을 되찾고 수익도 올릴 수 있으리란 희망에 더 투자하고, 자금이 부족해지면 또 투자하기를 거듭했다. 그렇게 1년 반이 지나고 나니 남은 돈이 없었다.

전에는 보이스피싱 범죄나 투자 사기를 당한 사람들을 보면, 여러 번 손실을 막을 기회가 있었는데 왜 당할까 싶었지만, 지금은 이해가 간다. 처음에 100만 원 빌려주기는 어려워도 빌려주다 보면 채권자나 투자자가 더 아쉬운 입장이 되고 금액이 점점 커져 나중엔 수천만 원, 수억 원이 된다. 투자한 회사에 보증으로 얽혀 있어 그 회사의 부채도 일부분 떠안게 되었다. 빚은 빚을 낳는다는 말 그대로 금세 금액이 불어났다. 나는 친구들에게 돈을 빌려서 만기가 돌아온 대출을 갚기 시작했다. 궁할 때는 단돈 만 원도 그렇게 귀할 수가 없었다.

시간이 흐를수록 더욱더 궁핍해졌다. 카드 리볼빙(revolving, 대금 중 일부만 결제하면 나머지 금액은 대출로 자동 전환되는 결제 방식)이 얼마나 무서운 것인지 시간이 한참 흐른 후에야 알았다. 나는 은행 VIP 고객에서 이자 지급일만 다가오면 마음이 죄어드는 채무자로 바뀌어 있었다. 저축은행 대출, 마이너스통장, 카드론……. 하루하루가 고통의 연속이었다. 압박감과 불안에 시달리고 원망과 배신감이 가슴에 사무쳤다. 지금 생각해보면 사채를 쓰지 않은 게 불행 중 다행이었다. 사채까지 썼다면 상상하지 못할 나락으로 굴러떨어졌을지도 모른다.

내가 꿈꾸던 목표를 거의 이루어가고 있을 때, 더 많은 돈을 단번에 벌어보겠다는 욕망이 판단을 흐렸다. 그다음에는 투자 실패를 만회하겠다는 조급함이 부채까지 동원하는 무리한 투자로 이끌었다. 잠이 들 때마다 이 악몽 같은 상황이 꿈이길 바랐지만, 눈을 뜬 현실에서 당면하게 되는 것은 채무상환을 독촉하는 전화와 고지서뿐이었다.

아내는 독촉장이 날아오지 않게 하라고 모아둔 돈을 내게 주고 친척들에게서 돈을 융통해주기도 했다. 충분히 심사숙고하지 않고 이른 나이에 결혼한 우리 부부는 처음부터 성격이 잘 맞지 않았다. 그래도 한창 열심히 일하고 아이를 키울 때는 문제가 표면화하지 않았으나, 내 부채 문제가 악화되면서 우리는 결국 이혼하게 되었다.

이혼하고 나니 당장 거처가 문제였다. 새출발하려고 피부미용사 자격증을 따서 피부관리실을 운영하던 중 서울보증보험을 알게 되어 대리점을 시작한 지 얼마 되지 않았던 시기였다. 파산신청을 하지 않고 수억 원의 부채를 모두 갚으려고 결심한 나에게는 원룸 월세도 부담스러웠다. 나는 피부관리실을 접은 후 아직 세입자를 구하지 못해 계속 월세를 내던 빈 상가에서 자기로 했다. 매일 밤 몰래 상가에 들어가 야전침대를 펴놓고 잠이 들었다가 새벽에 빠져나왔다.

전 부인과 딸이 경제적으로 어렵지 않고, 딸아이가 이미 성인이라는 것이 정말 다행이었다. 전 부인은 피아노학원을 운영해 생활에 어려움이 없었다. 또한 혼인 중일 때 내가 아내 명의로 해두었던 아파트를 팔아 여러 채의 오피스텔을 매입해서 월세를 받고 있었는데, 이혼하면서 재산분할을 하지 않고 모두 양도했다. 딸아이가 엄마와 함께 살기 때문이었다. 부모님

이 돌아가신 후 유산으로 물려받아 우리 가족이 거주하던 오래
된 아파트만 내게 남았는데, 이미 담보대출을 많이 받은 상태
였다. 이혼 후 나는 그 아파트에서 나왔지만, 지금도 내 명의로
되어 있고 대출이자를 내고 있다.

　더 이상 물러설 곳이 없었다. 성공하기 위해서가 아니라 평
범한 일상을 되찾기 위해, 소박한 행복을 누리기 위해, 내가 가
진 모든 지혜와 능력을 쥐어짜고 전력을 다해 뛰어야 했다.

반드시 행복을 되찾기 위해

IMF 시절, MBC 다큐멘터리 〈성공시대〉에 1화로 방영된 정주
영 현대그룹 회장 편을 보고 회장님을 존경하게 되었다. 기업
들이 연쇄 부도로 쓰러지고 고개를 돌리면 어디서나 사람들이
대량으로 실직하던 때였다. 소설 속 주인공이 아닌 우리 주변
에 살아 숨 쉬는 사람의 실화를 방송으로 보니 손에 잡힐 듯 너
무나 생생했다. 정주영 회장님은 숙명처럼 온 가족을 짓누르던
빈곤에서 벗어나려고 가출을 네 번이나 하며 부두에서 막노동
을 하고 쌀집 배달부도 했다. 세계가 놀란 한강의 기적을 이끈
경제지도자가 나보다 훨씬 더 열악한 처지에서 시작했다는 것
이 내게 커다란 희망을 주었다.

　방송 이후 나는 왕회장님의 팬이 되었고, 사회생활을 하다가

어려움을 겪을 때면 회장님의 불굴의 의지를 떠올리며 반드시 극복할 수 있다고 나 자신에게 되뇌곤 했다.

행복을 되찾기 위해 내가 가장 먼저 한 일은 중고서점에 가서 정주영 회장님의 자서전 『이 땅에 태어나서』를 구매한 것이었다. 중고서점에는 그 책이 네 권 있었다. 나는 책을 사자마자 근처 공원에 가서 읽기 시작했다. 책을 읽을수록 가슴속에 끓어오르는 무언가를 느낄 수 있었다. 나는 벤치에 누워서 흘러가는 구름을 바라보았다. 시대가 다를 뿐이지 정주영 회장님도 얼마나 힘든 과정을 거치며 고독한 삶의 투쟁을 이어 나갔을까? 가족과 직원들의 생계를 책임진 채 빚더미 속에서 사업을 추진하는 동안 얼마나 마음의 고통과 압박이 심했을까? 그러나 결국 이겨내지 않았던가?

나는 책을 읽다가 다시 서점으로 가서 남은 세 권 중 두 권을 추가로 구입하고 한 권은 언젠가 이 책이 필요할 나 같은 사람을 위해 남겨두었다. 나는 『이 땅에 태어나서』를 교과서로 삼아 그대로 실천하기로 결심했다. 이 책은 행복을 찾기 위해 전력투구한 지난 5년간 내 행동 수칙이 되었다. 내 딸은 물론, 어려움을 겪는 친구들을 볼 때마다 이 책을 선물했다.

서울보증보험 인사철이 되어 지점 관리자가 바뀌면 내게 처음 건네는 말이 있다. 수십 년간 이 일을 했지만, 나처럼 연 수입이 단기간에 증가한 사람은 처음 본다는 것이다. 또는 영업 실적 상승곡선을 보면 몇 년 뒤의 수입이 궁금하다, 특별한 배경이나 인맥 없이 나처럼 발로 뛰어 시장을 개척해서 급성장하는 대리점은 앞으로도 나오기 힘들 거라는 등의 얘기다.

그러나 나는 성공한 기업가도 아니고, 아직은 부자도 아니다. 그런 내가 책을 집필하는 이유는 『이 땅에 태어나서』가 내 인생을 바꾸었듯이, 내 이야기가 누군가에게 조금이라도 힘이 되어주기를 바라기 때문이다. 보증보험 영업을 하면서 만난 사람들은 '대표님은 열정이 넘쳐서 안 되는 일이 없겠다, 그렇게 부지런하면 돈을 안 벌 수 없겠다'고 말하곤 했다. 내가 카드로 빚을 돌려막으며 하루하루 살얼음판을 걷고 있을 때도 사람들은 내게서 희망을 보았다.

행복을 찾아서 살아온 지난 60개월 동안 생각지도 못한 코로나19 발발로 영업활동이 대폭 위축되었다. 발로 뛰는 방문영업을 주로 해온 나는 거래처에 피해를 줄까 봐 불안감에 휩싸여 마스크를 두 개씩 겹쳐 쓰고 다녔다. 다행히 내 목을 옥죄던 4억여 원의 부채는 모두 갚았지만, 거래처들의 상황은 좋지 않았다. 특히 여행사 대리점들과 많이 거래하던 나로서는 그분들의 고통을 옆에서 함께 느끼며 너무나 안타까웠다. 대표님들이 아르바이트로 생계를 꾸렸고 직원들은 그만두고 다른 직업을 구했다. 종종 찾아가던 저렴하고 맛있는 식당에 코로나 확진자가 들렀던 사실이 알려져 손님이 완전히 끊기고 오랫동안 영업을 중지하는 것을 보면서 코로나19로 바뀌는 우리나라의 모습이 안타까움을 넘어 공포로 다가왔다.

감염병 위기가 한풀 꺾이자 원자재 가격이 줄줄이 인상되었다. 기름값이 오를 때, 정유사와 주유소는 채권을 확보하기 위해 비상이 걸린다. 주유소는 정유사에서 기름을 사 와야 하는데, 러시아와 우크라이나 간 전쟁 발발 이후 거의 1.5배 이상으로 매입가가 올라 현금이 부족했다. 그래서 상품판매대금 보증보험증권 발행을 문의하는 전화가 엄청나게 쇄도했다. 유가가 급등하면서 정유사 전화에 응대하고 주유소를 방문하느라 밥 먹을 시간이 없을 정도로 바빴다.

거래처 중 한 곳인 현대오일뱅크 대전지사 대회의실에는 '우리는 위기를 극복할 지혜와 능력이 있다'라는 정주영 회장님의 말씀이 적힌 액자가 걸려 있다. 정주영 회장님은 1차 석유파동으로 세계경제가 극도로 침체되었을 때 이를 오히려 기회로 삼아 중동에 진출해서 외화를 벌어들이고 우리나라 건설업의 능력을 전 세계에 보여주었다.

수많은 기업과 소상공인, 개인들은 현재의 경제난을 제2의 IMF 사태 또는 제3차 석유파동으로 받아들이고 있을 것이다. 누구든 개인적 환난, 국가적 환난에 맞닥뜨리더라도 중심을 잃지 않고 앞으로 나아가길 바란다. 나는 어떻게 삶의 밑바닥에서 몸을 일으켜 조금씩 희망을 키우고 삶의 기쁨을 되찾을 수 있었는지, 이제부터 내 이야기를 펼치려 한다.

차례

1장

희망이
나를
자유롭게
하리라

Hope can set you free

빈 상가에서 잘 때 너무 어둡고 적막해 오히려 잠이 잘 오지 않을 때는 스마트폰으로 영화를 보았다. 나는 영화를 무척 좋아한다. 한때는 개봉하는 영화를 거의 다 볼 정도였다. 청주에서 고등학교에 다니던 시절 〈백 투 더 퓨처〉라는 SF영화를 최신 음향효과로 감상하기 위해 돌비시스템이 완비된 서울 종로의 영화관까지 원정 가서 관람한 적이 있다.

아무리 힘들 때도 일주일에 한 번은 극장에서 영화를 보곤 했다. 코로나19 팬데믹 이후에도 조금 꺼림칙하긴 했지만, 한편으론 극장이 거의 텅텅 비어 오히려 제일 안전한 곳일 거라는 생각에 가끔 영화를 보러 갔다. 영화와 책을 보면 주인공의 삶 속으로 녹아 들어가 현재의 내 인생에 잠시 거리를 둘 수 있었다. 주인공의 희로애락을 함께 느끼며 현실의 무게에서 잠시 자유로워지고 동시에 내 삶을 남의 일처럼 객관적으로 바라볼 여유도 생겼다.

힘들 때 보고 또 본 영화들은 톰 행크스의 〈캐스트 어웨이〉, 팀 로빈스의 〈쇼생크 탈출〉, 윌 스미스의 〈행복을 찾아서〉, 이선 호크의 〈얼라이브〉, 스티브 매퀸의 〈빠삐용〉 등이었다. 〈캐스트 어웨이〉에서 무인도에 혼자 살아남은 톰 행크스는 집으로 돌아가 약혼녀를 만날 날을 상상하며 매일매일 탈출하려는 계획을 세우고 행동으로 옮긴다. 불을 피우기 위해 갖은 노력을 다하고 시행착오를 거쳐 마침내 성공하는 장면은 지금도 내 머릿속에 남아 있다. '도전', '열정'이라는 단어는 톰 행크스가 고투 끝에 불을 피우는 장면으로 내게 각인되어 있다.

〈얼라이브〉에서 다른 사람들이 그냥 추락한 비행기에서 구조를 기다릴 때 이선 호크는 희망이라는 두 글자를 생각하면서 영하 40도의 혹한을 견디며 안데스산맥을 넘어 구조 요청에 성공함으로써 자신도 살고 구조를 기다리던 사람들도 살릴 수 있었다. 살인 누명을 쓰고 악명 높은 교도소에 수감된 스티브 매퀸이 여러 번의 시도 끝에 탈출에 성공하는 영화 〈빠삐용〉은 자유를 향한 인간의 의지를 강렬하게 보여준다.

나는 왜 이런 영화들을 좋아했을까? 옴짝달싹하지 못하게 나를 옥죄는 부채가 내겐 감옥이었다. 빚 독촉과 이자 상환에 시달려 늘 불편하고 불안한 내 마음은 자유를 잃어버린 지 오래되었다. 극한상황에서 살아남고, 일상으로 돌아가려는 주인공들의 생존의 욕구, 삶에 대한 열정은 빚을 다 갚고 평범한 삶으로 돌아가고 싶었던 내 마음과 똑같았다.

나는 그들처럼 상어가 들끓는 바다에 몸을 던질 필요도 없었고, 영하 40도의 혹한 속에서 걷고 또 걷지 않아도 되었다. 굶주림에 시달리며 벌레를 잡아먹거나 인육을 먹을 필요도 없었다. 내게 필요한 것은 시간, 그리고 그 시간을 최대한 효과적으로 활용하는 행동이었다. 열정으로 꽉 채운 시간이 결국 날 자유롭게 하리라.

그중에서 내가 가장 많이 반복해서 본 영화는 〈행복을 찾아서〉와 〈쇼생크 탈출〉이었다. 2007년 〈행복을 찾아서〉가 개봉했을 때는 경제적으로 윤택했기에, 그냥 잘 만들었다, 재미있다고 여겼다. 그런데 형편이 어려워진 후에는 똑같은 영화를 보면서도 너무나 현실감이 느껴졌다. 특히 윌 스미스가 잘 곳이 없어 화장실에 기대앉아 자는 장면을 보면 나도 모르게 내 모습과 오버랩이 되어 기분이 묘했다. 빈 상가에서 자고 일어나 그 건물에서 일하는 사람들과 마주치지 않으려고 화장실을 찾아 먹자골목으로 향할 때면, 어쩌다 이렇게 되었을까 자조하며 헛웃음이 나오기도 했다. 밤마다 잠자리를 찾아 헤매다가, 낮에는 시간을 쪼개 쓰며 연신 전화기에 매달리고 고객을 찾아다니며 영업을 하는 윌 스미스의 모습은 영화의 한 장면이 아니라 현실의 내 모습이었다. 주인공의 자동차가 주차위반으로 견인되고 벌금을 내지 못해 유치장에 갇히는 모습은, 방문 영업을 하다가 불법주차로 과태료 통지서를 받고 막막했던 내 모습과 같았다.

이 영화는 크리스 가드너라는 실존 인물의 이야기여서 내겐 더욱더 희망의 증거가 되었다. 두 시간짜리 영화로 한 사람의 인생 전체를 알 수는 없지만, 목표를 향해 매진하는 주인공의 모습에서 많이 배웠다. 목표를 이룰 때까지 반복해서 도전하는 열정과 끈기, 이것만으로 그는 자신의 삶을 절망에서 희망으로 바꾸지 않았던가? 나는 어린 아들이 윌 스미스의 넥타이를 매주는 장면을 휴대전화 배경 사진으로 저장해 놓았다. 힘들 때면 항상 그 사진을 바라보았다, 언젠가 내가 정장을 입고 서울보증보험 신인상 시상식장에 서는 그날을 생각하면서.

〈쇼생크 탈출〉의 원제는 *The Shawshank Redemption*으로 '쇼생크의 구원'이다. 아내와 아내의 애인을 죽였다는 누명을 쓰고 쇼생크 교도소에 수감된 주인공은 억울함과 절망 속에서도 희망을 잃지 않고 끊임없이 탈출을 꿈꾼다. 절대권력인 교도소장이 지배하는 교도소에서 살아남는 법을 익히며 매일 조금씩 조금씩 탈출구를 만들어 가던 그가 의지할 곳이라고는 자기 자신, 그리고 희망이라는 자그마한 불빛뿐이었을 것이다. 사람들의 눈을 피할 수 있는 짧은 순간들을 틈타 주위를 경계하며 벽을 파나갈 때, 파도 파도 끝이 보이지 않을 때, 그는 무슨 생각을 했을까?

희망이 없었다면, 간수들이 휘두르는 권력의 횡포와 동료 죄수들의 폭력을 어떻게 견뎌냈을까? "희망은 좋은 것이고, 어쩌면 가장 좋은 것이다. 어떤 상황에서도 좋은 것들은 결코 사라지지 않는다(Hope is a good thing, maybe the best of things, and no good thing ever dies.)." 야외작업에서 동료들에게 시원한 맥주를 선물하고, 교도소 내에 작은 도서관을 만들어 책을 읽는 평범한 일상을 누리고, 그 삭막한 공간에 아름다운 오페라 아리아가 울려 퍼지게 한다. 그는 이 세상의 아름다움, 좋은 것들을 결코 포기하지 않고 감옥 내에서도 조금씩 실현한다. 그래서 결코 서두르지도 지치지도 않고 조금씩 희망의 세계로 나아갈 수 있었을 것이다. 부패하고 부조리한 교도소에서 타락하고 낙담한 사람들과 매일 똑같은 일과를 보내면 누구라도 무력감에 빠지지 않을 수 없을 것 같다. 하지만 그는 고통의 세월을 끝끝내 버텨내고 매일 조금씩 조금씩 벽을 뚫어서 마침내 탈출에 성공했다.

나는 19년 동안 굴을 파서 탈옥하는 장면의 짜릿함도 좋았지만, 누명을 쓴 주인공이 억울함과 분노로 몸부림치다가 점차 내면이 변화하는 과정이 인상적이었다. 그가 아무리 억울함을 호소해도 다른 죄수들은 그냥 흘려들을 뿐이었고 아무런 변화도 만들지 못했다. 나 역시 정말 열심히 살았는데, 내가 잘못한 게 아닌데, 왜 이런 불운을 겪어야 하냐고 술을 마시며 넋두리를 해봐야 다른 사람들은 심드렁하게 받아들이는 것 같아 힘이 빠졌고 때로는 술자리 분위기가 나빠지기도 했다. 아무리 하소연하고 아무리 변명해도, 상황이 바뀌기는커녕 더욱 악화되었다.

원망과 절망이 그렇지 않아도 어려운 삶을 갉아먹고 있었다.

주인공은 숱한 난관과 좌절 속에서도 19년간 자유로운 삶에 대한 꿈을 포기하지 않고 결국 이루어냈다. 아무리 현실을 부정하려 해도 나는 빚이라는 감옥에 갇혀 있었다. 친한 이들에게 넋두리한들 바뀌는 것은 아무것도 없고 나만 초라해질 뿐이었다. 내가 아무리 열심히 살았어도 잘못된 선택은 내 책임이었다. 시간이 흐를수록 부채는 늘어나고, 푸념하면 할수록 정신이 피폐해졌다. 모든 게 내 잘못이고 내가 책임져야 한다는 것을 받아들이는 순간, 마음이 편안해지며 눈앞이 환하게 밝아졌다. 내가 바뀌어야 변화가 시작된다.

나에겐 선택권이 있었다. "바쁘게 살아갈 것인가, 바쁘게 죽어갈 것인가?(Get busy living or get busy dying)" 이 대사는 내 마음을 사로잡았다.

나는 휴대전화에 있는 전화번호들을 몇 개만 남기고 지웠다. 가까운 지인에게 전화를 걸고 술을 마시며 넋두리를 늘어놓는 과거의 나와 결별하기로 했다. 나는 목표를 세우기 시작했다. 앞으로 어떻게 살아가야 할까? 안타깝게 돌아가신 부모님과 살아있는 딸아이를 생각하면 나는 절대로 죽을 수 없었기에…… 바쁘게 살기로 했다. 부단히 삶을 위해 투쟁하리라.

〈쇼생크 탈출〉 영화 포스터의 문구가 내 가슴을 쳤다. "두려움은 나를 가두고, 희망은 나를 자유롭게 한다(Fear can hold you prisoner, Hope can set you free)." 빈 상가에서 나와 찜질방에서 생활하던 어느 날, 나는 까치발을 한 채 아무도 발견할 수 없을 것 같은 후미진 곳에 이렇게 새겨넣었다. "Hope can set you free."

지금도 간혹 그 찜질방에 들를 때면 내가 새긴 문구를 찾아보고 슬며시 미소 짓는다.

자유를 되찾기 위한 5개년 계획

학창 시절, 책상에 ○○대학교 ○○학과라는 목표를 새겨놓은 친구가 있었다. 그 친구는 쉬는 시간도 없이 공부만 했다. 내가 수업시간이나 자습시간에 꾸벅꾸벅 졸면 등짝을 때려서 깨우곤 했다. 눈을 비비며 잠을 쫓는 나에게 "진수야, 잠은 나중에 입시 끝나고 자면 돼." 이렇게 얘기하곤 했다. 지금 생각해보면 그 친구는 나이에 안 어울리게 목표가 확실했던 것 같다.

그 친구의 성적이면 합격은 따놓은 당상이었고, 과연 몇 등으로 들어가느냐가 관건이었다. 드디어 대입 학력고사가 다가왔다. 그런데 하필이면 지독한 감기몸살로 시험을 망치고 말았다. 결국 희망했던 학과에서는 탈락하고 2지망에 합격했다. 나는 크게 상심했을 것으로 여겨 조심스럽게 "재수할 거니?"라고 물어보았다. "나는 동생도 있고…… 재수 못 한다." 친구는 의젓하고 어른스럽게 말했다. "대학에서 열심히 공부하다 보

면, 또 다른 길이 있겠지.” 그 애는 아르바이트와 장학금으로
스스로 학비를 마련하는 한편, 또 다른 목표를 세워 성공적으
로 사회생활을 시작했다.

보증보험을 시작하며 자유를 되찾기 위해 목표를 세울 때 그
친구가 자꾸 떠올랐다. 구체적인 목표를 세워 한결같이 정진하
되, 현실을 받아들이며 그 안에서 최선을 추구하는 자세…….
나도 뚜렷한 사업계획, 구체적인 목표를 세워야 했다. 목표는
내가 힘들 때 의지하고 나아갈 이정표이기 때문이다.

생명보험업계에는 성과를 측정하는 국제적인 기준이 있지
만, 손해보험인 보증보험에는 그런 기준이 없어 생명보험업계
를 기준으로 목표를 정했다. MDRT(Million Dollar Round Table,
백만달러원탁회의)라는 생명보험업계 보험·재무 설계사들의 국
제적인 모임이 있다. 이 단체의 회원은 보험계약 1백만 달러
이상을 달성한 설계사인 MDRT, MDRT의 세 배에 해당하는
COT(Court of the Table), 여섯 배에 해당하는 TOT(Top of the
Table)로 구성된다. 한국MDRT협회에 따르면, 2021년도 초
년도 수수료(신규 계약 첫해에 받는 수수료) 실적을 기준으로 한
2022년도 자격 달성 기준은 MDRT 62,308,300원(USD 66,000),
COT 186,924,900원(USD 198,000), TOT 373,849,800원(USD
396,000)이다. 초년도 수수료 외에도 보험료 수금 수수료, 상여
금 등이 지급되므로 MDRT의 연봉은 1억 원이 넘고, TOT의 연
봉은 6억 원을 훨씬 상회한다.

나는 2017년부터 2021년까지 5개년 계획을 정하고, 5년째
인 2021년에는 연간 45억 원의 보험료를 수금해서 TOT 초년
도 수수료 기준을 넘는 액수인 연봉 3억 8천만 원을 달성하겠
다는 목표를 세웠다. 수십 년이 넘는 장기보험상품 중심인 생
명보험업계에서는 매우 높은 초년도 수수료를 지급하는데 이
로 인해 설계사들이 보험계약만 열심히 하고 고객 서비스에 소
홀하다는 비판 여론이 조성되자, 월 납입 보험료의 1200%, 즉
보험 계약자가 1년간 납입한 보험료만으로 초년도 수수료를
제한한 규제가 나오기도 했다. 반면, 손해보험인 보증보험은
매년 갱신하는 상품이 많고 건당 수수료율이 낮지만, 반면에
고객을 계속 유지하면 매년 안정된 고정수익을 올릴 수 있고
새로운 고객이 생기면 그만큼 수입이 증가한다.

생명보험 TOT 초년도 수수료 수입을 손해보험으로 5년 안
에 달성하겠다는 것은 업계를 잘 아는 사람들일수록 비현실적
인 목표라고 고개를 절레절레 저었다. 내가 아는 손해보험설
계사 중 월수입이 3천만 원 이상 되는 사람은 한두 명뿐이었는
데, 경력이 20년 이상이었다. 그러나 4억여 원의 부채를 모두
없애고 새출발하려면 단기간에 높은 성과를 달성해야 했다. 카
드론이나 제2금융권 부채는 이자가 불어 나가는 속도에 숨이
막힐 지경이었다. 빚을 갚는 기간을 최대한 단축하는 것이, 이
자에 이자가 붙는 악순환의 고리에서 탈출하는 길이었다.

나는 경기도 연천 5사단에서 포병으로 군 생활을 했다. 그

당시 다락대훈련장 관측소에서 TOT(Time on Target) 사격을 본 적이 있다. TOT는 사격 방법의 하나로 포병부대나 지원부대의 모든 발사탄이 목표에 동시에 도달하도록 사격 시간을 통일하는 것을 뜻한다. 포탄이 떨어질 때 공포스럽기도 했지만, 정밀한 포격에 감동하기도 했다. 그런 정밀한 포격처럼 내 인생 두 번째 TOT를 정확하게 실현해서 경제적 자유를 얻고 싶었다.

자유를 되찾겠다고 결심하고 제일 먼저 한 일은 5개년 목표와 딸의 사진을 코팅해서 지갑에 넣은 것이었다. 사진 뒷면에는 "부모님, 약속 꼭 지키겠습니다!"라고 적었다. 한 달에 두 번 이상 꼭 부모님의 유골이 안치된 납골당에 찾아가기로 했다. 그러면 각오를 새로 다지고 더욱 열심히 일할 수 있을 것 같았다. 5개년 목표는 매일 아침 일하러 가기 전에 꺼내 본다. 그날 이후 지금까지 늘 지갑에 지니고 다닌다.

피부관리실 사업

생명보험업계에서 지점장으로 일하다 그만둔 지 오래되어 서울보증보험을 알게 되기 전까지는 다시 보험영업을 시작할 생각은 전혀 하지 못했다. 그보다는 바로 현금이 생기는 사업을 해서 빚을 갚고 재기에 성공하려는 계획을 세웠다.

거듭된 투자 실패와 부채로 괴로워하던 시절, 함께 막걸리를 마시며 나를 위로하던 친구가 이렇게 제안했다.

"지인과 돈 문제는 해결됐냐? 그 돈 해결되면 장사 한번 해봐라. 전에 유명한 삼계탕집에서 육수 내는 법도 배우고 카운터도 봤었잖아. 일본 가서 삼계탕집 한다고 했었지? 모자라는 돈은 내가 빌려줄게. 너 장사하면 잘할 거 같아."

나는 틈만 나면 이것저것 배우는 것을 좋아하고, 특히나 삼계탕을 좋아해서 유명한 삼계탕집에 주말이면 찾아가서 공짜로 설거지를 하고 테이블을 치우며 사장님께 육수 내는 법을 가르처 달라고 한 적이 있다. 사장님은 신기했는지 왜 배우려고 하냐고 물었고, 나는 삼계탕을 아주 좋아하는 데다 나중에 일본에 가서 장사로 성공하고픈 생각도 있다고 말했다. 사장님은 말없이 웃기만 하다가 내가 정말로 주말마다 장사를 준비하기 시작하는 9시 30분 전에 도착해서 홀 청소를 하고 그릇을 닦는 것을 보며 드디어 육수 내는 법을 가르쳐 주었다. 그렇게 주말마다, 평일에도 시간이 날 때마다 일을 도와주며 배우니 제법 요리법을 익히게 되었다. 거기서 일한 지 얼마 안 되어 초복을 맞이했는데, 그날은 뚝배기 수백 그릇을 닦았다. 여름 한 철 그렇게 삼계탕집에서 일하고 나니 몸무게도 많이 빠졌었다. 몇 주 후 앞으로는 못 올 것 같다고 하니 주인 할머니가 아쉬워하셨다. 당시는 수입이 좋아 장사를 시작할 이유가 없었고, 애초에 막연한 생각에서 배웠던 것이라 일이 바빠지면서 자연히 그 꿈은 접어두게 되었다. 일본에 혐한 분위기가 고조되고 한일 관계가 나빠지면서 일본에 진출하지 않길 잘했다는 생각이 들기도 했다.

친구는 애정 어린 조언을 해주었지만, 내게는 삼계탕집을 시작할 자본이 없었다. 또한 삼계탕집은 성수기와 비수기의 구별이 뚜렷하고 점심 장사 위주라, 손님이 몰릴 때는 인력을 여러 명 고용해야 하고 여유자금이 충분해야 비수기를 버틸 수 있었다.

예전에 회사 워크숍에서 여성 직원들이 주고받던 이야기가 생각났다. 서울 강남에 있는 피부관리실에서 남성 피부미용사에게 서비스를 받았는데 생각보다 좋더라는 얘기였다. 나는 피부 문제로 고민하던 친구가 함께 가자고 졸라서 두어 번 따라가 그 친구 돈으로 피부관리를 받아본 적이 있다. 당시 가격이 만만치 않은데도 많은 이들이 피부관리를 받으러 다니는 걸 보고 사업적인 측면에서 흥미를 느꼈다. 내가 보기에는 고객에게 중요한 것은 피부관리 서비스인데, 화려한 인테리어, 핵심 상권의 높은 임대료 때문에 불필요하게 가격이 비싼 것 같았다.

비용을 낮추어 가격도 낮춘다면, 새로 사업에 뛰어들어도 기존 업체들과 충분히 경쟁할 수 있을 것 같았다. 접근이 편리하면서도 임대료가 낮은 상가를 찾아 인테리어를 직접 하고 화장품을 도매시장에서 싸게 구매하면, 반값으로 피부관리 서비스를 제공하는 것이 가능했다. 사업을 확장해서 직영점을 몇 군데 운영하고 프랜차이즈 사업도 하면 규모의 경제를 통해 원가를 낮추고 수익을 극대화해서 큰 사업으로 키울 수 있다고 생각했다. 항상 무역업을 꿈꾸었던 나는 친구와 술을 마시며 피부관리실 사업으로 중동에 진출하겠다는 포부를 늘어놓기도 했다.

"피부관리실 사업이 잘되면 중동에 진출할 수도 있을 거야. 우리나라 드라마를 좋아하고 한국 연예인들의 미모를 부러워하니까 뷰티사업인 피부관리실도 충분히 전망이 있어."

"중동? 어디?"

"두바이 어떠냐? 저렴한 가격에 최상의 서비스를 제공하는 시스템을 만들면 해외에서도 좋아할 거야"

친구는 어이없다는 표정으로 나를 바라보았으나 내가 술기

운에 농담으로 하는 얘기가 아님을 알아차렸다.

"그래. 잘됐으면 좋겠네."

늘어나는 이자에 점점 더 힘들어지며 결단을 내려야 하는 시점이 곧 다가왔고 나는 피부관리실 사업을 시작하기로 마음을 굳혔다. 정주영 회장님이 바닥부터 일을 배워 큰 사업을 하면서도 현장의 디테일을 놓치지 않았듯, 나 역시 이 사업을 속속들이 이해하기 위해 먼저 피부미용사 자격증을 따기로 했다. 피부관리를 직접 해봐야 고객이 원하는 바를 파악할 수 있고, 특히 원가를 정확히 파악해야 가격을 얼마나 낮출 수 있을지 알 수 있을 것이었다. 무엇보다도 초기 비용 중 가장 큰 비중을 차지하는 피부미용사 인건비를 해결하고 생활비도 벌어야 했다.

그런데 학원을 알아보니 남자를 받아주는 곳을 찾기 어려웠다. 간신히 남자 수강생을 받는 곳을 찾았는데, 그다음에는 모델을 구하는 게 문제였다. 피부미용사 시험장에 수험자가 모델을 데려가야 시험을 치를 수 있었다. 일단 학원에 등록했는데 수강생 20여 명 중 내가 유일한 남성이었다. 처음엔 어색했지만, 열심히 배우며 얼굴이 큰 인형을 놓고 연습했다. 3개월 과정이었지만 열심히 연습하여 1개월 조금 넘게 배운 후 시험에 접수했다. 국가에서 주관하는 시험으로, 수험자가 많은 여성 대상 시험은 자주 시행되는데, 남성 대상으로는 시험이 자주 없어서 시험을 놓치지 않으려고 짧은 기간 동안 열심히 연습했다. 시험 볼 때 모델이 어느 정도 몸을 노출하기 때문에 여성과

남성 시험을 따로 본다고 했다.

모델을 구하는 게 급선무였다. 나는 고등학교 동창인 동연이에게 부탁했다. 대기업에 다니다가 생명보험설계사로 일하는 친구였는데, 화장품 사업에 관심이 많았다.

"남자가 왜 하필 피부미용사를 하려는 거야?"

동연이가 이해가 안 간다는 투로 물었다.

"진입 장벽이 높을수록 시작은 어려워도 일단 버텨내면 성공 확률도 높을 것 같아. 남자 피부미용사라는 희소성이 장점이 될 수 있고. 무엇보다 내 무기는 좋은 화장품으로 반값에 최상의 서비스를 한다는 거야. 가능성 있을 것 같아."

"넌 참 독특해! 그래, 해줄게."

고개를 갸우뚱하던 동연이는 흔쾌히 허락해주었고, 업무 일정을 조정해서 내가 마침내 시험에 합격할 때까지 여러 번 시험장에 함께 가주었다.

남성이 실기시험을 통과하기는 어렵다고 했다. 특히 클렌징으로 화장을 깨끗이 지우는 게 여간 어려운 일이 아니었다. 팩이나 마스크를 조금도 깨뜨리지 않으면서 깨끗하게 클렌징 하는 시험을 칠 때는 군대에서 가스실에 들어가기 직전처럼 극도로 긴장했다. 처음 실기시험을 칠 때 나는 의외로 석고팩을 깨뜨리지 않고 완벽하게 클렌징을 해냈다고 생각해서 시험이 끝나자마자 동연이와 함께 서로 기뻐했다. 그러나 불과 1점 차이로 탈락했다.

다음 시험을 접수하고 연습에 매진하며 하도 얼굴 모양의 두

상 마네킹을 자주 쳐다보아서 그런지, 자려고 누워도 눈앞에 마네킹 얼굴이 어른거렸다. 시험에 합격하기 전까지는 자리에만 앉으면 무릎을 얼굴 삼아서 테크닉을 연습했다. 그러나 두 번째 시험에서는 더 낮은 점수로 떨어졌다. 기다릴 여유가 없었으므로 처음에는 대전에서, 두 번째는 서울에서, 세 번째는 전주에서, 네 번째는 광주에서 시험을 쳤다. 바쁜 일정을 조율해서 함께 가준 동연이에게 정말 면목이 없었다.

"야, 인마. 시작했으면 끝을 봐야지."

동연이는 전혀 불평하지 않고 오히려 나를 격려해 주었다. 미안하기도 하고, 고맙기도 했다. 동연이는 시간을 따로 내서 연습할 때도 모델이 되어주었다. 시험 모델은 2~3시간 동안 꼼짝하지 않고 누워 있는 일이라 여간 힘든 게 아니다. 시험 그대로 시간을 재면서 연습하는 것이라, 속으로 연신 미안해하면서도 어쩔 수가 없었다. 광주 시험에서 떨어지면 그다음 시험은 제주도였다. 시험 보다가 전국 팔도 다 가보겠다는 자조 섞인 말을 하곤 했다.

드디어 광주 시험이 끝나고 조마조마한 마음으로 기다리는데, 합격선보다 훨씬 높은 점수로 합격했다.

"동연아! 나 붙었다!"

동연이는 자기 일처럼 기뻐서 어쩔 줄 몰랐다. 사람을 대할 때나 일할 때나 그렇게 성심을 다하는 친구여서 나는 그의 평생 고객이다. 내 생명보험은 동연이를 통해 가입했다.

몸으로 때운 인테리어 공사

처음부터 가격 경쟁력을 중요하게 여겼기에 고객이 방문하는데 거리낌이 없으면서도 임대료가 낮은 상가를 얻고자 했다. 청주에서는 누구나 이름만 대면 알 만한 오래된 아파트 2층 상가가 임대 매물로 나와 찾아갔다. 상가 건물 곳곳이 공실로 비어 있었지만, 임대료가 저렴하고 아파트단지라서 안전하며 주차가 편했다. 오래된 상가 내부는 콘크리트 공간 그 자체로 선뜻 내키지는 않았지만, 워낙 임대료가 저렴해서 혹시 사업이 망하더라도 별로 손해 볼 일이 없다는 판단에 계약을 맺었다.

인테리어 공사가 문제였다. 낡은 싱크대에 수도꼭지 하나 있는 공간을 어떻게 하면 아늑한 곳으로 만들 수 있을까? 인테리어 하는 분들을 소개받아 얘기를 나눠 보니, 평당 100만 원씩은 잡아야 한다고 했다. 실평수 13평 상가였으니, 1,300만 원 정도 비용이 든다는 얘기였다.

내게 그 정도 비용은 무리였기에, 곰곰이 생각하다가 한용이 형을 찾아갔다. 한용이 형은 건설 현장에서 못 하는 일이 없는 사람이었다. 나는 어려서부터 산기슭에 집을 짓고 숲에서 풍욕을 하며 살고 싶었다. 넓지도 좁지도 않은 단층집에 내가 좋아하는 반신욕을 위해 편백나무로 마감한 욕실을 두고 마당에는 원두막 같은 작은 팔각정과 별채로 2~3명이 들어갈 수 있는 황토찜질방을 만들고 싶었다. 경제적으로 여유가 있을 때,

나는 군 생활을 함께한 김홍래 건축사를 종종 찾아가 집 짓기 계획을 이야기하곤 했다. 나도 집 짓기에 참여할 생각이었기에 시간이 나면 한용이 형을 따라다니며 집을 짓는 현장을 보고, 허드렛일을 도와주며 막걸리 한 잔을 얻어 마시곤 했다. 일을 도와주는 틈틈이 방수공사, 기둥 세우기, 용접, 벽돌쌓기 등 공정별 사진을 많이 찍어두었다가 헤어져 집에 돌아가면 사진들을 그때그때 정리해서 보관해 두었다.

나는 감자탕집에서 한용이 형을 만나 상가 내부 사진과 대략적인 공사 내용을 설명하며 도움을 요청했다. 형님은 "도배 빼고 하루 반이면 할 수 있겠는데"라고 말했다.

"형님, 하루에 끝내시죠."

"얼마나 부려 먹으려고?"

"그런데요, 형님. 나 돈이 없어요."

형님은 술잔을 들다가, "그럼, 어떻게 하자고?"라고 물었다.

"내가 형님 트럭으로 필요한 재료를 사 올게요. 형님이 공사를 맡아 주시고, 앞으로 며칠간 인부가 필요할 때 제가 일해드릴게요. 그러면 형님은 휴일 하루를 손해 보지만, 대신 일은 잘 못 해도 며칠간 부릴 수 있는 인부를 얻는 거니까요."

형님은 정이 많은 분이라 알았다고 하면서, 맥주도 사라고 했다. 나는 감자탕집에서 나와 택시를 잡았다.

"어디로 가게?"

"먹태집 좋은 데 있어요."

먹태를 좋아하는 한용이 형은 내심 기대했겠지만, 나는 계약한 상가로 갔다.

"어땠냐? 먹태집?"

형님이 텅 빈 상가를 둘러보며 어처구니없다는 듯이 말했다.

"여기가 피부관리실 자리예요. 하루에 공사 끝내려면 미리 재료를 사야 하니 불러주세요."

내가 나가서 먹태와 맥주를 사 왔고, 형님은 그동안 상가를 꼼꼼하게 살펴보며 계획을 세웠다. 줄자도 없었지만, 형님은 재료 명단과 수량을 얘기해 주었고, 나는 휴대전화 메모 앱에 기록했다. 공사 전날 건재상에 트럭을 몰고 가서 재료들을 구매해 상가에 옮겨 놓았다.

토요일 새벽, 한용이 형이랑 가까운 친구랑 셋이 인테리어 공사를 했다. 역시 기술자는 달랐다. 그 낡은 상가가 하루 만에 멋지게 탈바꿈했다. 건물 바깥벽에 붙이는 커다란 로드용 간판은 비용을 줄이기 위해 판넬에 시트지만 새로 시공해서 쓰기로 했다. 도배만 빼고는 모든 작업이 마무리되었다. 한용이 형이 좋아하는 횟귀집에 가서 한잔하는데 정말 기분이 좋았다.

"많이 드세요. 그리고 공사 현장에 사람 필요할 때 꼭 저를 부르세요."

군대 시절 간부가 사는 관사 보수작업에 많이 나갔었다. 나는 낫질은 못 하는데 삽질은 잘했기에 신병 때부터 김장독을 땅에 묻을 때면 고참들이 항상 나를 데리고 나갔다. 전방에 근무했던 사람들은 알 텐데, 전방의 전투사단은 시간이 나면 주둔지 진지공사나 보수공사를 한다. 관사는 부대 밖이라서 막노동하러 가면서도 나가는 것 자체가 해방감이 느껴졌고, 일하는 중간중간 막걸리와 중국음식을 시켜주니 관사 작업은 누구나 기다리는 일이었다. 하사관과 함께 공사를 하면 목욕탕에 갈 수 있는 때도 있어 나는 관사 작업을 정말 좋아했다. 그 당시 많이 했던 작업이 도배였다. 간부들이 전입, 전출하게 되는 인사철이면, 기본적으로 관사의 도배작업이 이루어졌다. 군대는 사회에서 할 줄 몰랐던 것들도 일단 지시를 받으면 어떻게든 해내게 되는 신기한 곳이다.

며칠 후 손재주가 좋은 친구와 둘이서 신나는 음악을 틀어놓고 도배를 했다. 이십 년도 더 지난 군대의 기억을 떠올리며 풀을 바르고 벽지를 붙이고 빗자루로 공기를 빼주고……. 우리는 스스로 해낸 작업에 만족해하며 일을 마쳤다. 우리는 함께 작업한 일을 무용담처럼 이야기하며 저녁을 먹고 헤어졌다.

다음 날 피부관리실에 간 나는 아연실색했다. 도배지가 쭈글쭈글해진 채 벽에서 떠 있었다. 분명히 빗자루로 쫙쫙 펴서 잘 붙였는데……. 나중에 알아보니 합지는 풀을 바르고 일정 시간 두었다가 벽에 붙여야 한다고 했다. 그런데 우리는 풀을 바르자마자 붙여서 쭈글쭈글하게 된 것이라고 했다. 오래된 기억을 떠올려 보니 군대에서도 풀을 바른 후 서로 붙지 않게 잘 접어서 쌓아놓고 밑에서부터 꺼내어 벽에 붙인 것 같았다.

친구 지인 중에 도배사가 있어서 엉망이 된 도배 상태를 사진으로 찍어 보냈다. 그는 깨끗이 떼어놓으라고 했다. 애써서 작업한 도배를 떼어내는 게 더욱 힘들었다. 실패한 도배지를 뜯어내는 데만 하루가 걸렸다. 그 도배사는 자영업을 하다가 잘 안 되어 도배를 시작했다고 한다. 아내와 둘이 팀을 이루어 도배하러 다니는데 지금은 찾는 사람이 많아 휴일도 없이 일하며 수입이 상당하다고 했다.

그 도배사는 상가를 둘러보고는 다른 곳에서 쓰다 남은 도배지가 있어 그걸 쓰려고 하는데, 조금 모자라니 입구와 구석은 색깔이 조금 다른 도배지로 해도 되냐고 물어봤다. 내가 상관없다고 했더니, 그냥 하루 일당 30만 원만 준비하고, 벽지만 잘 뜯어 놓으라고 했다.

"하루 종일 뜯었는데 더 뜯어요?"

"네. 깨끗하게……."

나는 새벽 서너 시까지 혼자서 벽지를 박박 긁어내어, 진짜 깨끗하게 해놓았다.

다음 날 친구의 지인이 와서 도배를 시작하는데, 감탄밖에 나오지 않았다. 두 사람이 하루 걸려 해낸 일을 몇 시간 만에 뚝딱 해치우며, 특히 구석구석 깔끔하게 마무리하는 솜씨가 예술이었다.

도배를 마치고, 나는 혼자 앉아서 피부관리실을 준비하던 지난 몇 개월을 생각해보았다. 수개월 만에 자격증을 따고 사업장을 임대하고 인테리어도 마쳤다. 총 110만 원으로 피부관리실 인테리어가 완성되었다. 해결된 문제는 아무것도 없이 이제부터 시작이었으나, 뭔가 작전을 하나 완수한 것 같은 느낌이었다.

원가분석과 홍보마케팅

왜 남자가 피부관리실을 하냐고 지인들이 고개를 갸우뚱했지만, 나는 남성 패션디자이너 앙드레김처럼 새로운 길을 개척해 5년 뒤에 반드시 7개의 피부관리실을 직영으로 운영하리라 마음속에 다짐했다. 피부관리 화장품과 미용용품을 좋은 가격에 매입하려 화장품 도매시장을 돌아다니며 발품을 팔았다. 경험은 없었으나 늘 그랬듯 부지런히 발로 뛰면 길이 생긴다는 확신이 있었다.

피부미용학원을 함께 다닌 교육생들이 축하해주러 찾아왔다.
"아저씨, 어떻게 홍보하실 거예요?"
"일단 지역 할인쿠폰 사이트에 광고를 내보려고."
"페이스 관리는 얼마 받으실 거예요?"
"3만 원 받으려고."
"왜 이렇게 싸요?"
"비싸면 손님이 올까? 자격증에 잉크도 안 말랐는데……."
그런 대화가 오가다가 한 사람이 이렇게 말했다.

"엄마들이 자주 방문하는 맘카페에 무료 체험 이벤트를 올려 보세요. 입소문이란 게 무섭거든요."

"맞아. 제일 좋은 광고가 입소문이지. 한 30명 무료 체험 이벤트를 하면 좋을까?"

"그렇게 많이요?"

"내가 아직은 좀 부족해도 성의껏 해드려서 그분들이 만족하면 3명씩만 소개해줘도 90명의 고객이 새로 생기고, 그분들이 2명씩만 소개해줘도 고객은 무궁무진하지 않을까?"

100명의 고정 고객만 확보되어도 내 피부관리실에서는 넘치는 숫자니 2호점을 내야 한다. 그런 계산을 하며 나는 그 자리에서 지역 맘카페에 이벤트 공지를 올렸다.

오픈 기념 이벤트
피부관리 비용을 받지 않습니다.
그냥 초코파이 12개들이 두 상자만 사 오시면,
1. 선착순 30인 무료로 해드립니다.
　단, 두 분의 고객께 피부관리를 동시에 진행합니다.
　가족이나 지인이 아니라도 두 분이 시간을 맞춰 함께 오시면 됩니다.
2. 초코파이는 근처 아동보호시설에 기부합니다.
3. 피부관리는 자격증을 취득한 초보 남성 피부미용사가 진행합니다.

나는 1회 페이스 피부관리 비용을 3만 원 받기로 했고, 그것도 10회권을 한꺼번에 구매하면 27만 원으로 10% 할인했다.

엄마와 딸이 동시에 피부관리를 받으면, 1시간에 6만 원을 벌수 있다는 계산이었다. 1시간에 6만 원 벌기가 쉬울까? 고객은 부담 없는 가격에 피부관리를 받고, 나는 시간 낭비를 줄여 이런 시스템으로 7곳을 직영한다면 어떨까? 이번처럼 임대료가 저렴한 상가에 입주하고 인테리어 비용을 최소화한다면 충분히 승산이 있었다.

처음 생각한 대로 지역 할인쿠폰 사이트에도 광고했다. 주로 신장개업하는 음식점, 미용실 등이 고객을 유치하려고 개업 기념 할인이나 기념품 증정 내용을 광고하고 있었다. 나는 여기에도 "피부관리 1시간에 초코파이 12개들이 두 상자. 50명 선착순! 단, 남자 원장님 1인이 운영하오니 예약 시간 엄수!"라고 썼다.

나는 일시적인 할인보다는 가격 자체를 낮추어 손님이 꽉 차게 하는 게 목표였다. 상가의 입지나 아직 초보인 내 실력으로 볼 때 가격을 높여서 수익을 올리는 것은 불가능했다. 내 피부관리실에 수용 가능한 최대치까지 고객을 확보해 낭비되는 시간이 없도록 운영 효율을 높이는 것이 관건이었다.

광고가 나간 후 예약전화가 빗발쳤다. 한번 광고로 예약이 모두 차 버렸다. 남성이 한다고 하니 신기해서 방문하기도 하고, 가격이 워낙 싸니 장기적으로 이용할 만한지 확인하기 위해 손님이 넘쳐났다. 본인이 받으러 오는 게 아니라 어머니의 예약을 대신 하거나 특히 부모님이 함께 받을 수 있냐고 문의

하는 전화가 많이 왔다. 부부가 예약하기도 하고 연인끼리 예약하기도 했다. 예약은 하루 반 만에 모두 찼다. 영업개시 첫날 아침 9시부터 여덟 쌍을 소화했다. 자격증을 딸 때처럼 긴장하지 않아서인지, 손님들에게 피부관리를 해보니 편하고 자연스러웠다. 내가 예상한 수익 이상을 벌기 시작했다. 이 정도면 대박이라는 말이 절로 나왔다. 시간 날 때 평생교육원에서 심리상담을 공부했었는데, 손님을 대할 때 도움이 많이 되었다.

가격이 싼 대신 예약한 손님만 받으니 매우 효율적으로 일할 수 있었다. 나는 피부관리가 끝나면 손님들에게 어떠셨냐고 꼭 물어봤다. 손님들은 가격이 저렴해 서비스가 어떨지 의문이었으나 기대보다 훨씬 더 꼼꼼하고 정성스러운 서비스를 받았다고 만족스러워했다. 나는 도매시장에서 저렴하게 산 좋은 화장품들을 아끼지 않고 사용했다. 첫날부터 다음 예약을 잡기도 했다. 나는 두 번째 방문한 손님들에게는 댓글을 써달라고 부탁했고, 댓글 이벤트도 진행했다. "선착순 20분 초코파이 두 상자를 가져오시면 무료! 단, 만족하시면 댓글을 남겨 주세요" 라고 광고했다.

어머니와 딸이 함께 오는 경우가 많았는데 그러면 나는 딸에게 "오늘은 어머니께 맛있는 거 사 달라고 하고, 아저씨가 만 원 줄 테니 이건 내일 햄버거 사 먹어라" 이렇게 말하곤 했다. 그러면 어머니 쪽이 나중에 또 친구분들을 모시고 와서 소개해주었다. 소개에 소개가 이어져 손님들이 늘어났다. 직장동료 두 분이 출근 전, 아침 7시에 방문하기도 했고, 남성분들도 많이 방문했다. 확실히 남성 피부미용사라는 점이 선뜻 용기를 내지 못했던 남성 고객을 유치하는 데 유리했다.

오픈한 지 얼마 되지 않아서 나 혼자서 감당할 수 있는 고객 수가 꽉 찼다. 하루 평균 14인 정도 예약이 잡혀 밥 먹을 시간도 없었다. 새벽부터 저녁까지 손님이 이어졌고, 어떤 날은 밤 11시에 영업을 마치기도 했다. 한 분만 예약하는 분들에게는 서로 모르더라도 시간을 맞추도록 조율하면서 샘플용 화장품을 증정했다. 하루 30만 원 수입이 넘는 날이 많았고 화장품 판매 수입을 합치면 50만 원 이상의 수입을 올렸다. 몇 년 동안 재산을 다 털어먹고 돈을 쓰기만 하다가, 매일 일한 만큼 바로바로 수익을 올리게 되자 감개무량했다. 일을 마치고 고객이 현금으로 결제한 금액을 은행 ATM기에 입금할 때면, '아, 돈은 이렇게 버는 거구나' 하는 생각이 들었다.

집안 내력에 당뇨가 있어 평소에 걸어 다니길 좋아하고, 경제적 상황이 어려워지고 난 후 틈틈이 막노동을 해서 내 얼굴은 검은 편이었다. 그러나 시간 날 때마다 내 얼굴에 직접 피부 관리를 하며 연습하다 보니, 거울에 얼굴을 비추면 얼굴이 너무나 뽀얘서 내 얼굴이 맞나 싶어 웃음이 나왔다.

나는 청주를 중심으로 충청남북도와 대전 지역에 7개 직영점을 내려던 계획을 실행에 옮기기 시작했다. 사업을 시작할 엄두가 안 나는, 장롱 면허를 가진 분들이 많을 테니 점포를 맡길 사람을 구하는 것은 어렵지 않을 것 같았다. 서울의 화장품 도매시장에서 저렴하게 화장품을 사다 팔아 수익이 더욱 늘어나면, 부채를 상환하는 것은 시간문제이고, 피부관리업으로 재기에 성공하는 날도 멀지 않았다고 생각했다. 남성에게는 생소한 피부관리 분야를 개척한다는 자부심도 있었다.

시간이 나면 2호점을 낼 아파트 상가를 찾아다녔다. 함께 학원에서 공부했던 교육생 중 자격증을 취득했으나 지금은 일을 쉬고 있는 피부미용사를 수소문해서 면접을 보았다. 몇 달 후에 2호점을 시작하기로 얘기가 되었다. 피부관리업으로 성공할 수 있을 거란 생각이 확신으로 변해 갔다. 장사가 잘된다고 소문이 나니, 다른 피부관리실 원장님들이 체험해보려고 찾아와서 '사장님이 우리 손님 다 뺏어 간'다고 푸념하다가, 막상 피부관리를 받아본 후에는 내 어설픈 테크닉에 웃기도 했다. 나는 당황했지만, 내 사업의 방향성을 소개하며 가격을 낮춰 보시라고 권하기도 했다.

돈 버는 재미에 빠져 몸과 정신을 돌보지 않다가, 이러면 안 되겠다는 깨달음에 한 달에 이틀은 쉬기로 했다. 쉬는 날에는 자전거를 타고 청주시에서 공주시까지 왕복 130km 정도를 달렸다. 이렇게 혼자 라이딩을 하고 나면 스트레스가 풀렸고, 특히 맑은 날 푸른 하늘 아래 달리는 것이 너무나 행복했다.

그러던 어느 날, 친구 한만욱의 전화 한 통이 내 인생을 바꾸어 놓았다.

인생을 바꾼 삼계탕

그날도 푹 자고 일어나 2주 만에 한가한 아침 시간을 보내고 자전거 라이딩 준비를 하고 있었다. 그때 만욱이 전화가 왔다.

"진수야, 오늘 너 좋아하는 삼계탕 먹자!"

나는 라이딩을 포기하고 만욱이를 따라나섰다. 친구는 진천군 관공서에 근무하는 고객의 자동차보험을 갱신하고 청주로 돌아오는 길에 먹자고 했다.

봄 날씨가 정말 좋아 진천까지 가는 동안 오랜만에 콧노래가 나왔다. 창밖 풍경이 너무나 아름답고 봄바람이 상쾌했다. 20여 년 넘게 손해보험 영업으로 고수익을 올리는 만욱이는 내가 피부관리실을 한다고 했을 때 많이 걱정했었다.

만욱이가 일을 마치고 삼계탕집으로 가며 누군가와 한참 동안 통화했다. 평소 말수가 적은 친구가 심각한 표정으로 오랫동안 통화하자 내용이 궁금했다.

"무슨 전환데?"

"아, 보증보험 대리점을 해보려고 지원했는데, 그게 쉽지 않네. 오랫동안 지켜보면서 기회를 노렸는데, 지점마다 대리점 숫자가 정해져 있어서 오픈이 쉽지 않아."

만욱이 이야기를 듣자 갑자기 머릿속에 뭔가 스쳐 지나갔다.

"아니, 내가 해마다 가입했던 보증보험 말하는 거냐? 그것도 대리점이 있어? 그냥 서울보증보험 본사에서 계약하는 거 아니야?"

생명보험설계사로 일할 때 매년 보증보험을 들었던 터라 몹시 궁금했다. 삼계탕을 먹으면서도 온통 보증보험에 정신이 팔린 상태였다.

"그럼, 서울보증보험에서는 대리점이 보증 대리 업무를 해."

"건당 수수료는 얼마냐?"

"모르지. 보증보험은 내가 하는 자동차보험처럼 손해보험의 일종이야. 손해보험은 생명보험처럼 계약 초년도에 수수료를 몰아주지 않아서 처음에는 수입이 적어. 대신에 매년 갱신하는 보험이 많으니까 고객을 유지하면 매년 수익이 보장되고 고객이 늘어나는 대로 해마다 성장하지."

삼계탕을 먹고 돌아가는 길에도 만욱이의 전화통은 쉴 새 없이 울렸다.

"너는 걸어다니는 콜센터 같아. 전화기를 손에서 놓지를 못하는구나."

48

만욱이가 근무하는 손해보험 사무실은 여러 대리점이 함께 쓰는데 피부관리실에서 멀지 않아 나는 점심을 함께 먹을 때 가끔 들렀다. 만욱이도 20년 넘게 손해보험 영업사원으로 활동하지만 사무실에는 연세가 많으신 분들이 다수라 갈 때마다 신기했다. 어떤 분은 칠순이 넘으셨는데 쩌렁쩌렁한 목소리로 고객과 통화를 하고 계셨다.

내가 "저분들은 얼마나 버시니?"라고 물어보면, 만욱이는 "저분은 못 벌어도 월 사백은 버실걸? 경력이 30년은 넘으셨을걸? 저기 저분은 20년 되셨고, 저 창가에 계신 분은 15년 되셨고……."

그분들은 퇴직 후 새로 시작한 일을 15년, 20년 그렇게 오래 하고 계셨다. 그리고 대개 월수입 300만 원이 넘는다고 했다. 남들은 은퇴하고 집에 있을 나이에 그분들은 이렇게 좋은 사무실에 자기 자리가 있었다. 건강이 허락하는 한 언제까지나 할 수 있는 일과 아침에 일어나서 갈 곳이 있다는 것. 말 그대로 평생 직업이었다. 그 사무실에 만욱이보다 젊어 보이는 사람은 별로 없었다. 내가 아는 분 중에는 대기업 임원으로 퇴직한 후, 개인택시를 사서 운전하는 분이 있다. 그분 말씀이 나이 들면 돈보다도 직업이 있는 게 오랫동안 늙지 않고 사는 비결이라는 것이다. 아침에 일어나서 갈 곳이 없으면 너무나 힘들다고 했다.

한 달 수입 300만 원은 많은 금액은 아닐 수 있지만, 평생 그렇게 벌 수 있다면 그건 차원이 다른 문제다. 피부관리실을 시작할 때 부채를 모두 상환한 후에는 여든 살까지 연간 2,500만 원만 있으면 좋겠다고 생각했다. 그런데 그분들은 이미 평생 직업으로 월 300만 원 정도 벌고 있었다. 나이 지긋한 분들이 정열적으로 일하다가 점심때 기지개를 켜며 "뭐 먹으러 갈까?" 이야기를 나누는 모습이 행복해 보였다. 미래에 대한 걱정 없이 순간순간을 열심히 사는 그분들을 볼 때마다 깊은 인상을 받았다.

"그런데 저분들은 어떻게 영업하시냐?"

"친구분들 자식이 자동차 사면서 보험 들고, 관리를 잘해주면 소개로 조금씩 고객이 늘어나지."

아무리 가까운 친척 중에 손해보험설계사가 있다고 해도 자동차보험은 계속 관리를 잘해 준 설계사에게 가입한다고 했다. 아는 사람을 통해 가입해도 나중에 사고가 나서 연락하면 이미 그만둔 경우가 많으니까. 나도 몇 차례 접촉사고가 있었을 때 만욱이에게 전화하면 알아서 다 처리해주어서 다른 지인들을 많이 소개해 주었다. 내가 소개한 지인이 또 다른 지인을 만욱이에게 소개해 주기도 했다.

우리나라의 급여 생활자 중 억대 연봉을 받는 사람이 수십만 명이 넘는다고 하지만, 대부분 정년이 있어서 퇴직하면 다른 일을 찾아 나선다. 만욱이는 보험영업을 하는 동시에 렌트카 사업도 했다. 만욱이는 이미 평생직업이 있었고, 안정적인 고수익의 기반을 다져 놓은 상태였다. 그는 내성적 성격이라서 말수가 정말 적다. 그가 보험영업을 하는 것을 친구들이 의아하게 여길 정도였다. 공격적으로 영업을 하는 게 아니라, 사고가 나면 신속하고 성실하게 응대하니 고객들의 소개로 실적이 계속 상승했다.

나는 집에 돌아오자마자 인터넷으로 폭풍 검색을 했다. 마침 그때는 눈의 실핏줄이 터져서 손님들이 불편하게 느낄까 봐 예약을 최소한으로 줄였던 터라, 이후로도 며칠간 인터넷에서 찾을 수 있는 정보를 모조리 찾아보았다.

먼저 서울보증보험에 대한 기본적인 사항을 찾아본 다음, 홈페이지에서 대리점 창업 안내 부분을 상세하게 살펴보았다. 각 상품이 뭐가 다른지 잘 알 수는 없었지만, 수백 가지 종류가 있었다. 거기에는 내가 가입해 보았던 상품들도 있었다. 보험설계사로 일할 때나 법인보험대리점(GA)을 운영할 때, 중도 퇴사나 보험계약 해지 등의 사유로 보험회사에서 미리 받은 수수료를 반환해야 하는 경우에 대비한 이행보증보험에 가입했었다. 나는 1년에 한 번씩 서울보증보험에 전화해서 하라는 대로 계약을 갱신했으므로 보증업무를 대행하는 대리점이 있다는 것은 알지 못했었다.

기업체 대부분과 수많은 소상공인, 개인사업자에게 유용한 보증보험 상품들이 많았으므로 고객은 무궁무진하다고 할 수 있었다. 전세금보장신용보험이나 신원보증보험처럼 사업과 무관하게 개인이 가입하는 상품들도 있었다. 서울보증보험의 대리점 숫자는 대도시에 있는 곳들을 위주로 세어 보니 전국에 1천 곳이 채 되지 않았다. 다른 보험에 비해 경쟁이 심하지 않았다. 결정적으로 내 마음을 움직인 것은 청주 소재 대리점이 열 곳 미만이라는 것이었다. 그중 2, 3위를 할 수 있다면 만욱이 사무실에서 일하는 분들보다 더 많은 평생 소득이 보장되는 것 아닌가? 나는 청주지점에 찾아가서 사무실을 둘러보았다. 지점 내 여러 대리점의 근무자들은 쉴 새 없이 전화를 받고 자판을 두드리느라 고개를 돌릴 틈이 없었다.

실제로 일하는 모습을 보니 더욱 마음이 동했다. 손님들에게 피부관리를 해드리면서도 마음이 복잡했다. 이렇게 피부관리실을 계속하는 게 답일까? 어떤 종류의 영업이든 상위 20%는 고수익을 올린다. 서울보증보험 일이 내게 더 큰 기회를 가져다주지 않을까?

속리산의 잠 못 이루는 밤

피부관리실 영업에 집중하기 어려워지자 나는 일주일간 피부관리실을 휴업한다고 공지한 후 속리산행에 나섰다. 산 아래 여관방을 잡고, 거기서 법주사 입구까지 산책로를 따라 걸으며 생각에 생각을 거듭했다. 나는 중요한 인생의 변곡점마다 산에 오른다. 산에 오르다 보면, 중간중간 아래를 굽어보며 쉬다 보면, 복잡한 생각이 하나하나 풀리며 가장 중요한 핵심에 이르게 된다.

피부관리실도 지금처럼 하면 전망이 좋을 것 같은데…… 서울보증보험 대리점은 만욱이 사무실에서 일하던 분들처럼 평생 하는 일이다. 피부미용사를 예순이 넘어서도 할 수 있을까? 지금도 피부관리실에서는 원장 직함에 어울리는 나이다. 자금도 경험도 없는 피부관리실 원장으로서 나의 경쟁력은 낮은 가격뿐이었다. 나는 과거에 생명보험 영업으로 성공한 경험이 있다. 보증보험 상품 종류는 엄청나게 많았고, 고객도 무수히 많았다.

만욱이와 삼계탕을 먹을 때부터 내 마음은 보증보험 대리점으로 기울고 있었다. 그러나 많은 공을 들여 차츰 자리 잡아가는 피부관리실을 접는 게 너무 아까웠다. 보증보험 대리점의 존재를 피부관리실을 시작하기 전에, 1년 전에만 알았더라면 하는 아쉬움에 한숨도 쉬었다.

더 큰 걱정은 과연 내가 버텨낼 수 있는가였다. 보증보험은 기본급이 전혀 없고 건당 수수료도 적었다. 나는 아무 연고도 인맥도 없이 맨땅에 헤딩하며 새로운 거래처를 발굴하는 개척 영업을 해야 했다. 1년만 버틸 돈이 있으면 좋을 텐데…… 몇천만 원만 있으면 허리띠를 졸라매서 1년은 어떻게 버틸 수 있을 것 같은데, 그 돈이 너무나 아쉬웠다. 몇천만 원이면 활동비와 기름값이 해결될 텐데…… 하지만 내겐 여유자금은커녕 빚만 있었다. 실패하면 피부관리실 창업할 때 정부에서 지원받은 창업자금까지 부채로 남게 될 것이었다. 과연 파산신청을 안 하고 버텨낼 수 있을까? 중간에 파산신청을 하면 보증보험 대리점 자격을 유지하지 못해 나는 피부관리실도, 대리점도 날리게 되고, 그동안의 모든 노력은 물거품이 된다.

손해보험은 1년에 월 급여가 50만 원씩 늘어나면 성공한 것이라고 하는데, 아무 기반 없이 시작하는 내가 영업이 잘되어 매년 월급이 50만 원씩 늘어난다고 해도 5년 후 급여가 250~300만 원에 연봉이 3천만 원대 수준이라면 나는 파산하는 것을 넘어 삶의 의욕마저 상실할지도 몰랐다. 내가 기대한 목표는 5년 만에 생명보험회사의 초년도 수수료 기준 TOT 목표인 3억 8천만 원을 달성하는 것이라 허황한 망상 수준이었다. 그러나 월수입 수백만 원은 나처럼 4억여 원의 빚을 짊어진 사람을 빚의 굴레에서 벗어나게 해줄 수 없었다. 아무리 달성하기 어려워도 나를 빚에서 해방하고 재기의 발판을 마련해줄 도전적인 목표를 세워 반드시 이루어야 했다.

그날 바라본 밝은 달은 지금도 눈에 선하다. 답답한 내 마음과는 상관없이 휘영청 떠 있는 달은 너무나 깨끗하고 아름답게 보였다. 나는 나지막이 임재범의 〈비상〉을 불렀다. 내가 가장 좋아하는 노래고, 지금도 어디서든 그 노래를 부른다. 나는 움츠렸던 날개를 펴고 반드시 하늘로 날아오를 것이다.

달을 보고 노래를 부르며 정주영 회장님의 말씀을 떠올렸다.

"이봐, 해보기나 했어?" 회장님의 육성을 생생하게 내 귀로 듣는 느낌이었다. '그래, 안 하고 후회하는 것보다 해보고 후회하는 게 나아.' '좋다. 해보자. 도전하자.' 새벽의 산속이라 바람은 차가웠어도 기분은 정말 상쾌했다. 누구에게나 결정의 순간이 있다.

소매업인 피부관리실은 경기가 나빠지면 손님이 줄지만, 보증보험은 사업체가 필수적으로 가입해야 하는 상품이 많고 경기에 좌우되지 않는다. 내가 열심히 해서 능력을 온전히 발휘한다면 승산이 있다.

나는 어떤 어려움이 있어도 중도에 포기하지 않으리라고 다짐했다. 부모님께 절대로 파산신청을 하지 않고 반드시 성공할 것이라고 약속했다. 매일 후회 없이 충실하게 살기 위해 영업하는 과정을 일기로 기록하여 시간이 흘러도 초심을 잃지 않으리라 다짐했다. 5년 뒤에는 반드시 멋지게 평범한 행복을 되찾으리라 결심했다.

나는 거의 뜬눈으로 밤을 새웠다. 낡고 오래된 여관이라서인지, 평일이라서인지 손님은 나밖에 없는 것 같았다. 적막한 여관방에서 정주영 회장님 책을 읽고, 유튜브로 정주영 회장님 동영상을 계속 되풀이해 보았다.

실행해봐야 실패하더라도 후회가 남지 않는다. 도전도 안 해보고 그냥 시간을 흘려보내면, 나이가 들어 시도할 힘도 남아있지 않으면, 정말 땅을 치고 후회하게 될지도 모른다. 밥이야

얻어먹으면 되고 돈이 없으면 걸어 다니면 된다. 더 잃을 것도 없었다. 반드시 보증보험 대리점으로 성공하겠다고 나 자신에게 약속했다.

출사표를 던지다

나는 친구들을 만나 그들이 하는 일에 보증보험이 어떻게 관련되는지 알아보기 시작했다. 보증보험은 대부분의 업종에 필요하지만, 특히 관련이 많은 분야가 있는데 건물 공사가 그런 경우였다. 김홍래 건축사의 이야기가 참고가 많이 되었다. 김홍래는 군대에서 만났는데 내가 한 달 입대가 빨라 군 생활 대부분을 함께 보냈다. 군대에 있을 때도 몇 명 안 되는 같은 고향 출신이라 가까운 편이었는데, 제대 후 우연히 거리에서 마주친 후 친구로 지내는 사이였다. 나는 그의 사무실로 찾아갔다.

"너 서울보증보험 알지?"

"그럼, 건축이나 토지의 형질변경, 토석 채취 같은 개발행위 허가를 낼 때, 공사에 입찰할 때, 공사를 시작할 때, 공사비 선금을 받을 때 등등 보증보험이 필요한 경우가 많지."

"보증보험은 수요가 무척 많구나. 거래하는 대리점 대표는 원래 아는 분이었어?"

"모르는 사람이야. 예전에 청주지점에 직접 찾아가서 보증보험증권 발급할 때 명함 하나 받은 게 있어서 그 후로는 필요할 때 전화해서 발급했어."

그는 탁자 위를 둘러보고 서랍을 몇 개 열어보았으나 그 명함을 찾지 못했다.

"못 찾겠다. 상관없어. 서울보증보험 지점에 전화하면 되니까."

김홍래의 얘기는 내게 큰 용기를 주었다. 보증보험이 필요한 고객에게 내가 먼저 명함을 전달해 주면 되는 것 아닌가? 그렇다면 성실하게 발로 뛰어서 거래처를 찾아내면 된다. 막막하게만 느껴졌던 보증보험 영업을 어떻게 할지 조금은 선명해졌다. 점점 더 보증보험에 매력을 느끼게 되었다.

서울보증보험 대리점을 신청하기 위한 준비를 시작했다. 홈페이지의 소개 내용을 참고하고 전화로 자세히 문의한 결과 대리점 개설 과정은 다음과 같았다.

1. 대리점 개설 서류를 이메일로 제출한다. 사업계획서가 가장 중요하다고 했다.
2. 서류 제출 후 대리점 자리가 나오면 면접을 본다.
3. 면접 후 대리점 자격시험에 합격한다.
4. 합격 후 코드를 부여받는다.

나는 먼저 손해보험 대리점 시험 준비부터 했다. 바로 교재를 구해서 시험을 보았고 한 달 후에 자격을 취득했다.

사업계획을 내실 있게 작성하기 위해 최대한 정보를 많이 수집했다. 상품의 종류와 구조에 따른 영업 전략을 정리하고 연도별 영업활동 계획과 실적 목표 위주로 작성했다. 과거 생명보험설계사일 때 불도저 같은 추진력으로 영업하는 사람이라는 표현으로 언론에 소개되었던 자료를 찾아서 첨부했다. 옛날 기사들을 다시 보니 그동안 멀리했던 보험영업이 미치도록 하고 싶었다. 피부관리실 영업을 마치는 10시 이후 사업계획서 만드는 데 집중했다. 어떻게 하면 선명하게 각인되는 사업계획서를 만들까? 한참을 고민하다가 고객이 원하는 곳에 찾아가는 서비스를 신조로 내세우기로 했다. 친구들은 서울보증보험 지점을 방문할 때 주차가 불편해 고생했다고 했다. 청주지점은 여러 공공기관에 은행까지 함께 있어 말일에 가면 주차에 어려움이 있었다. 내가 직접 고객을 찾아가서 업무처리를 해준다면 평판이 좋아져 점점 더 고객이 늘어나지 않을까?

행운의 여신의 미소

드디어 서울보증보험 이용선 청주지점장님과의 첫 만남이 이루어졌다. 나는 피부관리실 원장 명함을 드렸고 지점장님은 의

아한 표정으로 "피부관리실?" 이렇게 혼잣말을 하고 안경을 고쳐 썼다. 나는 사업계획서를 건넨 뒤 핵심을 요약해서 말씀 드렸다. 대리점을 개설하면 찾아가는 서비스로 개척영업을 하겠다는 포부를 얘기하고, 과거 생명보험업계에서 일할 때 언론에 소개되었던 자료를 보여드렸다.

지점장님은 보증보험 업무를 자세하게 설명하며, 주요 고객들은 이미 수십 년간 거래해온 담당 대리점이 있으므로 내가 발로 뛰어 새로 거래처를 개척하는 게 쉽지 않을 거라고 조언했다. 내가 내세울 것은 불굴의 의지와 확신뿐이었다.

"제가 인생의 멘토로 삼는 분이 정주영 회장님이십니다. 어떤 일이든 '반드시 된다'는 확신으로 시작합니다. 일이 되게 만드는 데만 전념할 뿐, 안 될 수도 있다는 회의나 의심은 단 1%도 끼워 넣지 않습니다. 기회를 주신다면 잘 배워서 반드시 성공하겠습니다."

"좋은 생각을 갖고 계시는군요. 그런데, 보증보험이라는 게 수수료가 많지 않아요. 그래서 오래 하신 분들만 자리를 잡은 것이고요."

"제 친구가 손해보험 영업을 하고 있어서, 손해보험인 보증보험의 건당 수수료가 적다는 것은 충분히 알고 시작했습니다. 그러나 이 업계에서도 누군가는 고소득을 올리고 있을 것입니다. 뒤늦게 시작하지만, 먼저 시작한 분들보다 매일 조금씩 더 앞으로 나아가 결국 선두에 설 것입니다."

어느덧 시간이 12시가 넘었다. 지점장님이 식사하자고 제안해서 함께 근처 식당에 들어갔다. 식사할 때 나는 잠시 나와서 식사비를 먼저 계산했다. 다시 식사 자리로 돌아가 꼭 대리점을 하고 싶다는 의지를 계속 피력했다. 식사가 끝나고 지점장님이 계산하려다가 이미 식사비를 결제한 것을 알고 즉시 내게 말했다.

"카드 취소하세요."

"제가 내겠습니다."

하지만 지점장님은 단호했다. 기어코 취소하고 당신 카드로 계산했다. 갑자기 분위기가 썰렁해진 느낌이었다. 그러나 곧 지점장님은 "지점에 올라가서 커피 한 잔 하실래요?"라고 제안했다. 나는 바로 "넵!"하고 지점장실로 따라 올라갔다.

잠시 후 지점장님은 실무자를 불러 대리점 개설을 도와주라고 얘기했다. 실무자와 논의하며 청주지점에는 자리가 없어 이번에 신설되는 세종지점에 소개해주겠다고 제안했다. 지점장님은 바로 세종지점 담당자에게 전화해서 나를 소개해주었다. 내게 기회가 왔음을 직감했다. 심장이 뛰었다.

며칠 후 나는 세종지점에 방문해 면접을 통과하고 대리점을 개설하게 되었다. 세종지점은 전혀 생각해 보지 않았으나 성장하는 신도시가 주변에 있다는 것이 내게 기회가 되었다. 각 지점 소속 대리점 수가 정해져 있으므로 좋은 자격 조건을 갖춘 사람도 자리가 없으면 보증보험 대리점을 할 수 없다. 그런데

운 좋게도 내가 마침 면접을 본 시기가 신생지점인 세종지점에서 대리점을 모집하던 때였다. 40대 이후로 늘 운이 나쁘다고 여겼는데 이번에는 행운의 여신이 내게 미소를 보냈다. 나는 대리점 자리가 나기를 하염없이 기다리고 있을 상황이 아니었다. 간절한 마음과 정성이 행운의 여신을 움직였을까? 단 한 번의 시도로 보증보험 대리점을 시작하게 되었다.

서울보증보험 본사 교육

서울보증보험의 신규대리점 교육이 시작되었다. 전국에서 온 30여 분의 대표님들이 일주일간 합숙 교육을 받았다. 과거 직장생활을 하면서 종종 교육을 받으러 다닐 때는 느끼지 못한 긴장감이 내내 나를 휩싸고 있었다.

기차를 타고 서울 본사를 향하며 창밖을 보니 스쳐 지나가는 풍경 속에 지금까지 일어난 일들이 옛날 영화처럼 펼쳐졌다. 사람의 인생이란 언제 어떻게 될지 모르는 불안한 것이지만, 건강한 몸과 정신만 있다면, 뭐든지 새로 시작할 수 있다는 데 깊이 감사했다. 보증보험 영업을 하면서 알게 된 후 좋은 길잡이가 되어준 분들께 지금도 감사하다. 그중에서도 이용선 지점장님은 내가 서울보증보험과 인연을 맺을 수 있게 호의를 베푼 분이기에 인생의 은인으로 여기며 살고 있다.

빨리 교육을 받고 싶은 마음에 서두르며 교육장에 들어서니 교육생 중 내가 제일 먼저 도착했다. 나는 늘 그렇듯 맨 앞자리에 앉았다. 한 분 한 분 들어와 착석하고 마침내 30여 분의 대표님들이 모두 입실한 후 교육이 시작되었다.

각 대표님의 자기소개부터 시작되었다. 대기업 출신이나 금융권에서 퇴직한 분들이 많았다. 보증보험 상품은 은행의 대출상품과 유사하므로 금융권 출신은 업무에 적응하는 속도가 빠를 것이란 생각이 들었다. 그분들은 각 기업체의 재무 상황을 잘 알고 인맥도 많을 것이었다. 특히 은행 지점장 출신 대리점 대표님은 나에게 수많은 정보와 경험을 공유해 주셨다. 실력 있는 분들과 함께 교육을 받으니 왠지 모르게 기분이 좋았다.

바쁜 사람들이 모인 교육장은 꽉 짜인 일정대로 진행되었다. 매시간 들어서는 강사님들의 열정적인 강의를 모조리 흡수하려고 노력했다. 특히 보증보험 실무에서 가장 중요한 전산업무 교육을 할 때는 하나라도 놓치지 않으려고 정신을 집중했다. 수백 가지 상품을 전산으로 처리하는 방식이나 생소한 전산 용어들을 따라가기 힘들었다. 정신이 흐트러질 때마다 부채에서 헤어날 방법은 오직 이 길밖에 없다는 생각에 마음을 다잡았다. 교육을 받으면서 보증보험이 우리 생활 많은 곳에 연결되어 있음을 알고 자부심 비슷한 것도 느꼈다.

교육 시간에 휴대전화를 무음으로 해놓고, 쉬는 시간에 부재중 전화로 찍힌 전화번호로 연락하면 피부관리 예약전화가 많았다. 교육을 받던 시기가 하필 내가 카드론을 받았던 몇몇 카드사의 이자 상환 일자와 겹쳐 나는 점심을 빨리 먹고 본사 앞은행에서 카드 돌려막기를 해야 했다.

아침 9시에 교육을 시작해서 수업에 열중하노라면 금세 저녁이 되었다. 교육이 끝나면 숙소로 이동했다. 나는 오랜만에 서울에 와서인지 만나고 싶은 이들이 많았다. 첫날에는 '전어회' 회원들을 만났다. 매년 전어회가 나오는 철에 만나는 친구들이다. 그런데 인생 친구 중 한 명인 이성우를 만난 날, 나는 사고를 치고 말았다.

학창 시절을 함께 하며 속 깊은 얘기를 나누던 친구 성우는 서울에서 대기업 경영지원부장으로 일하고 있어 만나기가 쉽지 않았다. 우리는 그동안 못한 이야기를 나누느라 시간 가는 줄 몰랐다. 즐거웠던 옛 추억부터 최근에 내가 투자와 보증으로 망한 얘기까지 한참 얘기를 나누며 술을 들이켜다 보니 어느덧 둘이서 소주 10병을 마셨다. 분명히 처음엔 딱 세 병만 마시기로 했었는데…… . 마음속에만 담아 놓고 누구에게도 말하기 창피했던 경제적 상황과 절박함을, 허물없는 친구에게 울분을 토하듯 토로하다 보니 술이 술을 마신 것이었다.

"너, 내일 교육 잘 받아라, 늦지 말고."

"걱정 마라. 술도 깰 겸 나는 걸어갈게."

힘들었던 시간들을 성우에게 한바탕 쏟아내니 후련하기도 했지만, 한편으로는 눈앞의 과제들에 몰두하느라 밀쳐두었던 걱정과 근심이 되살아났다. 현재의 내 상황은 여전히 암담했다.

걸어가다가 종로의 포장마차촌을 지나게 되었다. 언제나 그렇듯 많은 직장인이 넥타이를 풀고 술을 마시며 이야기를 나누고 있었고, 혼자 마시는 사람들도 더러 있었다. 나는 가장 손님이 적은 곳에 들어가 소주 한 병과 꼼장어를 주문했다. 지난날들을 생각하니 억울했다. 경제적으로 파산 직전인 나에겐 돌아갈 곳이 없었다.

숙소에 들어오니 이미 3시가 가까웠다. 지방에서 온 사람들은 두 명이 함께 방을 쓰는데, 나와 같은 방을 배정받은 분은 장시간의 이동 시간을 감수하며 집에서 통근하고 있어 나는 혼자 방을 쓰고 있었다. 방에 들어오니 술이 확 올랐다.

'아, 이거 잠들면 못 일어날 것 같은데…….'

신기한 게 나는 술을 아무리 마셔도 6시 이전엔 잠이 깬다. 머리가 아프더라도, 알람이 울리지 않아도 저절로 눈이 떠졌다. 그런데 그날은 걱정이 되었다. 알람을 몇 번씩 확인하고 잠이 들었다. 잠이 깨고 나니 6시 30분이었는데, 머리는 아프고 술 냄새가 많이 났다. 나는 샤워를 다시 하고, 또 잠이 들면 안 되겠다 싶어 7시 40분쯤 교육장으로 갔다. 그런데 교육장 문이 잠겨 있어서 문 앞에 서 있다가 나도 모르게 잠이 들었다.

갑자기 주변이 시끄러웠다.

"괜찮아요?"

사람들이 걱정스럽게 물어봤다. 내가 과로해서 쓰러진 줄 알았다고 했다. 그런데 술에 취해서 잠들어 있었으니, 이런 망신이 없었다. 교육이 시작되기 전에도 교육팀장님이 와서 웃으며 괜찮냐고 확인했다. 나는 죄송하다고 연거푸 사과하며 멋쩍게 웃었다. 그날은 수업을 받다가 졸리면 뒤로 가서 서서 들었다.

오후 교육 중 신인상에 대한 설명을 듣고 술이 확 깼다.

"여러분 중에서 창립기념일에 신인상을 받는 분이 나올 것입니다. 소정의 상금과 해외여행 상품권을 드립니다."

나는 속사포처럼 여러 가지 질문을 쏟아냈다. 신인상 수상 요건 중 가장 중요한 것은 무엇인지, 모든 기수에서 1명씩 수상하는지 등을 물어보았다. 몇 기수 이내의 신규대리점 사장님들과 경합하므로 2, 3년 선배들보다 더 잘해야 상을 받을 수 있었다.

"신인상은 여기서 일하시는 동안 단 한 번밖에 기회가 없으니, 꼭 수상의 영광을 얻으세요! 수상자는 서울보증보험 창립 50주년 기념식에 초대됩니다."

시장식장에서 수많은 사람의 환호 속에 상을 받는 내 모습이 눈앞에 생생하게 그려졌다. 갑자기 원기가 돌면서 어떤 일이라도 해낼 것 같은 자신감이 차올랐다. 기분이 묘하게 흥분되기 시작했다. 그날 저녁 숙소에 들어가서 하루를 정리하면서 신인상을 받기 위해 무엇을 해야 할지 궁리해 보았다. 영업활동을 하기 전에 신참자가 취급하기 쉬운 상품들을 파악하고, 각 상품의 판매 비중과 고객 특성을 살펴 수요가 많고 성사율이 높은 상품에 집중하기로 마음먹었다.

다음 날 나는 교육팀장님에게 여쭤보았다.

"회사에서 가장 판매가 많은 상품은 무엇인가요? 또 대기업 임원 출신도 아니고 시중은행 출신도 아닌 저 같은 대리점주가 잘 팔 수 있는 상품은 어떤 것인가요?"

"통계를 뽑아서 내일 알려드릴게요. 사장님, 신인상에 도전하시는 건가요?"

나는 단호하게 "넵! 신인상에 도전하겠습니다"라고 답했다.

순간, 교육장은 조용해졌다.

"여러분들의 열의가 참 좋네요."

다음 날 다양한 상품과 상품별 특성에 대한 자세한 교육이 이루어졌다. 신규대리점이 판매하기 적합한 상품들도 친절하게 알려주었다. 그날 이후 내 마음은 이미 시상식에 가 있었다. 시상식에서 소감을 발표하는 모습을 상상하고 상금을 어디에 쓸까 생각하면 저절로 웃음이 나왔다. 내 마음속 고민들은 1년 뒤엔 기억나지도 않을 것이다. 내가 앞으로 나아갈수록 번민에서 벗어날 것이다.

나는 교육을 받을 때 급여에 대해서도 질문했다.

"2년 정도 열심히 하면 얼마쯤 버나요?"

"이미 웬만한 회사들은 담당 대리점이 있습니다. 그걸 바꾸긴 어렵습니다. 원래 거래하던 곳과 하는 게 편하니까요. 아니면 서울보증보험과 거래하지 않는 신규 거래처를 만들어야 합니다. 그래서 1년에 월수입이 100만 원씩 늘어난다고 생각하시면 됩니다. 2년 지나면 200만 원이고. 그것도 열심히 활동하셨을 때 얘기죠."

그 말을 듣고 나는 여간 실망한 게 아니었다. 다른 사람들 표정은 어떤지 주위를 둘러보았다. 모두들 무겁게 입을 다물고 있었다.

"그러면 수입이 적어 그만두시는 분도 많을 텐데, 정착률은 얼마나 되나요?"

강사님은 약간 당황한 표정으로 조심스럽게 얘기했다.

"20% 미만입니다."

손해보험업계의 급여 시스템과 수준을 만욱이를 통해 이미 알고 있었으므로 예상하지 못한 건 아니었다. 오히려 보증보험은 대리점 숫자가 제한되어 있어 진입장벽이 높고 경쟁이 제한되었다. 그렇지만 내가 맞닥뜨려야 하는 현실에 한숨이 절로 나왔다. 그러나 나는 이미 출사표를 던졌다. 다른 길로 돌아가는 것은 더욱더 답이 나오지 않는 막다른 길이었다. 무조건 여기서 승부를 내야 했다.

서울에서 교육을 마치고 나서 청주로 내려와 홀로 용암동 성당 뒷길 등산로에서 상당산성까지 왕복으로 7시간가량 산을 타며 생각에 잠겼다. 처음 뛰어든 보증보험 영업은 나에게 부채를 모두 상환하고 인생을 바꿀 수 있는 돌파구였다. 정주영 회장님은 자동차수리업을 하다 건설업의 비전을 보고 완전히 새로운 사업에 뛰어들었다. 피부관리실에서 보증보험 영업으로의 전환도 그처럼 전면적인 변화를 요구했다. 회장님이 무모한 도전이라는 주변의 우려 속에서 후발업체로 뛰어들어 최고가 되었듯, 나 역시 그렇게 하리라 결심했다. 새로운 도전은 언제나 떨리는 일이겠지만, 생존이 걸린 일이라 훨씬 더 절박했다.

어느새 것대산 패러글라이딩 활공장에 이르렀다. 어두웠지만 구름이 없어서 홀로 내려다보는 눈앞의 풍경이 시원하게 펼쳐졌다. 정주영 회장님은 쌀장사로 서울뿐 아니라 우리나라에서 가장 성공할 수도 있을 거라 여겼을 때 중일전쟁으로 쌀가게를 닫아야 하지 않았던가? 새로 시작한 공업사가 화재로 전소되었을 때, 신용으로 돈을 빌려 회사를 다시 일으켜 세우지 않았던가? 현실의 초라함보다는 찬란한 미래에 대한 기대와 도전정신이 꿈틀거리기 시작했다.

나는 아주 단순한 영업계획을 세웠다. 주식회사 간판이 보이면 무조건 찾아가 하루에 일곱 군데씩 개척해서 고객을 확보하자. 숫자로 생각하니 어떻게 영업활동을 할지 선명해졌다. 그날의 야간산행은 나에게 영업의 방향성에 대한 분명한 목표를 제시해주었다. 나는 알 수 없는 자신감으로 마음이 끓어올라 휴대전화 불빛으로 종이를 비추며 출사표를 한 자 한 자 적어나갔다.

광개토9대리점의 탄생

신병 훈련을 마치고 더플백을 싸서 동기들과 담배 한 대 피우며 자대 배치를 받기 위해 대기할 때처럼 초조함과 떨림이 몰려왔다. 이젠 실전이었다.

대리점 이름부터 정해야 했다. 기억하기 쉽고, 내 영업 철학이 담겨 있는 이름은 무엇일까? 나는 이용선 청주지점장님과의 대화를 떠올렸다.

"전국에서 1등 하려면 얼마나 실적을 올려야 합니까?"

"박대표님 열정은 알겠는데, 1등은 힘듭니다."

"왜 그렇죠?"

"기업들은 특별한 사유가 없는 한 기존에 거래하던 대리점과 계속 거래합니다."

"그러면 중부지역에서 1등은 전국에서 몇 등 하나요?"

옆자리에 앉아 있던 실무과장이 설명했다.

"제가 알기로는 중부지역 1등은 전국에서 10등 정도의 실적을 올립니다. 그 정도면 연간 서울보증보험에 입금되는 보험료가 40~50억 원 수준입니다."

나는 숫자로 기간을 정하고, 목표를 정하는 습관이 있다. 속리산을 오르며 생각을 정리하다가 정상의 문장대에서 땀을 식히면서 결정했다.

'산을 많이 타지만, 못 가본 산들도 많지 않은가? 그래, 광개

토대왕처럼 전국을 상대로 영업하며 영토를 넓히고, 중부지역에서 1등을 해서 전국 9등을 달성하자.'

나는 '광개토9대리점'으로 대리점 이름을 정했다. 한 번은 모 중견기업 임원이 내 명함을 보더니 "명함 잘못 새긴 것 아닌가요?"라고 물었다.

"대리점을 아홉 곳이나 운영하시면 대표가 아니라 회장이라고 새겨야 하지 않나요?"

내가 차근차근 대리점 이름을 정한 취지를 설명하니 그 임원은 껄껄 웃으며 말했다.

"뜻이 정말 좋네요. 꼭 목표 달성하시기 바랍니다."

한 여행사 대리점 사장님은 명함을 보더니 웃으며 "앞으로 대표님이 아니라 대왕님으로 불러드려야겠네요"라고 말했다. 지금도 보증보험 업무로 연락할 때면 나를 '대왕님!'이라고 부르며 주변 사장님들을 여럿 소개해주었다. 거래처들은 내 이름은 기억하지 못해도 '광개토'는 기억해서 영업에 도움이 많이 되었다.

숫자로 된 뚜렷한 목표는 힘이 빠질 때, 멘탈이 무너질 때 앞으로 나아갈 수 있는 확실한 방향성을 제시했다. 나 자신에 대한 믿음, 주변 사람들의 기대와 믿음을 생각하며 지갑 속에 넣고 다닌 5년간의 목표 연봉과 딸아이의 사진은 비관과 낙담에서 날 지켜주는 긍정의 방패막이 되어주었다.

코로나19 위기 이전에 세종지점은 한 달에 한 번 지점 미팅을 했다. 첫 미팅 때 자기소개를 위해 것대산 야간산행에서 다짐한 행동강령을 출사표로 정리했다. 남에게 들려주기 위한 것이 아니라, 나 자신에게 쓰는 서약서였다.

광개토9대리점을 소개하는 시간이 되자 나는 앞으로 나갔다. 대리점주들과 지점 직원들 앞에서 나는 밤중에 정리해 놓은 종이를 꺼내서 읽어 나가기 시작했다.

반갑습니다. 광개토9대리점 박진수입니다.

이 자리를 빌려 대리점 개설을 허가해주신 서울보증보험에 감사드립니다. 많은 분들이 궁금해 하시는데, 광개토9대리점의 의미를 말씀드리겠습니다. 수도권이 아닌 지역에서 전국 1등은 현실적으로 어렵다고 해서 중부지역 1등을 하려합니다. 중부지역 1등은 전국에서 10등 정도 한다고 들었습니다. 2021년 12월까지 전국을 상대로 영업활동을 펼쳐, 보험료 45억 원을 달성해서 중부지역 1등, 전국 9등이 되는 것이 목표입니다. 어떻게 할지는 아직 잘 모르지만, 반드시 길을 찾아 달성하겠습니다. 많은 조언과 격려 부탁드립니다.

2장

시간과
행동을
장악하라

보물찾기

보증보험 영업을 처음 시작할 때는 몹시 떨렸다. 모르는 회사 사무실 문을 두드리고, 무슨 말을 해야 할까 수없이 생각해봐도 부정적인 상황이 머릿속에 떠올랐다. 처지를 바꿔 생각해보면, 내가 사무실에서 바쁘게 일하고 있는데 누군가 약속도 없이 문을 두드리고 명함 한 장 주러 왔다고 하면 과연 시간을 내어 얘기를 들어줄까? 생각할수록 발에 힘이 빠져서, 하염없이 차에 앉아 전날 써놓은 개척영업 대본을 읽고 또 읽곤 했다. 대본을 달달 외우면 떨리는 마음이 좀 진정될까?

오래전 생명보험 영업으로 좋은 성과를 거두었기 때문에 오히려 다시 현장에서 시작하려니 자존심이 상했다. 기대치는 높은데 실제로는 영업 스킬이 형편없는 현실을 보며 자신감이 땅바닥으로 떨어졌다. 나는 2003년부터 2010년대 초반까지는 직접 영업을 하지 않고 주로 인사와 교육을 담당하는 관리자로만 활동했다. 정장을 갖춰 입고 서류 정리하고, 설계사들과 면담하고 조언하고, 간혹 함께 고객을 방문해서 영업을 보조하고, 열정적으로 교육하며 성공을 구가했다. 직접 보험을 판매하는 설계사로 활동한 지 13년이나 지난 2016년, 영업 가방을 다시 들고 현장에 나가려니 발길이 떨어지지 않았다.

하루는 청주 솔밭공원에 차를 세워 놓고 공원을 걷다가 벤치에 앉아 하늘을 바라보았다. 초등학교 시절의 소풍날이 생각났다. 우리는 솔밭공원 바위나 나무 뒤, 풀숲 사이에 선물을 숨겨 두고 보물찾기를 했다. 보물을 찾아 여기저기를 뒤지는 데 여념 없던 그때, 나는 정말 행복했다. 그 시절을 상상하니 내 마음을 짓누르던 근심 걱정과 오늘 해야 할 일에 대한 압박감이 모두 사라지고, 나는 다시 보물찾기하던 시절의 천진난만한 마음으로 돌아간 것 같았다. 벤치에 누워 어린 시절의 추억에 깊이 빠져 파란 하늘을 보니 너무나 상쾌했다. 눈을 감고 생각했다.

행복이란 무엇일까? 갑자기 시간이 점프해서 다시 행복한 시절을 맞이하면 기분이 어떨까? 나는 어린 시절의 행복한 기분을 그대로 느끼는 것 같았다. 과거와 현재, 미래가 그렇게 멀리 있는 것 같지 않았다. 흘러가는 구름을 바라보며 행복한 미래를 상상하니 내가 행복을 움켜쥘 수 있을 것 같은 느낌이었다. 문득 지금, 이 순간이 무척 소중하다는 생각이 들었다. '그래, 다시 하면 되지. 순간순간 내가 무엇을 하는지, 무엇을 선택하는지가 인생을 결정하잖아.'

이 세상에 영업이 아닌 것이 뭐가 있을까? 단지 내가 단련되지 않았을 뿐이다. 지금은 용기가 부족해도 실전 경험이 나를 단련시킬 것이다. 일단 모르는 사무실 문을 두드리고 나면 그다음에는 결과를 기다리면 된다. 문을 열어주면, 되도록 사무실로 들어가 5분이든, 10분이든 영업 멘트를 할 시간을 벌거나 30초라도 문 앞에 서서 간단한 스피치를 할 수 있다. 문을 안열어주면 명함만 전달하겠다고 다시 청하면 된다. 젊지도 늙지도 않은 40대 후반인 내 나이는 많을 수도 있지만, 누구와도 대화를 트기 쉬워 영업하기 좋은 나이라고 하는 이들도 있었다.

솔밭공원 바로 앞에 아파트형 공장 건물이 있었다. 거기에 찾아가 문을 두드리는 게 조금 덜 두려워졌다. 초등학교 시절처럼 보물을 못 찾아도 선생님이 "이제 그만 찾고 모여!"라고 할 때까지 집중해서 찾으면 된다. 같은 시간 어떤 학생은 보물을 몇 개씩 찾고, 못 찾은 친구는 울기도 한다. 보물을 여러 개 찾은 학생과 못 찾은 학생의 차이는 무엇일까? 좀 더 눈을 크게 뜨고 집중해서 신속하게 뛰어다니면 된다. 열심히 보물을 찾아다닌 아이가 훨씬 더 즐거운 시간을 보냈을 것이다.

보증보험 영업도 마찬가지일 것이다. 집중해서 더 많은 곳을 두드리면 보람도 느끼고 성과도 거둘 수 있다. 확신과 희망으로 힘이 생겼다. 도전하자. 해지기 전까지 주어진 시간에 충실하자. 어차피 시간은 흐르고 나에게는 다른 대안이 없다.

나는 공원을 벗어나 아파트형 공장 1층부터 문을 두드리기 시작했다. 그 높은 건물에 입주한 회사들의 문을 다 열고 들어가서 명함을 전달하리라 다짐했다. 처음에는 어색했지만, 막상 문을 두드리고 "서울보증에서 홍보하러 왔습니다" 하고 명함을 주는 행위를 몇 번 반복하니 일종의 요령도 생기고, 문이 열리는 짧은 시간 동안 효과적인 홍보 멘트를 날리는 것도 익숙해졌다. 물론 처음부터 거래를 트지는 못했지만, 그 건물만 여러 날 방문해서 대부분의 회사에 명함을 건넨 후, 실제로 거래를 시작하는 업체들이 생겼다.

영업은 거절에 익숙해지는 일이다. 하루에도 여러 번 거절당하는 게 일상이다. 거절당하는 것은 누구에게나 상처가 되는 일이다. 그러나 상처는 아물고 딱지가 생기고 금세 새살이 돋는다. 상처받으며 굳은살이 배긴다. 더 나아가 거절하는 상대방의 입장을 헤아리는 여유가 생기면, 더 이상 상처로 느끼지 않게 된다.

주위의 다른 건물들도 개척해 나갔다. 계약으로 이어지지 않더라도 몇몇 업체는 웃으면서 인사할 수 있는 사이가 되었다.

버티는 기술

서울보증보험은 대리점이 지점 내 공간 일부를 사용할 수 있게 해준다. 대리점은 복합기 사용료와 통신료를 부담하고 전산직원(대리점이 고용하는 직원을 공식적으로는 '사용인'이라고 부른다)을 자체 고용한다. 나는 매일 사무실 문이 열리자마자 출근해 상품 공부와 전산 공부를 했다. 세종지점은 신설지점이라서 선참 대리점들도 모두 바빠 말을 붙일 엄두가 나지 않았다.

이웃 대리점주인 박대표의 도움을 많이 받았다. 서울보증보험에서 살아남으려면 수많은 상품 종류 중 거래처에서 요구하는 종류의 보증보험을 신속하고 정확하게 처리해야 한다. 전자팩스가 들어오면 나도 모르게 긴장하게 된다. 특히 신규대리점이 처음 계약서 양식을 보면 완전히 멘붕 상태가 된다. 상품 종류를 확인하고 가입금액, 보험기간 등을 즉시 파악해야 한다. 보증보험 회사와 계약자 간 보증 대리 업무는 영업만 중요한 게 아니라 속도와 정확성을 요구한다.

처음에는 박대표를 졸졸 따라다니면서 물어보았다. 박대표가 없었으면 지금의 내가 없을지도 모른다. 지금 우리 광개토9대리점의 업무처리는 빛의 속도라고 자화자찬하는데, 이것이 가능했던 것은 그분 덕분이다.

이론 공부에도 벅찬 시기였지만, 영업이 무엇보다 중요했다. 관공서를 무작정 찾아가서 명함을 돌렸다. 별로 효과는 없었다. 그러나 영업을 할 때 나는 살아있다는 느낌이었다. 사업을 하는 지인들을 떠올리며 명단을 작성해 보기도 했다. 그런 방면으로는 인맥이 적다는 것을 새삼 실감했다.

렌트카사업을 부업으로 하는 만욱이에게 주유와 세차는 내가 벌어서 해결할 테니 렌트카를 빌려 달라고 했다. 대신 주말이나 오후에 렌트 차량 회수하는 것을 내가 도와주겠다고 했다. 2인 1조로 움직이면 렌트 차량을 회수하러 갈 때 쓰는 택시비를 아낄 수 있었다. 친구 사이라도 정말로 힘들게 꺼낸 말이었는데 만욱이가 흔쾌히 허락하며 금방 자리 잡을 거라고 격려해 주자 가슴이 벅차올랐다. 주중에는 주로 스타렉스를 탔다. 스타렉스는 주말여행용 수요가 많고 주중에는 사고차 대신 대여하는 경우가 아니면 주차장에 서 있을 때가 많았다. 그래도 운전 중에 간혹 만욱이가 렌트가 되었다고 차를 돌려놓으라고 해서 다시 차고지로 돌아오는 경우가 있어, 나는 분초를 아끼며 조금이라도 더 영업을 뛰기 위해 노력했다.

재미있게도 세종지점의 몇몇 사람들은 내게 "와! 진짜 부자인가 봐요"라며 감탄했다. 차를 자주 바꾸어 타고 다녀, 여러 대의 차를 굴리는 부자라고 생각한 것이었다. 그들의 기대대로 부자인 척할 수도 없고, 사실대로 얘기하기도 난감해서, 그냥 친구랑 렌트카사업 동업한다고 둘러댔다.

영업을 하려면 식사 대접도 하고 가끔 술자리에도 가야 하는데 나는 빈털터리라 여의치 않았다. 다른 대리점 대표님들은 실장으로 부르는 대리점 소속 전산직원과 함께 점심 식사를 하는 경우가 많았는데, 나는 고객을 만날 때도 점심시간은 피했다. 지점에는 아침에 출근했다가 11시쯤 점심 약속이 있다는 듯이 나왔고, 오후에는 1시 30분이 넘어 복귀했다. 사람들은 사정도 모르고 내가 몹시 바쁜 줄 알았다. 친구들이나 지인들이 소개한 사람들을 찾아다녔다. 창피해할 여유가 없었다. 보증보험 영업을 처음 시작할 때 내 모습은 마치 저절로 굴러가는 톱니바퀴처럼 하루하루 기계적인 일과를 되풀이하며 한편으론 굉음을 울리며 앞으로만 전진하는 불도저 같았다고 한다.

점심시간을 영업에 활용할 수는 없었어도 움직이려면 먹어야 했다. 점심시간에 부지런히 돌아다니다가 빵으로 때우기도 했고, 시간이 있을 때는 내 친구 한만욱과 심명보에게서 점심을 얻어먹었다.

어느 날 명보가 근무하는 아일공업사에 1시쯤 들른 적이 있었다. 사무실에 명보가 없어서 전화했더니 "형님, 식당으로 올라와요!"라고 말했다. 올라가니 명보는 혼자 밥을 먹고 있었다.

"오늘 외근 나갔다 지금 왔어요. 형도 식사 전이면 밥 먹어요!"

그의 공업사는 수십 명분의 식사를 매일 배달시켰고, 식당에서는 인원수보다 좀 더 넉넉하게 밥을 챙겨준다고 했다. 밥이 자주 남는다면 내가 간혹 와서 먹어도 될 것 같다는 생각이 들었다.

"형 가끔 와서 밥 먹으면 안 되냐?"

내 사정을 아는 명보는 흔쾌히 허락했다.

"그러세요. 그러면 직원들 다 먹은 후 조금 늦게 오세요. 나도 늦게 먹을 테니 함께 식사해요."

그때부터 나는 일주일에 두 번씩 공업사로 가서 명보랑 함께 늦은 점심을 먹었다. 지금은 웃으며 농담처럼 회상하는 과거다. '오늘은 뭘 먹지?'가 아니라 '오늘은 어디서 얻어먹지?' 이렇게 살아가는 느낌은 정말 겪어보지 않으면 모른다. 형편이 좀 나아진 후에는 가끔 아이스크림을 사다가 아일공업사 직원들에게 나눠준다.

나는 공업사에서 그렇게 식사를 넉넉히 준비한다는 것을 알게 된 후 만욱이에게도 이야기했다.

"너도 친한 공업사 있잖아. 점심 좀 얻어먹자."

"아이고 미친놈, 내가 시간만 되면 매일 사줄게."

하지만 나는 되도록 폐를 덜 끼치고 싶었다.

"만욱아, 그냥 남는 밥 있으면 한 끼 얻어먹자. 네 돈 주고 사주면 내가 부담돼. 하루 이틀도 아니고."

그래서 만욱이가 잘 아는 삼화공업사에 가서 밥을 얻어먹기 시작했다. 그곳은 전속으로 밥을 해주는 아주머니가 있어 내겐 집밥 이상이었다. 갓 지은 밥과 국, 반찬을 먹을 때마다 너무나 행복했다. 내가 주방 아주머니에게 드릴 수 있는 건 가끔 거래처를 돌아다니다 받은 박카스 한 병뿐이었다.

그렇게 밥을 해결해 나가고, 그렇게 시간을 쪼개 영업을 해 나갔다. 숫자로 목표를 세우고, 새벽부터 하루를 시작하니 눈에 보이게 이룬 것은 없어도 하루가 바쁘게 돌아갔고 부정적인 생각을 할 틈이 없었다. 한 달에 다섯 번 상환하는 카드론과 대출의 이자 납입일을 세 번으로 줄여, 한 달에 원리금 상환 문제를 세 번만 고민하도록 조정하기도 했다.

저녁에는 피부관리 손님들을 한두 분만 예약을 받아 다음 날 활동비로 충당했다. 주말과 공휴일에는 예약을 조절해서 하루에 피부관리 손님들을 집중해서 받고, 나머지 휴일에는 한용이 형을 따라 건설 현장에 갔다. 조금씩 일상에 규칙이 생기니 생활 전반이 안정되었다.

아무리 형편이 어려워도 우리나라에 막노동할 일거리를 찾기는 어렵지 않다는 것이 참 다행이다. 그래도 새벽에 인력사무실을 지나다 보면 일거리가 당장 없어 담배만 피우는 사람들도 많이 본다. 나는 한용이 형이 있어서 인력사무실을 찾지 않고도 주말마다 그리고 시간 날 때마다 삽을 한 자루 쥐고 일하거나, 때로는 벽돌을 짊어지고 계단을 오를 수 있었다. 일이 끝나면 13~15만 원을 현금으로 받고 막걸리 한잔도 얻어 마실 수 있었다.

군대 제대 직후 다쳤던 다리가 아직도 불편했으나 겉으로 보기에는 멀쩡했고 일상생활에도 큰 지장은 없었다. 시간 날 때마다 건설 현장에서 일하며 잡념을 내려놓고, 일이 끝나면 1만 원권 십여 장을 한 번에 받으니 얼마나 행복한가? 그런 날에는 코인노래방에 가서 임재범의 〈비상〉을 세 번씩 부르고 귀가했다. 그 노래는 나도 재기할 수 있다는 주문과도 같았다.

정주영 회장님은 "인생의 성공과 실패를 잡고 있는 것은 시간과 행동"이라고 말했다. 누구에게나 시간은 공평하게 주어지고 똑같이 흘러간다. 결국 같은 시간 동안 무엇을 하느냐가 중요하다. 회장님은 부산에 피난 가서 일거리를 찾을 때도, 현대자동차의 전신인 아도공업사를 차릴 때도 늘 부지런히 움직이며 생각을 바로바로 실행에 옮겼다.

나 역시 살아오면서 늘 부지런하게 살았다고 자부한다. 아무리 늦게 잠이 들어도, 회식을 하고 술을 마셔도 일어나는 시간은 항상 일정하다. 지금도 새벽 5시 30분이면 자리에서 일어나 하루를 시작한다.

나는 어린 시절과는 다른 차원의 보물찾기를 하고 있었다. 제한된 시간 내에 몇 개나 찾아낼 수 있을까? 어떻게 하면 최대한 많은 보물을 찾아낼까? 게임 종료 후 승패가 결정된다. 내 인생의 게임은 내가 종료해야 끝이 난다.

첫 수수료

광개토9대리점을 개설하고 2016년 11월 16일 첫 수수료 29,900원이 나와 전자계산서를 발행했다. 첫 고객은 음식점이었다. 우리 대리점 정관을 만들어 준 법무사 사무실에서 얘기를 나누던 중 옆자리에 있던 손님이, 내가 찾아가서 보증보험증권 발급을 해 준다는 말을 듣고 음식점을 하는 지인에게 나를 소개해 주었다. 음식점 사장님이 내게 전화를 걸었다.

"여기 옥산면 ○○식당인데요. 도시가스 때문에 보증보험이 필요한데 오실 수 있나요?"

도시가스 회사는 음식점과 일종의 외상거래를 하므로 지급보증보험증권을 요구한다.

"네. 어디로 찾아가면 될까요?"

"제가 면사무소에 가야 하니까, 옥산면사무소에 오실 수 있나요?"?

서울보증보험 세종지점에서 청주시 흥덕구 옥산면 행정복지센터까지 거리를 살펴보니 30km 정도였다. 처음으로 고객을 만난다는 생각에 차로 달려가는 동안 심장이 쿵쾅거렸다. 행정복지센터에서 보험 가입자의 신분증을 확인하고 개인정보동의서에 서면동의를 받아 세종지점 사무실로 돌아왔다.

옆자리 대리점 대표가 청약서를 검토해 주었다. 나는 다시 옥산면까지 왕복하며 청약서에 자필서명을 받고 사무실로 돌아와 보험증권을 발행해 도시가스 회사 담당자에게 전달해 주었다. 시간과 경비 측면에서 본다면 보험료 1만 5천 원을 받고 보험증권을 발급해주고 수수료 2천 원을 받는데, 만욱이가 빌려준 스타렉스를 타고서 무려 120km를 운전하고 몇 시간을 허비하니 주위에서는 그렇게 하면 돈이 안 된다고 걱정하는 눈빛이었다.

하루 일을 마치고 귀가하는데 마치 큰 전쟁에서 승리한 장군처럼 의기양양했다. 연세가 지긋한 음식점 사장님이 고마워하면서 동시에 미안해하는 모습을 보니, 오늘은 작은 수수료를 벌었지만 내가 부지런히 이렇게 찾아다니면서 보험증권 발급을 해주면 많은 이들이 나를 찾게 될 것이라고 확신했다.

다음 날 오후에 전화가 왔다.

"혹시 어제 ○○음식점 보험증권 발행해 주신 분 맞나요?"

"네. 누구시죠?"

"아, ○○음식점 아는 사람인데요. 여기 두 명 더 발행해야 하는데, 죄송하지만 오실 수 있나요?"

나는 조금 당황했다. 매일 발로 뛰면서 중소기업을 찾아다니며 개척영업을 하고 있었는데, 오히려 보증보험증권을 발행해 달라고 연락이 오는 것이 아닌가? 나는 고객을 찾아가서 사업자 두 분의 신분증을 확인하고 개인정보동의서에 서명을 받고 보험증권을 발급해주었다. 이 또한 나에게 중요한 사건이었다. 두 건 역시 경비보다 수수료 수입이 훨씬 적었지만, 고객 만족이 소개로 이어진다는 중요한 깨달음을 얻었다. 소개가 소개로 이어지다 보면 고객 수가 급속히 늘어날 것이라는 희망을 느꼈다. 가슴속에 할 수 있다는 의욕이 불타올랐다.

보증보험 대리점은 매달 15일과 말일에 두 번 수수료가 나온다. 처음 받은 수수료는 채 3만 원이 못 되었지만, 나는 그 돈을 잊지 못한다.

내가 평생을 모르고 살았던 누군가에게 보증보험을 발행해주고 그 대가로 돈을 벌 수 있다는 것을 통장에 입금된 숫자로

확인하고 나니, 마치 영화 〈캐스트 어웨이〉에서 무인도에 불시
착한 톰 행크스가 나뭇가지를 비벼서 불을 붙이는 데 성공한
후 소리소리 지르며 춤을 추었던 것처럼 나 역시 그렇게 미친
듯이 춤을 추고 싶을 정도로 기뻤다. 빈 상가로 돌아가기 전에
코인노래방에 가서 임재범의 〈비상〉을 세 번 신나게 불렀다.

손님을 부르는 빈대떡집

하루 일을 마친 후 빈대떡에 막걸리 한 잔이 내 가장 큰 호사
중 하나다. 서울보증보험 본사에서 교육을 받을 때, 어느 날 저
녁 유명한 빈대떡집에 찾아가니 손님이 꽉 차 있어 앉을 자리
가 없었다. 그때 이웃 가게 아주머니가 "우리집은 손님 없어
요! 혼자도 돼요!"하고 나에게 소리쳤다. 나는 피식 웃으며
'바로 옆에서 장사하면서 큰 차이 있겠어? 그 맛이 그 맛이겠
지' 하고 그 가게로 들어갔다. 아주머니의 적극성이 내 마음을
움직였다.

　자리를 잡고 빈대떡 1인분과 막걸리를 시켰다. 혼자만의 생
각을 벗 삼아 막걸리를 몇 잔 마시다 보니 주변이 조금씩 소란
스러워졌다. 문득 고개를 들었다. 어느새 그곳에도 손님이 꽉
들어차 있었다. '언제 다 찼지?' 나는 곰곰이 생각에 잠겼다.

　'그래. 처음에는 손님이 없어도 이렇게 아주머니처럼 손님

에게 소리쳐서 자리가 있다고 알리고, 친절하게 성의껏 대하면 손님이 하나둘 늘어나 결국 꽉 차게 되는 거야. 이미 유명한 빈대떡집에만 손님이 가지는 않잖아. 좋은 거래처들을 선점한 대리점에만 손님이 오라는 법이 있을까? 유명 맛집들이 처음부터 유명하진 않았잖아. 사람들이 비결을 물어보면, 오래 한곳에 자리를 잡고 늘 정성을 기울이며 재료를 아끼지 않고 듬뿍듬뿍 손님들에게 대접하다 보니 어느새 유명해졌다고 얘기하잖아. 결국 손님들이 먼저 그 정성을 알아보고 대박집이 탄생하는 거야.'

그 빈대떡집에서 막걸리를 마신 일은 내게 큰 교훈으로 남아 있다. '처음이라 막막하지만, 때가 되면 손님들이 많아질 거야.' 보증보험 영업 초기, 이렇게 생각하면 마음이 편안해졌다.

요즘도 간혹 대중교통으로 서울에 갈 때면, 혼자서 빈대떡에 막걸리 한 잔을 마신다. 혼자 마시다 주위를 둘러보면 나처럼 홀로 술잔을 기울이는 분들이 많이 보인다. 유명한 빈대떡집만 장사가 잘되는 것이 아니라, 주변 모든 빈대떡집에 손님이 많았다.

나는 한 건 한 건 계약을 할 때마다 신속, 정확하게 보험증권을 발행하고 고객의 편의를 극대화하려고 노력했다. 거래처 사장님이 고맙다고 하면, "저는 대리점을 한 지 얼마 안 되어 거래처가 별로 없습니다. 사장님도 처음 사업하실 때 어려운 시절이 있으셨죠? 오늘날 이렇게 사업이 번창하신 데는 피나는 노력이 바탕이 되었겠지만, 주위의 누군가 작은 도움을 주신 것도 큰 힘이 되었을 것입니다. 사장님이 제게 그런 분입니다." 이렇게 답하며 다음과 같이 덧붙였다. "제 서비스가 마음에 드셨다면, 주변 사장님들 두 분만 소개해 주세요. 절대로 실망시켜 드리지 않겠습니다."

이렇게 내 진심을 말씀드리면 고객분들은 미소를 지으며 "보증보험에 무슨 이권이 있는 것도 아니고, 박사장이 워낙 일 처리가 빠르고 꼼꼼해서 편하니까, 꼭 주변에 소개할게요"라고들 얘기하곤 했다. 모든 일에는 시작이 있고 과정과 결과가 있다. 제대로 된 과정을 통해 제대로 된 결과를 얻을 수 있다.

거꾸로 매달아도 국방부 시계는 돈다

군대에 있을 때 여기저기 떨어져 나간 낡은 철책을 뜯어내고 다시 철책을 치는 공사에 투입된 적이 있다. 끝없이 펼쳐진 철책을 바라보면 답이 안 나왔다. 해 뜨기 전 어둑어둑한 들판에 나와 해가 질 무렵에야 복귀할 수 있었다. 오로지 철책 교체를 위한 고된 노동으로 하루하루를 보내던 때, 고참들은 "거꾸로 매달아도 국방부 시계는 돈다"는 말을 되풀이했다.

아무리 힘들어도 시간은 흘러가고 철책 교체공사는 끝이 났다. 나는 해당사항이 없었지만, 함께 고생하던 몇몇은 포상휴가를 가기도 했다. 시작할 때는 끝이 안 날 것 같던 공사도 땀흘려 일하다가 둘러보면 어느새 많이 진척되어 있었고, 결국 끝이 났다. 부대에 찾아온 문화선전대 행사에서 "저도! 노래하고 싶습니다!"라고 외치며 무대로 뛰어올라 노래를 부르고 휴가증을 받은 날은 날아갈 듯 기뻤다. 최전방 부대라 면회나 외출에 제약이 많았지만, 그래도 면회를 기다리고 외출할 날을 기다리며 남은 제대날짜를 손꼽아 헤아리다 보면, 순간순간이 흘러 어느덧 국방부 시계가 제대 시각을 가리키게 된다.

나는 60개월간 부채를 상환하고 재기의 발판을 마련한다는 계획을 세웠다. 5개년 계획의 마지막 날인 2021년 12월 31일은 지금 내가 아무리 힘들어도, 내가 아무것도 안 해도, 국방부 시계의 초침이 쉬지 않고 재깍재깍 돌아가듯, 순간순간 점점 더 다가오고 있었다. 어떤 결과를 맞이하든, 내가 최선을 다한다면 후회는 없을 것이다.

찾아가는 서비스의 위력

생명보험설계사로 일할 때 내가 다니던 회사의 담당 부서에서는 1년에 한 번 보증보험 갱신이 필요할 때 보증보험 가입 관련 메일을 보내주었다. 정해진 기간 안에 공동인증서로 접속해 개인정보활용에 동의하고, 가입심사를 통과하면 전자서명을 하라는 문자가 왔다. 그러면 서울보증보험 인터넷 사이트에서 전자서명을 하고 보험료를 냈다.

지금도 그렇지만, 보증보험 영업을 시작하던 당시 보이스피싱 문제가 심각해서 많은 사람이 금융사에서 보낸 문자 링크를 통해 금융 거래를 하기보다는 금융사를 직접 방문하기를 선택했다. 연세 지긋한 분들은 인터넷이나 모바일 거래를 어려워하고 공동인증서가 아예 없는 경우도 흔하다. 인터넷을 불신하거나 사용에 미숙한 사업자들은 직접 서울보증보험 지점에 방문하는 수밖에는 없다. 그런 분들을 내가 먼저 방문하면 확실히 내 고객으로 만들 수 있다고 생각했다.

대학교 교직원으로 재직하고 있는 고등학교 동창 김광수를 만난 후 더욱 확신하게 되었다. 오래된 동창이 갑자기 연락하면 부담스러울 수 있다. 나 역시 오랜만에 연락한 친구에게서 보험에 가입해 달라거나 돈을 빌려달라는 부탁을 받은 적이 있기에, 서로 불편한 상황이 생기기 전에 미리 사정을 이야기했다.

"오랜만이네. 무슨 일이야?"

"보증보험 관련해서 물어볼 게 있어서. 너는 학교 업무 관련해서 보증보험도 종종 처리하지? 궁금한 것들을 물어보고 싶은데, 점심 먹으면서 얘기 좀 나눌 수 있을까?"

나는 점심시간에 광수가 근무하는 대학교로 찾아갔다. 교직원 식당에서 밥을 먹고 벤치에 앉아서 이야기를 나누었다.

"바쁠 텐데 시간 내줘서 고맙다. 내 명함이야."

"야, 너 서울보증보험 대리점 해? 대리점 개설하기 어렵다고 하던데. 정말 축하해!"

"그래, 쉽지 않아. 운이 좋았지. 그런데, 대리점을 시작하긴 했는데, 고객한테 뭔가 좋은 점이 있어야 나랑 거래할 것 아니야? 아는 사람에게 부탁하는 걸로 얼마나 가겠니? 주변에 보험

하던 친구들, 처음에는 인맥으로 영업하다가 얼마 못 가서 그만두는 경우 흔하잖아. 나만의 경쟁력이 있어야지. 내가 보험증권을 발급받아 보니까 고객에게 찾아가서 일 처리를 해주면 경쟁력이 있을 것 같아. 공동인증서가 없거나 인터넷 사용을 불편해하는 분들이 많잖아. 고객들이 만족하면 또 다른 고객을 소개해 주겠지. 네 생각은 어떠니?"

광수는 단호하게 나에게 말했다.

"좋은 생각이야. 왜냐면 나도 학교 일로 지점에 찾아가면 기다리다가 지치고, 서류 하나라도 빠지면 챙겨서 다시 가느라 시간 허비할 때가 많았어. 특히 주차하느라 진을 빼고 나면 내내 짜증 나고. 네가 찾아가서 상품 상담해주고 보험증권 발급도 해준다면 너를 찾는 사람이 많을 거야. 특히 법인에 발급하는 보증보험증권은 대표 개인도 연대보증을 서야 하는 경우가 있거든. 그걸 연대 입보라고 해. 법인 대표가 지점에 방문해서 신분증을 제시하고 자필서명을 해야 하지. 바쁜 대표들이 일일이 지점에 찾아가서 사인하는 게 얼마나 시간 낭비니? 네가 찾아가서 일 처리를 해주면 너는 분명히 대박 날 거다."

"네 말대로 찾아가는 서비스가 그렇게 이점이 있다면 왜 다른 대리점은 그렇게 하지 않지?"

"내가 보기에는 기존 대리점들은 큰 거래처가 많으니 그렇게 찾아다니는 게 비효율적일 거야. 신규대리점은 어차피 고객 확보를 위해 시간이 많이 들어도 부지런히 영업을 뛰어야 하니, 네가 필요한 서류를 들고 작은 업체들부터 찾아가서 자필 서명을 받아. 그러다 보면 반드시 고객이 늘어날 거야."

그러면서 광수는 그 자리에서 바로 전화를 걸었다.

"잘 지내니? 나랑 정말 친한 친구가 서울보증보험 세종지점에 대리점을 오픈했는데, 이용 좀 해 줘라."

소개를 부탁하지도 생각하지도 않았는데, 즉석에서 아는 회사를 소개해 주었다. 나는 당황스러웠지만, 광수는 신경 쓰지 않고 진지한 표정으로 계속 나를 격려해 주었다.

나는 광수가 소개해 준 업체를 찾아가 보증보험증권 발행을 빈틈없이 신속하게 처리했고, 그 업체를 통해 또 다른 업체를 소개받아 거래처를 늘려나갔다. 짧은 만남이었지만, '찾아가는 서비스'로 반드시 성공할 것이라는 확신을 내게 불어넣어 주었을 뿐만 아니라, 인터넷 사용을 부담스러워하는 소상공인 차원을 넘어 법인 대표들의 수요라는 훨씬 더 큰 시장을 내게 알려주었다. '아, 부지런하면 분명히 성공할 수 있겠구나!' 돌아오는 발걸음에 힘이 넘쳤다.

보증보험 대리점으로 자리 잡은 곳들은 15년 이상 된 곳들이 많고, 30년 넘게 하는 곳도 많다. 그만큼 한 대리점과 오래오래 거래하는 고객도 많을 것이다. 그분들이 대리점을 바꾼다면 확실한 이점이 있어야 한다. 그것이 내가 생각한 '찾아가는 서비스'였고, 금액이 적은 계약이라도 최선을 다해 신속하고 정확하게 업무를 처리하는 것이었다.

광수는 자신이 속한 골프 모임 회원인 사업체 대표들과 라운딩 후 식사할 때면, 식사 자리로 나를 꼭 불렀다. 돈이 없어서 참석하기를 꺼리면, "진수야, 너는 꼭 성공할 테니 지금의 그 마음만 변하지 마라. 돈은 안 가지고 와도 돼. 어차피 똑같이 낸 회비로 먹는 거니까. 너 오면 숟가락만 하나 더 놓으면 된다"고 나를 배려해 주었다.

너무나 미안하고 고마웠다. 식사 자리에 가서 앉으면 "보증보험 하는 친구인데, 사무실로 찾아가서 보증보험 업무를 처리해 드리니까 이용해 보세요. 이 친구는 내가 보증합니다! 우리 회원님들처럼 작은 사업장들을 최우선으로 영업하며 점차 큰 기업으로 영역을 넓혀간다니 많이 이용해 주셔서 함께 성장하십시오!" 이렇게 나를 소개했다. 그러면 대표님들이 웃음을 터뜨리며 "우리가 영세하긴 하지. 우리같이 작은 회사에 직접 와서 업무를 처리해주면 서로 좋지"라며 화기애애하게 술잔을 돌리고, 회사 명함을 먼저 나에게 건네기도 했다. 나중에 나와 친해진 대표님들은 광수가 소개하는 대리점이라 믿을 수 있었고, 작은 사업체부터 최우선으로 영업한다고 해서 듣기 좋았다고 한다. 광수의 소개가 톡톡히 먹혔다.

찾아가는 서비스로 좋은 평판이 형성되며 조금씩 고객이 늘어갔다. 한번은 유통 관련 일을 하시는 사장님의 자필서명을 받아야 했다. 그 회사 사무실로 출발하면서 확인 전화를 했는데, 전화를 받은 대표님이 무척 난처해했다.

"진짜 미안한데, 자필서명 내일 하면 안 되나요?"

"왜 그러시죠?"

"골프 약속이 생겼는데 깜빡해서 박사장에게 얘기 못 했네요."

그런데 그 대표님만큼 나도 난감했다. 다음 날 지방에 출장가서 여러 업무를 처리하려고 새벽 기차표를 예매해 놓은 상태였다.

"대표님, 라운딩하시는 데가 어디죠?"

골프장은 천안 인근이었다. 라운딩을 마치는 시간을 대략 계산해 보니 3시간쯤 후에 만나면 될 것 같았다.

"사장님, 라운딩하시고 골프장 프런트에서 3시간 후에 뵙겠습니다. 천천히 나오세요."

"네? 여기로 온다고요?"

"네. 내일은 일정이 빠듯해서요."

골프장으로 가는 길에 시간이 조금 남아서 한용이 형을 따라 공사에 참여했던 체육시설에 들렀다. 나는 마음을 다잡기 위해 가끔 내가 일했던 공사 현장을 찾아가곤 한다. 한겨울에 축축한 겨울비를 맞으며 나와 동료가 거대한 창틀을 마주 잡고 낑낑대며 계단을 오르던 생각이 났다. 그때는 저녁에 피부관리, 주말에 막노동으로 버는 돈이 주된 수입이었지만, 지금은 그래도 수수료 수입이 조금씩 늘어나고 있었다.

시간에 맞추어 골프장 로비에서 기다리고 있었는데, 골프와 거리가 먼 옷차림 덕분인지 대표님이 금방 나를 알아보았다.

"정말 미안해요, 박사장님."

"괜찮습니다."

신분증 확인 후 서류에 자필서명을 받았다.

"우리 박사장님은 서울보증에서 반드시 성공할 거예요. 오랫동안 서울보증을 이용했지만, 사장님처럼 열정적으로 사는 분은 못 봤어요."

먼 거리를 한걸음에 달려가거나 새벽이나 저녁, 주말도 가리지 않고 원하는 장소로 찾아가는 나에게 고객이 고마워하면, 그때마다 내가 하는 말이 있다.

"사장님 덕분에 먹고살고 있습니다. 태풍이 불어도 달려오니 계속 거래해주세요."

우리는 유쾌하게 헤어졌다. 나중에 그 대표님이 내게 지인을 소개해 주었는데, 그 지인은 상당히 큰 금액의 보증보험에 가입했고, 우리 대리점과 지속해서 거래하고 있다.

"네가 찾아가서 일 처리를 해주면 너는 분명히 대박 날 거"라는 광수 말대로 되려면 멀었지만, 낮이나 밤이나 고객이 있는 곳에 찾아가 자필서명을 받는다고 소문이 나서 많은 사업체를 소개받게 되었다. 한결같은 성실함이 나를 부채의 수렁에서 건져내 줄 거라는 희망이 조금씩 현실이 되어가는 느낌이었다.

누구와 함께 일할 것인가

보증보험 대리점을 시작한 순간부터 느낀 것은, 이 일은 결코 영업만 잘한다고 되는 일이 아니라 사무실 안에서 고객 전화에 응대하고 정확하게 전산에 입력해서 신속하게 보험증권을 발급하는 업무가 고객 만족을 좌우한다는 것이다. 마치 보증보험 대리점도 거래처의 구성원으로 참여해서 한 부분을 맡은 것과 같아서, 사원이 회사의 지시를 바로 수행해야 하듯이, 우리도 거래처가 필요로 할 때 즉시 정확한 보험증권을 발급해주어야 했다. 특히 입찰 관련 보증보험 업무는 우리의 실수로 유찰될 수도 있기에 고도의 집중력과 신속함을 요구했다. 오래 사업을 해온 업체일수록 담당 대리점을 바꾸지 않는 데에는 다 이유가 있다.

특정 대리점을 지정하지 않고 그냥 지점에 전화해서 보증보험증권을 발급해 달라고 하는 고객도 많다. 세종지점은 일자별로 대리점 두 곳을 전화 당번으로 지정한다. 지점 대표번호로 전화가 오면 두 곳 중 전화를 먼저 받는 대리점이 업무를 처리한다. 직원이 없으면 지정된 날짜에는 바깥 영업을 못 하고 꼼짝없이 사무실에서 근무해야 한다. 부지런히 개척영업을 다닌 곳에서 내게 연락해서 보험증권을 발행해 달라고 해도, 밖을 돌아다니는 내가 신속하게 업무를 처리하기는 어려웠다. "감사합니다. 내일 아침 7시에 해드릴게요." "지금 발급 안 되나요?" "제가 외근 중이라서요." "네……." 다음 날 사무실에 가보면 보험증권은 이미 다른 곳에서 발급된 상태였다. 내가 밖에서 영업하는 동안, 사무실에서 전산 작업을 해줄 사람이 꼭 필요했다. 그러나, 과연 월급을 줄 수 있을까?

워크넷에 채용 공고를 내고 전산직원을 간신히 뽑았는데 개인적인 사정으로 오랫동안 근무하지는 못했다. 함께 일한 기간은 길지 않지만, 어렵던 시절에 책임감을 갖고 함께 해준 그 직원에게 지금도 감사한다.

거래처가 늘어나는 중이라 나는 무조건 이 고비를 넘겨야 한다는 생각뿐이었다. 평일 낮에는 부지런히 영업을 뛰며 고객을 확보하려고 애쓰고, 저녁에는 피부관리, 주말에는 막노동으로 경비를 마련하려 안간힘을 썼다. 빚을 빚으로 막으며 이자가 붙어 부채가 청산되기는커녕 점점 더 늘어나고 있었다. 만욱이가 한 달에 200만 원씩 사업자금을 빌려줘 나는 직원 월급을 간신히 감당했다. 손해보험으로도 고수익을 올리고 렌트카 사업도 잘되어 만욱이에게 그렇게 큰 부담은 아니었겠지만, 정말 쉽지 않은 일이다. 평생 갚아도 못 갚을 은혜를 베풀어준 고마운 사람이다.

한 달에 고정적으로 750만 원의 수수료를 받게 되면 이 위기가 해결되리라는 믿음이 유일한 희망이었다. 기존 직원이 새로운 직원을 구할 때까지 일정 기간 퇴사를 미루겠다고 했지만, 구인 광고를 하고 면접을 보아도 함께 일할 만한 사람을 찾을 수 없었다. 자영업체가 대개 그렇듯이 보증보험 대리점도 가족 기업 형태로 운영되는 경우가 많다. 가족이 아닌 이상 한두 명 뿐인 직원이 언제 그만둘지 알 수 없다. 이사나 결혼, 육아, 배우자의 전근 등으로 갑자기 직원이 그만두면 참 난감할 수밖에 없다. 자금 여유가 있으면 사람을 고용하기도 유리하고 업무 공백이 생겨도 손실을 감내할 수 있지만, 그 당시는 경제적으로도 어렵고 내가 전산 업무를 거의 안 해봐서, 주방장이 개인적인 사유로 그만두면 문을 닫아야 하는 음식점과 비슷한 상황이었다. 보증보험 대리점 창업 후 정착률이 낮은 데에는 손발이 잘 맞는 전산직원을 구하기 어렵다는 점도 작용하는 것 같다.

직원이 있을 때는 개척영업으로 뚫은 곳에서 보증보험증권 발급 요청 전화를 하면 안에서 다 잘 처리해 줄 것이라고 믿어 영업에만 몰두할 수 있었다. 그러나 전산직원이 그만두고 난 후에는 전화가 와도 해피콜이 아니라 고통의 시작이라고 느낄 지경이었다. 상담 전화가 오면 막힘없이 필요 서류와 진행 절차를 설명해 줘야 하는데, 내가 설명을 제대로 하지 못하면, 상대방은 알았다며 전화를 끊은 후 다시는 연락하지 않았다.

세종시는 공무원들이 많고, 새로 시작하는 도시라 다양한 업무 경험을 가진 인구가 적었다. 서울은 물론 청주나 대전만 해도 보험회사 지점이나 대리점이 많아서 그런 경력이 있는 사람들이 많았다. 나는 고민 끝에 소속 지점을 서울로, 그게 어려우면 청주나 대전으로 옮겨야겠다고 판단하고 세종지점장님께 면담을 신청했다. 서울보증보험 대리점은 신규로 개설하기는 어려웠으나, 대리점 자격을 얻은 후에는 이전하고자 하는 지점에서 받아주면 다른 지역으로 옮길 수 있었다. 나는 열정적으로 일한다고 인정받고 있어서 원하는 지점으로 옮길 수 있을 것으로 생각했다.

다른 지점에서 이전에 그런 의사를 타진한 적도 있었다. 세종지점장님이 나에게 지점을 옮길 생각이 없냐고 물어본 적이 있다. 내가 특정 지역 중소업체들을 열심히 개척영업하며 다니는 것이 알려져 그 지역 관할지점에서 시장 방어를 위해 내가 거기로 옮기면 좋을 것 같다고 얘기했다고 했다. 나는 어렵게 세종지점에서 자리를 잡아 왔으므로 일언지하에 거절했었다.

"지점장님, 전에 제게 지점을 옮길 생각이 없냐고 물으셨죠? 가까운 시일 내에 서울로, 서울이 어려우면 청주나 대전지점으로 옮기겠습니다."

"언제 옮기실지 정하셨나요?"

"아직 못 정했습니다. 겪어보니 신규대리점이 정착하기에는 손발이 맞는 전산직원을 구하는 게 가장 중요한 것 같습니다. 오늘부터 서울의 옛 동료들에게 물어보고, 청주, 대전에서도 사람을 알아볼 생각입니다."

"잘 되시길 바랍니다."

짧은 대화를 끝으로 나는 지점장실을 나왔다. 왠지 모를 패배감이 가슴 밑바닥에서 올라왔다. 나를 붙잡지 않는다는 것, 내가 떠나도 별 차이가 없다는 사실에 마음이 아팠다. 돌이켜보니 내가 서울로 실적이 잡히는 업체들과 계약해서 세종지점에서는 달가워하지 않았을 수도 있다는 생각이 들었다. 서울의 대리점과 주거래를 하는 업체의 지역 조직은 광개토9대리점과 거래해도 세종지점이 아니라 서울로 실적이 합산되었다.

절대 실패할 수 없다는 생각에 다시 마음을 추스르려고 애썼다. 자리로 돌아와 과거 서울에서 생명보험 일을 할 때의 지인들에게 모조리 연락해보고, 서울보증보험에서 함께 교육을 받은 동기분들에게도 전화해서 수소문했으나 마땅한 사람이 없었다.

그냥 일찍 귀가하려고 운전을 서두르며 세종시청 근처를 지나던 중, 전화벨이 울렸다. NH농협생명의 이병택 국장이었다.

"아, 선배님. 오랜만이네요. 어쩐 일이세요?"

안부를 묻는 내 목소리가 평소와 달리 힘이 없었는지 선배님이 "무슨 일 있어?"라고 되물었다.

"별일은 아니고요. 세종에서 다른 지점으로 옮기려고요."

"왜?"

"전산직원을 못 구해서요."

"그러지 말고 내가 추천해줄게."

"아니에요. 이미 지점에 오늘 얘기했어요. 사람을 구해도 서울이나 청주 쪽으로 알아봐야 할 것 같아요."

"꼭 한 번 만나 봐. 진짜 괜찮은 분이야. 회사 사정으로 갑자기 일을 그만두게 되어 안타까웠는데, 정말 성실한 사람이야."

나는 이미 지점을 옮길 결심을 했던 터라 별로 관심이 없었다. 그런데 이병택 국장은 진짜 괜찮은 사람이라며 강력하게 추천했다. 어떤 사람이길래 그렇게 추천하는지 궁금했다. 그래서 한 번 만나보겠다고 얘기하고 그분 연락처를 받았다. 나는 전화를 걸어 소개를 받았다고 하고 지금 만날 수 있는지 물어보았다.

"지금요? 월요일에 뵈면 어떨까요?"

"정말 죄송한데요. 사람을 못 구하면 지점을 다른 데로 옮길 예정이라 좀 급해서요. 시간은 언제라도 괜찮으니 오늘 뵈면 좋을 것 같습니다."

"그럼, 아무 준비 없이 나가도 되죠?"

"네, 그럼요. 딱 30분만 뵙죠."

가까운 데로 가겠다고 하자, 세종시청 1층 카페에서 만나자고 했다. '세종시청 앞에 잠깐 정차하고 전화를 걸었는데, 세종시청에서 보자고?' 웃음이 나면서 뭔가 일이 잘 풀릴 것 같은 알 수 없는 기대감이 생겼다. 전화할 때 목소리가 밝아 호감을 느꼈다. 왠지 인상도 좋은 분일 것 같았다. 시청에 차를 주차하고 카페로 들어섰다. 나는 커피를 못 마시기에 자주 드나드는 시청 안에 카페가 있는 줄도 몰랐다.

계속 출입구를 응시하던 중 입구에 들어서는 한 여성이 눈에 들어왔다. 왠지 그분일 거라는 생각이 들었다. 역시나 내게 걸어와서 이름을 확인했다. 당당하고 자연스러운 태도가 프로라는 느낌을 물씬 풍겼다. 마주 보고 앉으니, 내가 면접을 보는 것 같았다.

여러 질문과 대답을 주고받으며 류지연 씨에 대해 파악한 정보는 첫인상과 정확히 일치했다. 나와 함께 일하겠느냐고, 언제부터 일할 수 있냐고 묻자, 배우자와 상의하고 다음 주까지 답변을 준다고 했다. 나는 내 상황을 다시 설명하고 주말까지 결정해 달라고 했다. 나중에 알게 되었는데, 류지연 씨의 배우자는 공무원으로 정부에서 표창을 받을 만큼 일밖에 모르는 성실한 분이라 찬찬히 의논할 시간을 갖고자 내게 시간을 많이 달라고 한 것이었다.

다음 날 아침 바로 문자가 왔다. 이력서를 첨부 파일로 보내고 '월요일 아침 9시에 출근하면 되는 거죠?'라고 문의하는 내용이었다. 기쁘면서도 참 인생이란 알 수 없다는 생각이 들었다. 전날 오후 사람을 소개받고 잠깐 미팅했는데, 이제는 지점을 옮길 필요가 없었다. 문자로 '감사합니다. 월요일에 뵙죠.'라고 짤막한 문자를 보냈다.

그러고 나자, 자잘한 걱정이 머릿속에 떠올랐다. '지점장님께 지점을 옮긴다고 얘기했는데, 바로 생각을 바꾸다니 실없는 사람이 됐네.' 아직 일어나지 않은 일에 대한 걱정도 밀려들었다. '류지연 씨도 사정이 생겨서 얼마 안 되어 일을 그만두면 어쩌지? 그렇게 되면 새로운 직원과 새출발하는 게 다 헛수고가 되는데…….'

나는 이력서를 자세히 살펴보았다. 선배님과 통화할 때 대강 듣고 류지연 씨와의 면접 때에도 서로 얘기한 내용이지만, 상세한 경력을 이력서로 확인하니 정말 성실하게 좋은 경력을 쌓아온 분이라는 생각이 들었다. 첫 직장이 농협이었고, 결혼 후 남편의 근무지로 이사하면서 카드사 콜센터에서 일했다. 무엇보다도 보험대리점에서 총무를 한 경력이 있었다. '내가 찾던 경력과 어쩌면 이렇게 정확히 일치할 수 있을까?' 류지연 씨와는 정말 오래오래 함께 일하고 싶었다. 나는 지연 씨에게 다시 문자를 보내 월요일 아침 근무 시작 전에 30분 일찍 지점 건물의 카페에서 만나자고 요청했다.

월요일 아침 나는 류지연 씨에게 모닝커피를 건네며 내 각오를 밝혔다.

"함께 해주신다니 감사합니다. 어려운 결정 빨리 내려 주셔서 다시 한번 감사합니다. 말씀드렸듯 세종시에서는 직원을 구하기 어려울 것 같아 지점을 옮기려고 했습니다. 그런데 좋은 우연이 겹쳐 지금 우리가 이렇게 만났습니다. 저는 지연 씨에 대해 아무것도 모릅니다만, 이력서를 살펴보니 제가 찾던 분과 정확하게 일치하더군요. 그래서 부디 오래 다녀주십사 하는 부탁을 드리려고 일찍 뵙자고 했습니다."

지연 씨는 웃으며 "저도 오래 다닐 테니 잘 부탁드립니다"라고 말했다.

"두 가지를 말씀드리려고 합니다. 첫째, 제 사업목표와 급여목표를 이루어가는 만큼 지연 씨에게도 경제적으로 보상하겠습니다. 둘째, 사무실에서 청약서 입력하는 전산 업무를 함께 배우려 합니다. 제가 전산 업무를 모른 채 영업만 하다 보니 효율이 떨어지는 느낌입니다. 또 직원분이 휴가를 가시거나 갑자기 감기에 걸려 못 나오셔도 업무가 제대로 이루어져야 하니까요. 제가 전산 업무를 배우면 서로에게 도움이 될 것입니다."

류지연 씨, 아니 류지연 실장과 함께 지점에 올라가서 지점장님에게 소개했다. 지점을 옮기지 않고 오히려 새로운 직원을 소개하니 지점장님을 비롯한 지점 식구들이 의아해했다.

그날부터 제일 먼저 사무실에 출근해 컴퓨터를 켜고 계약서 샘플을 보며 전산 업무를 연습했다. 900여 종의 상품을 이해하고 전산에 정확하게 입력하는 연습을 했다. 늘 밖에서 영업활동을 하다 사무실에 앉아 전산 업무를 연습하는 게 힘이 들었고, 영업을 못 나간다는 초조감도 상당했다. 하지만 고객이 늘어나고 계약 건수가 많아지면 다시는 시간을 내어 익힐 엄두가 나지 않을 것 같아 유의사항을 기록해가며 열심히 업무를 익혔다. 캐나다에 사는 형을 만나러 갈 때도 미리 전산입력 과정을 동영상으로 찍어 열세 시간이 넘는 비행시간 내내 시청했다. 전산 업무를 하며 상품에 대해 속속들이 파악하게 되자, 보증보험을 많이 사용하는 업종과 분야를 잘 알게 되어, 보험료 수준이 높거나 거래가 잦은 업체를 집중공략하는 효과적인 영업을 할 수 있었다.

류지연 실장의 업무습득 속도는 탁월했다. 선배님이 강력하게 추천한 이유를 알 수 있었다. 관련 업무를 해 봤어도 보증보험은 처음인데, 아주 빠르게 습득해 주위에서 놀랄 정도였고, 함께 일한 지 한 달이 채 되지 않아 모든 업무를 혼자서 처리할 수 있었다. 콜센터에서 일한 경험 덕분인지 전화 응대도 너무나 싹싹하고 능숙하게 했다. 본사에서 고객 모니터링을 할 때 고객분들이 우리 대리점 직원이 친절하다고 칭찬을 많이 해주어 광개토9대리점은 본사 소비자보호실의 감사장까지 받게 되었다.

나도 함께 두 달 정도 사무실에서 오전 시간에 연습하다 보니 상당히 능숙해졌다. 그런데 두 달간 오전 시간에 함께 지내니, 점심도 함께 먹어야 했다. 매일 밥을 아는 공업사에서 얻어먹다가, 류실장과 함께 식사하게 되니 식사비가 만만치 않았다. 때때로 나에게 일을 많이 가르쳐 준 옆자리 대리점 대표님이나 다른 대리점 직원분들과 함께 점심을 먹으러 가면, 내가 내는 게 자연스러워 어쩔 수 없이 카드를 긁곤 했다. 그래도 밥 먹을 때는 유쾌하게 최대한 많이 먹었다.

나는 아침을 안 먹고 저녁은 불규칙하게 먹었기에 점심은 무조건 많이 반찬도 푸짐하게 먹어야 하루를 견딜 수 있었다. 주변에 공사장이 많아 함바집을 쉽게 찾을 수 있었다. 함바집에 가면 특히 혼자 사는 사람이 먹기 힘든 나물 반찬을 마음껏 먹을 수 있었다. 점심때 나는 직원들을 함바집에 데려가 6천 원짜리 밥을 먹었다. 어쩌다 함께 가는 옆 대리점 직원들이 "대표님, 다른 데 가요"라고 해도 "반찬 많아서 좋잖아"라고 달랬다.

함바집 밥은 건설 현장에서 땀을 많이 흘리는 근로자들이 먹는 밥이라서 내 입에도 음식이 많이 짰다. 류지연 실장은 파산 직전의 내 상황을 잘 몰랐겠지만, 불평 한마디 없이 묵묵히 함바집의 짠 음식을 먹고, 일하는 내내 전혀 힘든 내색을 하지 않았다. 지금까지 나와 함께 일해주어 너무나 감사하고 나 역시 급여와 인센티브로 보상하려고 노력한다. 요즘은 류실장과 함께 점심식사를 하게 되면 항상 메뉴를 물어보고, 일부러 조금 비싼 음식점에 가기도 한다. 그러나 나 혼자 먹을 때는 옛날을 잊지 않으려고 근처에 함바집이 있으면 일부러 거기 가서 먹는다. 가격이 싸고 양도 많은 대학교 학생 식당도 내가 즐겨 찾던 곳이고 지금도 그렇다.

류실장은 업무 실력이 우수한 데다 잠시도 쉬지 않고 부지런히 일했다. 문의 전화나 거래처가 갑자기 증가할 때는 나도 함께 전산 업무를 처리했다. 그동안 상품별 특성을 상세하게 파악하고 전산 업무를 상당히 익혔기에 가능했다. 전산 업무가 많이 몰리는 날, 내가 운전할 때 류실장이 연락해서 필요한 서류를 받아달라고 하거나 고객과 상담해 달라고 하면, 나는 차를 세워 놓고 업무를 처리했다. 전화 상담을 많이 한 날은 하루를 마치고 나면 목이 쉬어 있기도 했다. 청주 우암산 삼일공원 벤치에서 자주 전화로 업무를 처리하다가 지나가던 분이 나를 보이스피싱범으로 오해하고 공원 관리실에 신고해서 명함을 보여주고 해명한 적도 있다.

함께 일하고 6개월쯤 지났을 때는 류실장의 배우자를 초대해 함께 술을 마시기도 했다. 키가 작은 나와는 달리 영화배우 같은 외모에 키가 훤칠하고 덩치도 커서 인상적이었다. 나는 내 마음속에 있는 미래에 대한 계획을 토로했다. 류지연 실장을 훌륭한 사업 파트너로 여겼으므로 류실장의 가족도 내게 중요했다.

"류실장님이 자판을 두드릴 수 있는 한, 종신토록 저와 일하시기를 바랍니다. 반드시 그에 상응하는 경제적 보답을 하겠습니다. (……) 저는 2021년까지 꼭 목표를 이루어 장학사업을 시작할 것입니다. 어려운 대학생들에게 장학금을 주어 선한 영향력을 조금이라도 이 세상에 퍼뜨리고 싶습니다."

나는 진심이었지만 처음 만난 배우자의 상사로부터 그런 얘기를 듣는 당사자는 좀 당황스러웠을 수도 있을 것 같다.

2021년 크리스마스 즈음, 류실장에게 감사를 표하며 옷값이라는 명분으로 봉투를 건넸다.

"목표는 이루지 못했지만, 덕분에 올해 작년보다 훨씬 높은 수익을 올렸어요. 얼마 안 되지만 옷 한 벌 사 입으십시오."

류실장은 처음에 나를 만났을 때는 허풍이 아닌가 하는 생각도 들었는데 내가 꿈꾸던 것들을 하나하나 이루어가는 과정을 4년 넘게 지켜보면서, 특히 내가 정말로 대학교에 찾아가 어려운 학생들에게 장학금을 주는 모습을 보면서 존경스럽다고 느꼈다고 했다. 나도 나 자신이 뿌듯했다.

회사에서는 대리점 실적에 따라 대리점주와 대리점 소속 직원에게 건강검진 쿠폰을 제공한다. 나는 형편이 나아지면서 추가 비용을 지불하고 류실장에게 지급하는 건강검진 쿠폰을 업그레이드해주었다. 나는 류실장에게 무조건 건강하시라고, 앞으로 일흔 살까지 함께 일하자고 한다. 광개토9대리점이 문을 닫는 순간까지 함께 일하고 싶다.

내가 쉴 곳은 어디인가

하루 일을 마치고 돌아가 쉴 수 있는 나만의 공간이 있다는 것은 얼마나 행복한 일인가? 가족과 함께 살던 아파트에서 나오고 나니, 마음껏 씻고 마음껏 잠잘 수 있는 공간이 얼마나 소중한지 알게 되었다. 일단 찜질방에서 생활하며 원룸을 알아보았는데, 가장 싼 방의 보증금과 월세도 내게는 부담스러웠다. 대리점 실적은 눈에 띄게 성장하고 있었으나 보증보험 보상 체계상 단기간에 적자 구조를 벗어나기는 어려웠다. 빚은 줄어들기는커녕 오히려 더 늘어나고 있었다.

육거리시장에 있는 우리동네전집을 찾아가 동태전과 막걸리를 시켰다. '이제 어디서 자고 끼니는 어떻게 해결해야 할까?' 한잔 한잔 마실수록 의식주와 관련된 근본적인 고민이 꼬리에 꼬리를 물고 이어졌다.

찜질방에 매일 내야 하는 6천 원이 아까웠다. 한 푼이라도 아껴야 했다. '피부관리실을 하던 상가에서 자면 어떨까?' 가게를 내놓았지만, 세입자가 나타나지 않아, 상가는 비어 있고 꼬박꼬박 월세를 내고 있었다. 당시 나는 낮에는 보증보험 영업을 하고 저녁 시간에는 예전의 단골손님들만 예약을 받아 빈 상가에서 가끔 피부관리를 해드렸다.

'겨울이 다가오고 있는데 상가에서 자면 추워서 어떡하지? 공용화장실에는 세면대는커녕 수도꼭지 하나만 있을 뿐이고 따뜻한 물이 안 나오는데 어디서 씻지? 밥은 어떻게 먹지?' 상가에서 생활하는 모습을 상상해보니, 의식주가 모두 고민스러웠다. 하지만 찜질방 비용만 아껴도 다음 날 기름값을 해결하는 데 큰 도움이 될 것 같았다.

최전방에서 근무했던 군대 경험이 나에게 할 수 있다는 자신감을 주었다. '그냥 야전침대 하나만 있으면 되지. 저렴한 헬스클럽 회원권을 사서 아침에 씻으면 되고.' 그래서 나는 야전침대를 주문하고 당장 필요한 물건들만 빈 상가에 둔 채 생활하기로 했다. 나머지 내 짐은 만욱이 렌트카 사무실에 있었다.

한 번은 류실장이 내가 타는 차 트렁크를 보고 놀란 적이 있다, 옷이 너무나 많아서. 그때는 "영업하려면 변신을 많이 해야 해서……."라고 대충 핑계 대고 넘어갔었다. 전국으로 영업을 다니며 찜질방에서 잠을 자는 날이 많았고 갈아입을 옷들을 싣고 다녀서 트렁크 안이 사실상 속옷부터 외투까지 모두 있는 이동식 옷장인 셈이었다.

시장에서 큰 쓰레기통을 사서 평소에 빨랫감을 넣어두었다가 상가가 모두 문 닫은 휴일에 한꺼번에 빨았다. 한겨울에 빨래하면, 군대에서 훈련 나가 야외에서 설거지할 때처럼 손끝이 떨어져 나가는 것 같았다. 여름에는 무척이나 더웠다. 에어컨은 있었으나 야간에는 전력을 제한하는지 제대로 가동이 되지 않고 실외기 소리가 너무 커서 틀지 못했다. 자다가 모기 때문에 수시로 잠이 깼다. 모기약을 뿌려도 어디서 그렇게 들어오는지 웽웽대는 모깃소리가 끊이지 않았다.

번개가 치며 폭우가 쏟아지던 어느 날, 바깥에서 시끄럽게 경보음이 계속 울려서 잠이 깼다. 도저히 잘 수가 없어 건물 밖에 나가 살펴보니 주위 사람들이 신고했는지 사람들이 웅성거리고 경찰차와 소방차도 와 있었다. 상가 근처에 세워 놓은 방문 목욕 서비스 차량에서 빽빽거리며 경보음이 크게 울리고 있었다. 소방관들과 경찰관들은 장대비를 맞으며 분주히 움직였지만, 차량에 고장이 난 건지 경보음을 끄지 못하고 있었다. 그들이 너무 고생한다고 느끼며 고맙기도 하고 미안하기도 했다.

다음 날 영업을 위해 무조건 휴식을 취해야 했다. 빗속을 헤치며 근처 찜질방으로 갔는데 한 번 깬 잠이 쉽게 다시 들지 않아 계속 뒤척이다가 그냥 새벽에 일어나 반신욕을 하고 사무실을 여는 시각에 맞춰 일찍 출근했다.

처음에는 야전침대에서 자는 게 불편했지만, 시간이 흐를수록 그런 느낌은 사라졌다. 겨울에는 작은 전기장판을 마련해

깔고 잤는데, 너무나 잠이 잘 왔다. 천국이 따로 없었다. 사람은 참으로 적응을 잘하는 존재인 것 같다. 그런데 등은 따끈따끈해서 좋은데, 이번엔 얼굴이 시려서 잠이 깨곤 했다. 친구가 쓰던 침낭을 얻어서 얼굴까지 다 감싸고 눈과 코만 내놓고 자니 코끝이 시린 것만 빼고는 너무나 좋았다. 숨은 쉬어야 하니 그 정도면 제법 쾌적한 잠자리였다. 저녁에 개척영업을 마치고 상가에 들어가면 그래도 실내여서 추위를 달랠 수 있었고, 유일한 난방기구인 야전침대 위 전기장판을 켜고 한참 동안 손을 넣고 있다 보면 손도 따뜻해지고 마음도 따뜻해졌다. 을씨년스럽던 상가도 익숙해지자 아늑하게 느껴졌다. 시간이 흐를수록 '추운 겨울을 어떻게 상가에서 보내지?' 하는 생각은 쓸데없는 걱정이었음을 알게 되었다. 물질적으로 최저 수준의 생활을 하게 되자 오히려 사람에게 필요한 것은 그리 많지 않다는 것을 깨닫게 되었고, 스스로에 대한 믿음이 점차 강해졌다.

나는 지금도 빈 상가에서 자던 첫날밤을 잊지 못한다. 연세든 분들이 많이 거주하는 오래된 아파트라 낮에는 인적이 드물어 아주 조용했다. 도로의 자동차 소음도 아홉 시가 넘으면 확연하게 줄어들었다. 잠을 청하려고 눈을 감고 누우면 이 세상에 나밖에 없다고 느낄 정도로 주변이 적막했다. 그 상가에는 조그만 창이 하나 있었다. 눈이 내리는 날이면 창문 너머 밤하늘에서 쏟아지는 눈발이 너무나 운치 있었다. 그런 날은 정말 세상과 단절된 나만의 세상에 홀로 살고 있는 느낌이었다.

상가에서 잘 때 처음에는 잠이 안 왔다. 뒤척이다 보면 상가 공용화장실에 가는 발자국 소리에 신경이 곤두섰다. 내가 있던 아파트 상가는 개방된 구조라 외부에서 들어오는 사람을 막을 수 없었다. 피부관리실을 운영할 때 들은 상가 사장님들 얘기에 따르면 전에는 공용화장실 문을 밤에 잠가 놓았는데, 문이 잠겨 있으면 사람들이 급한 나머지 그냥 화장실 문 앞에 실례를 해 놓아 다음 날 아침 그걸 치우는 게 너무 힘들었다고 한다. 그래서 밤에 화장실 문을 개방해 놓으니 주변을 오가는 사람들이 가끔 올라와서 화장실을 이용했다. 새벽에 공용화장실에 갔다가 밖에서 젊은이들이 들어와 싸우는 통에 한참을 그냥 화장실 안쪽 칸막이에서 숨을 죽이고 싸움이 멈추길 기다린 적도 있다. 간혹 새벽에 취객들의 토사물을 보는 때도 있었다. 그래도 평소에는 조용하고 깨끗한 아파트 상가였다. 특히 아파트 안쪽으로 숲이 펼쳐져 있어 공기가 좋고 조경도 잘해 놓아 꽃이 피는 계절에는 아름답고 여름에는 시원했다.

1층 슈퍼 아저씨가 항상 6시 정각에 문을 열기에 그 전에 상가에서 나와야 했다. 화장실에 미처 못 들르면 주변 먹자골목 상가 화장실에 들렀다. 그 시간까지 술 취한 젊은이들이 비틀거리고 다니거나 길거리에 앉아서 담배를 피우고 꽁초를 던졌다. 바로 옆에서 밤새 쌓인 쓰레기와 꽁초를 치우는 청소부를 바라볼 때면 나도 모르게 씁쓸해졌다.

그 상가에서 가을부터 자기 시작했는데 겨울이 되자 자기 전

세수를 하기도 힘들어졌다. 화장실 수도꼭지에서 나오는 물이 너무나 차가워 손끝이 얼얼했다. 그래서 따뜻한 물이 나오는 영화관이나 대형마트 화장실에서 세수를 미리 하고 상가로 들어갔다. 영업을 하며 늘 사람을 대하는 나는 아침에는 정말 잘 씻어야 했다. 한 달 회원비가 3만 원인 오래된 헬스장에 등록했다. 매일 5시 30분에 일어나서 10~20분 정도 편안한 자세로 앉아 눈을 감고 지난날을 회상하고 미래를 상상했다. 그런 다음 헬스장이 영업을 시작하는 6시에 문을 열고 들어서면 친절한 반백의 관장님만 홀로 석유난로에 불을 붙이고 있었다. 관장님은 "젊은 사람이 하루도 안 빠지고 오네. 참 부지런해서 보기 좋군" 이렇게 얘기하며 나를 말동무로 대했다.

러닝머신에서 30분간 속보로 걷고 팔굽혀펴기를 열 번씩 15세트 한 후 스트레칭으로 몸을 풀었다. 아침에 한 시간 정도 운동하면 매서운 겨울날에도 땀이 비 오듯 쏟아졌다. 겨울에 아침 일찍 운동하러 오는 사람은 별로 없어서, 운동 후 샤워실에서 제일 먼저 샤워기를 틀면, 차가운 물만 나오다가 점차 따뜻하게 변해가는 수증기를 느끼며 기분이 좋아졌고 마침내 깨끗하게 땀을 씻어내면 날아갈 듯이 행복했다.

언젠가 너무 추워서인지 헬스장 안으로 새가 한 마리 날아들어온 후 출구를 못 찾아 유리창에 몇 번 부딪히는 것을 보았다. 저러다 죽겠다 싶어서 그리 넓지 않은 체육관을 뛰어다니며 새를 열린 창문 쪽으로 몰아서 결국 새가 밖으로 날아가자

관장님과 하이파이브를 한 적이 있다.

상가에서 잘 때의 추위를 떨쳐 버리려고 따뜻한 물로 오랫동안 샤워한 후 사무실로 출근하면 사람들은 혈색이 아주 좋아 보인다고들 했다. 특히 찜질방에서 잘 때는 반신욕을 자기 전에도 하고 아침에 일어나서도 하니 피부가 정말 좋다고 보는 사람마다 칭찬했다. 내가 어떤 처지에 있는지 아는 사람은 사무실에 없었다. 열악한 환경에서 오히려 깨끗하고 건강한 인상을 준다는 아이러니한 현실에 피식 웃음이 나면서도 알 수 없는 힘이 생겼다.

일용할 양식

나는 아침에 밥 대신 사과를 먹는다. 지금도 육거리시장에 가면 노점상 할머니에게 "맛은 중간이고 조금 상한 것으로 많이 주세요"라고 말한다. 다른 이들은 보기도 좋고 맛도 좋은 것을 고르지만, 내게는 양이 중요했다.

나는 워낙 먹성이 좋은 편이라 먹고 싶은 음식을 맘껏 먹지 못하는 것이 너무나 힘들었다. 식비를 아끼면서 충분한 영양을 섭취하기 위해 귀가하는 길에 들르는 마트 할인 시간에 맞춰 김밥을 사는 데 신경을 썼다. 할인된 금액에 김밥을 사면 정말 행복했다. 대개 상가로 돌아오는 길에 차에서 다 먹어버리곤 했다. 몇 개만 집어먹고 상가에서 편하게 먹으려고 했는데, 차에서 내릴 때 아무것도 남지 않은 김밥 포장지를 보면 허무했다. 배고픔을 견디며 저녁까지 바쁘게 돌아다닌 후에도 배불리 먹지 못하고 대충 때우는 나날이 지속되었다. 늘 채워지지 않는 허기가 어떤 것인지 겪어본 사람은 그 마음을 이해할 것이다.

내가 잠을 잔 아파트 상가는 작은 2층 건물이었다. 1층에는 슈퍼와 정육점이 있었고, 2층은 좁은 상가 다섯 군데로 나뉘어 있었는데, 두 곳은 오랫동안 비어 있었고, 한 곳은 최근에 비었다고 했다. 유일하게 영업 중인 바로 옆 학원도 8시면 문을 닫았다. 나는 일찍 귀가하면 조용히 누워서 책을 보다가 옆 학원이 문을 닫으면 냉동 만두나 편의점 핫바를 전자레인지에 데워 저렴한 맥주 한두 캔을 곁들여 저녁을 때웠다.

마늘을 무한대로 먹을 수 있는 순댓국집을 알게 된 후 음식점에서 밥을 먹을 때는 굳이 다른 메뉴를 찾지 않고 항상 그곳에 갔다. 아는 공업사에서 점심을 얻어먹지 않게 된 후로는 일주일에 네 번쯤 그곳을 찾은 것 같다. 어느 날은 하루에 두 번 순댓국을 먹은 적도 있다. 음식이 빨리 나와 시간을 절약할 수 있었고, 혼자 온 사람도 주변을 의식하지 않고 식사할 수 있게 탁자와 의자가 배치되어 있어 마음이 편했다. 한 가지 음식만 계속 먹어도 이상하게 질리지 않았다. 요즘도 자주 찾아가 아주 맛있게 먹는다. 지금은 아무 갈등 없이 순댓국을 주문해 먹지만, 과거에는 몇 번이나 주저하며 고민하곤 했다. '2천5백 원짜리 김밥을 먹을까? 6천 원 내고 따뜻하고 푸짐한 순댓국을 먹을까?'

나는 가끔 오래된 역사에서 노숙자들을 마주치면 눈에 띄지 않게 한참 동안 바라보곤 한다. 저분들도 나름대로 각자의 사연이 있을 텐데, 이대로 생을 마감하게 되면 얼마나 허무할까? 노숙자 중에는 술에 취해 있는 분도 있지만, 얼마 전까지는 평범하게 살았을 것 같은 노부부처럼 보이는 분들도 있다. 그런 분들이 한구석에 웅크리고 앉아 먼 하늘만 응시하고 있으면 나는 가까이 다가가 2만 원을 드린다, 그 돈으로 따뜻한 밥 한 끼 드시길 바라면서.

찜질방 속 세상

대충 한 끼 때우고 야전침대에서 잠을 청하는 데 익숙해졌다고 느꼈다. 심하게 추운 날에는 찜질방에 가서 자기도 했다. 어느 금요일 저녁, 몸이 오슬오슬 떨리고 한기가 느껴져 전기장판의 온도를 가장 높게 올리고 일찍 침낭에 들어가 잠을 청했다. 식은땀이 줄줄 흐르고 한바탕 두들겨 맞은 것처럼 온몸이 아렸지만, 그 상가 주위에는 약국이 없어서 그냥 참고 자려고 했다. 토요일 아침 정신이 들자, 이대로 혼자 있다가는 큰일 날지도 모른다는 두려움에 몸을 일으켰다. 택시비가 아까워 시내버스를 타고 병원 응급실로 갔다. 병원에 가는 동안 땀을 얼마나 많이 흘렸는지 옷이 다 젖었다.

응급실에서 여러 검사를 하고 수액을 맞았다. 의사는 독감에 걸렸다고 했고, 잘 먹어야 한다고 강조했다. 한참 동안 응급실 침대에서 자고 일어나니 그제야 몸 상태가 안정되는 것 같았다. 뭔가 먹어야 했는데, 평소와는 달리 먹고 싶은 음식이 흰죽밖에 생각나지 않았다. 병원에서 나와 육거리시장 죽집을 찾아가 흰죽이 있냐고 물어보았으나 없다고 해서 야채죽 한 그릇을 포장해서 상가로 향했다. 도착하니 또 피곤해서 그냥 누워 잤다. 몇 시간 자고 일어나서 침낭을 뒤집어쓰고 야채죽을 먹었다. 그러고 나서 거울을 보니 너무나 핼쑥해진 내 모습이 스스로 보기에도 참 처량했다. 그동안 열심히 살아야 한다고만 생각했지 내 몸이 망가져 가고 있음은 깨닫지 못했다. 한편으로는 빚 독촉에 시달리고 한편으로는 보증보험 영업 실적에 대한 압박감에 시달리느라 몸도 마음도 지쳐버린 것 같았다.

그날 저녁 만욱이가 전화해 렌트카를 회수하러 가자고 했다. 힘이 없어서 못 간다고 했더니 황급히 상가로 달려왔다. 왜 전화 안 했냐고 나무라며 몸보신하게 장어구이를 사준다고 했지만, 나는 눌은밥이 먹고 싶었다. 동네 작은 식당에 가서 다른 음식은 못 먹고 후식으로 먹는 눌은밥만 떠서 천천히 먹었다.

"야, 그만 궁상떨고 내가 전에 얘기한 원룸 가서 살라니까."

만욱이는 당분간 자신이 월세를 내줄 테니 자기 친구 소유의 원룸에 이사 가서 살라고 얘기했었다. 나도 그가 얘기한 화장실도 있고 따뜻한 물도 나오는 원룸에 가서 살고 싶은 마음이 굴뚝 같았다. 하지만 만욱이에게 의지하는 게 습관이 되면 안 될 것 같았다. 지금까지도 많은 도움을 받았는데, 그 이상은 곤란했다. 그 원룸에 사는 게 익숙해지면, 친구가 대신 월세를 내주는 것도 익숙해질지 모른다. 빚이 없다면 모를까, 수억의 부채가 있는 내 형편에서는 언제 내 돈으로 월세를 낼 수 있을지 알 수 없었다.

"안 돼. 정말 불가피한 경우가 아니면 내 힘으로 할 거야. 힘들 때마다 의지하다 보면 계속 신세 질 것 같아서 싫어."

"그냥 원룸에 가서 살면 따뜻하고, 가스레인지가 있으니까 밥도 해 먹고 얼마나 좋냐?"

"찜질방에 가서 살아볼래. 네 마음은 잘 알지만, 사람이 한번 편해지면 편한 것만 찾게 되잖아. 찜질방에 가면 내가 좋아하는 반신욕을 늘 할 수 있으니까 몸도 좋아질 것 같아. 일에 더 집중해서 당당하게 빚도 갚고 내 돈으로 방을 마련할게."

나는 다음 날 찜질방에 가서 1회권 90장을 샀다. 90장을 사면 할인을 많이 해주었다. 그 찜질방에는 장기 거주하는 사람들이 있었고, 그중 몇몇이 전용 보관함을 쓰는 것을 보았다. 나도 주인에게 오래 머물 테니 하나의 보관함을 계속 쓰게 해달라고 요청했다. 주인아저씨는 128번 보관함 열쇠에 빨간 끈으로 매듭을 매어 장기 거주자임을 표시해 주었다. 나는 매표소 아주머니에게 128번 아저씨로 불리며 찜질방 생활을 시작하게 되었다. 나는 그 보관함에 갈아입을 옷들을 놓고 다녔다. 나갔다가 다시 들어가면 1회권 한 장을 새로 내야 하기에, 한 번 들어갈 때는 저녁 식사나 편의점 쇼핑 등을 모두 마치고 들어가 다음 날 출근하기 전까지 머물렀다. 저녁은 근처의 대학교 학생식당에서 3천 원짜리 밥을 먹었는데 일찍 문을 닫으므로 일을 마치고 학생식당에 갈 때면 늘 마음이 급했다.

찜질방에서 생활하며 나름의 루틴이 생겼다. 5시 30분에 일어나 반신욕을 하고, 7시면 찜질방에서 나와 일찍 하루를 시작하는 대리점들이나 출근 시간이 이른 업체들을 방문했다. 그렇게 아침부터 저녁까지 개척영업을 하고 대학교 학생식당에서 저녁을 먹고 나면 찜질방에 들어와 반신욕을 했다. 이후에는 따뜻한 바닥에 누워 스마트폰으로 뉴스나 영화, 유튜브 동영상 등을 보다가 11시쯤 잠을 청했다.

찜질방에 사는 사람들이 있다는 것을 알고 있었지만, 나도 찜질방 거주자가 되니 생각보다 더 많은 이들이 여기에 산다는 것을 알게 되었다. 빈 상가에 들어가기 전에도 몇 달 정도 찜질방에서 생활했지만, 그때는 이혼 과정을 밟고 있어서 주변 사람들을 돌아볼 여유가 없었다. 생활이 단순해지고 찜질방에 오래 머물기로 작정하자, 전에는 보이지 않던 이웃들의 일상이 눈에 들어왔다.

연로한 할아버지 한 분이 한구석에서 매일 컵라면만 드셨다. 한번은 거래하는 회사에서 떡을 줘서 두 팩을 얻어서 할아버지께 드린 적이 있다. 할아버지는 경계하면서도 낯이 익어서인지 고맙다며 떡을 받아들고는 천천히 드셨다. 찜질방 안 매점은 장사가 신통치 않아서인지 닫았다가 몇 개월 후 다시 열었다. 매점이 다시 열린 후 나는 가끔 매점에 돈을 지불하고 할아버지께 일반 라면을 사드렸다.

한 중년 남성은 무슨 일을 하는지 알 수 없었으나 찜질방을 나갈 때는 옷을 아주 잘 차려입고 나갔고, 밤에 돌아올 때는 늘 술 냄새가 많이 났다. 다행히 매일 술을 마셔도 소란을 부리는 일은 없었다. 특히 아침 일찍 찜질방을 나와 지하 주차장에 가면 택시가 많이 주차된 것으로 보아 찜질방 거주자 중에 택시 기사분들이 많다는 것을 알 수 있었다. 한 번은 찜질방에서 거의 매일 보는 남성이 맥주를 한 캔 건네면서 아마도 내가 택시 운전을 한다고 생각했는지 "어느 택시회사 다녀요?"라고 묻기도 했다. 내가 보험 일을 한다고 하자, "아이고, 그거 돈 벌기 어렵잖아요. 나중에 나도 하나 들어 줄게요"라고 말했다. 찜질방에서 생활하는 사람들은 돈이 없을 뿐이지, 정이 있는 사람들이 많았다.

작은 찜질방이었기에 며칠이 지나자 낯익은 얼굴이 많아졌다. 매일 각기 일정한 시간에 일을 마치고 돌아오는 사람들을 볼 때마다 저분들은 무슨 사연이 있을까 궁금할 때도 있었다.

밤이 깊으면 매일 같은 시간에 주인아저씨가 형광등을 소등하고 취침등을 켰다. 그럴 때면 마치 군대에서 소등하는 것 같다는 느낌을 받았다. 서로 이름도 직업도 모르면서 함께 자고 함께 생활하는 공동체였다. 이렇게 최소한의 불빛만 남으면 TV나 스마트폰 영상을 보던 사람들도 각자 볼륨을 낮췄다.

어쩌다 밤늦게 들어가면 1인용 매트를 쌓아 놓는 곳 위에 술취한 사람이 누워서 자는 경우가 있었다. 그럴 때 깨워서 매트를 한 장 꺼내겠다고 하다가는 싸움이 날 수 있어, 그냥 바닥에서 자려고 하면, 늘 주변에서 매트 두 장을 깔고 조금 편하게 자려던 분들이 한 장을 양보했다.

전혀 예상치 못한 손님들 때문에 소란스러워진 적도 있다. 어느 날 새벽, 싸우는 소리에 잠을 깼다. 주변 교회에서 수련회인지 기도회인지, 십여 명의 남녀가 찜질방에 와서 생활한 적이 있었는데, 좁은 찜질방이라 사람들의 잠자리가 비좁아졌다. 평소에는 옆 사람의 코 고는 소리 정도가 가장 큰 소음이었는데, 이분들이 새벽에 찜질방에서 기도하다가 다른 손님들과 싸움이 났다. 본인들은 작은 목소리로 기도했지만, 새벽에 십여 명이 함께 기도하니 잠이 깨는 사람이 많을 수밖에 없었다. 찜질방 거주자들은 갑자기 손님이 많아져서 잠자리가 몹시 비좁아졌는데 새벽에 기도하는 소리에 잠이 깨니 불만이 폭발했다. 나는 기도회가 끝날 때까지 며칠간 다른 찜질방에 가서 잤다.

젊은 남자가 두 아이를 데리고 한 달 넘게 매일 밤 찜질방에서 자기도 했다. 그가 한쪽 구석에서 아이들을 재우는 모습을 볼 때마다 왠지 슬펐다. 찜질방에 일찍 들어와 아이들이 놀고 있는 걸 보면 매점에서 바나나우유를 두 개 사서 건네곤 했다. 내 딸 예림이도 어릴 때 초코우유를 참 좋아했었는데……. 이렇게 딸 생각이 나면 정신이 번쩍 들었다. 예림이는 이미 성인이라 다행이었지만, 딸아이를 생각해서 하루빨리 재기에 성공해야 했다. 그 남자와 두 아이는 찜질방에 오지 않게 된 후 어디서 무엇을 하며 살고 있을까?

중국이나 중앙아시아에서 온 외국인들은 건설 노동을 하는 것 같았다. 혈기 왕성한 젊은이들이었지만, 고된 노동을 해서인지 조용히 지냈다. 끼리끼리 모여 한쪽 구석에 그들만의 구역을 만들고 아주 잘 잤다.

혼자 살기 시작한 후에는 저녁에 특별히 할 일이 없었기에 술 생각이 많이 났지만 혼자 마실 곳이 마땅치 않고 술값이 부담스러워 밖에서 마실 엄두를 내지 못했다. 편의점 밖 파라솔에서 마시는 사람들도 있지만, 왠지 편의점 앞에 혼자 앉아서 술을 마시기는 싫었다. 어느 날 한용이 형 현장에서 일하고 저녁을 먹으며 반주를 한 뒤, 이차로 한 맥주집에 갔는데 외국인, 대학생, 중년 남성들로 가게가 꽉 차 있었다. 곧 그 이유를 알 수 있었다. 안주로 과자는 1,500원, 생맥주 한 잔은 1,900원에 팔고 있었다. 이런 곳을 편의점 포차라고 부른다고 했다. 혼자 술 마시는 사람들도 적지 않았는데, 테이블도 많고 손님도 많아 혼자 마시는 손님이 전혀 어색해 보이지 않았다. 그래서 이후로는 저녁에 술 생각이 나면 차를 찜질방에 세워 놓고 한 시간 정도 걸어가서 과자 한 봉지에 생맥주 세 잔을 마시고 다시 한 시간을 걸어서 찜질방으로 돌아와 잤다.

어느 날, 새벽부터 장거리를 운전하며 여러 거래처를 방문하느라 종일 아무것도 못 먹고 졸음과 싸우다 하루 일을 마친 후 찜질방 근처에 있는 순대국밥집에 들렀다. 허기진 위장에 음식이 들어오고 소주 한 병을 곁들이니 금세 노곤해졌다. 찜질방에 들어가서 샤워하고 잠을 자는데 누가 나를 흔들어 깨웠다. 낯익은 택시 기사분이었다. 아저씨는 내가 코를 너무 심하게 골아 주변 사람들이 불편해했다고 했다. 나는 일어나서 목욕탕으로 올라가는 계단참에 1인용 매트를 깔고 또 다른 매트를 덮고 잤다. 다음 날 아침 일어나 보니 콧물이 흐르고 기침이 났다. 술 마시고 찬 바닥에서 자서 감기에 걸린 것이었다. 이후로는 찜질방 근처에서는 다시는 혼술을 하지 않았다. 새벽에 일어나 택시를 운전하거나 건설 노동을 하는 분들 모두 힘들게 살아가는데 나로 인해 잠을 설치면 안 된다는 생각에서였다.

빈 상가에서 지낼 때는 세수하고 화장실에 가고 추위를 피하는 기본적인 생활에 급급해서 오히려 잡생각이 별로 나지 않았다. 그러나 따뜻한 곳에서 자기 시작하니 이것저것 과거의 후회와 현재의 고민이 밀려왔다. 남에게 잘못했던 순간들이 생각나면, 나도 모르게 눈물이 났다. 나에게 잘못한 사람들도 있었고 그 때문에 분노에 사로잡히기도 했지만, 시간이 흐르니 그것은 이해가 되기도 했고 용서가 되기도 했다. 가장 행복했던 순간은 아무리 생각해도 딸아이가 태어났을 때, 인형 같은 작은 발로 땅을 딛고 서서 나에게 아장아장 걸어올 때였다. 내가 불행해진 것은 행복이 눈앞에 있었는데도 더 많은 돈을 벌려고 무리를 해서였다. 이제 내 인생은 정상 궤도에 들어섰고 계속 앞으로 나아가면 행복을 되찾을 수 있다고 확신했다. 부채를 다 갚으면 뭘 할까 상상하고 계획하다 보면 너무나 신이 났다.

하지만 자격지심에서 벗어나지 못해 찜질방에서 아는 사람을 마주치면 나도 모르게 피하게 되었다. 찜질방에서 마주친다고 해서 내가 찜질방에 거주한다는 걸 그들이 알 리도 없을 텐데, 나만의 공간을 들킨 것 같아 가슴이 덜컥했다. 찜질방 옆 아파트에 서울보증보험 세종지점의 유성동 대리가 살고 있어 언젠가 만날 수도 있다고 생각했는데, 어느 일요일 그가 욕탕에 들어오는 것을 보고 뒤돌아서 피한 적이 있다. 주요 거래처 회장님도 근처에 사셨는데, 어느 날 욕탕 앞에 쌓아 놓은 수건을 집어 드는 모습을 본 적이 있다. 인사를 해야 하나 머뭇거렸는데, 안경을 안 쓰셔서인지 바로 앞에서도 나를 알아보지 못해 그냥 지나친 적이 있다. 그때는 왜 당당하지 못했는지, 왜 그렇게 창피했는지, 지금 생각해 보면 웃음이 나온다.

과거에 대한 후회와 경제적인 근심에서 벗어나지 못했지만, 찜질방 사람들을 둘러보면 나는 오히려 상황이 나은 편인 것 같아서 한편으론 안도감이 생긴 것도 사실이다. 책임질 어린 자식이 있는 것도 아니고, 삼시 세 끼 컵라면만 먹어야 하는 것도 아니고……. 따뜻한 목욕탕에서 반신욕을 한 후 매트를 깔고 누우면 무릉도원이 따로 없었다. 특히 한여름엔 에어컨을 밤새도록 틀어주니 얼마나 시원한가?

다시 시작하는 마음으로

류실장과 함께 일하게 된 후 전산 업무가 안정되면서 영업 활동에도 더 힘이 실렸다. 하루에 일곱 군데를 방문하자는 목표를 하루하루 잘 지켜나가니, 당장 실적으로 연결되지 않더라도 상담 전화가 많이 늘어났다. 역시 영업에서 성공하는 길은 초등학교 시절의 하루 일과표처럼 미리 짜 놓은 계획대로 하루하루 반복하는 것임을 체감하고 있었지만, 경비가 문제였다. 보증보험은 기본급이 없다. 오직 능력껏 벌어야 하는데, 내가 주로 취급한 상품의 기본 수수료는 계약 성사 후 1회만 지급되고 보험료의 2~6% 수준이었다. 반면 기름값, 밥값, 직원 급여, 통신비, 복합기 사용료 등 비용은 처음부터 만만치 않다. 부지런히 영업을 하면 할수록 기름값만 늘어나고 수수료는 더디게 늘어나 오히려 버는 돈의 몇 배를 경비로 쓰고 있었다. 수입이 비용을 초과하는 시점까지 버티는 것이 관건이었다.

대리운전하는 친구를 도와 새벽에 친구는 손님 차를 운전하고 나는 친구 차로 따라가며 2인 1조로 일하기도 했지만, 다음 날 영업을 하는 데 지장이 되어 곧 그만두었다. 중고가구 배달하는 친구를 도와주며 용돈을 벌기도 했다. 주된 수입원은 주말에 건설 현장에 나가는 것이었다. 현장에 필요한 장비를 나르고, 벽돌이나 시멘트를 날랐다. 특히 통유리가 들어가는 대형 새시를 운반했던 것이 가장 기억에 남는다. 좁은 계단으로 대형 새시를 나르는 일은 힘이 많이 드는 일이라 한겨울에도 땀으로 뒤범벅되고 젖은 손이 새시에 달라붙기도 했다.

처음에 막노동을 할 때는 아는 사람들을 식당가에서 마주칠까 봐 밥을 먹지 않고 빵으로 때우기도 했다. 자존심 때문에 중노동을 하면서도 배고픔을 참는다니 얼마나 어리석은 일인가? 내 상황이 비참해도 그들에게는 그냥 스쳐 가는 가벼운 이야깃거리조차도 될까 말까 한 사소한 일이라는 걸 왜 몰랐을까? 밥을 굶는 것도 하루 이틀이지 현장 일을 하다 보면 나도 모르게 배꼽 시간에 정확히 맞추어 식당에 가서 두 공기씩 먹게 되었다. 만욱이는 막노동을 하기보다는 주말에도 보증보험 영업을 하라고 했지만, 평일에도 거래처를 확보하기 어려운 신규 대리점 입장에서 당장 현금을 확보하려면 건설 노동만 한 게 없었다.

만욱이가 빌려준 렌트카를 타고 영업을 하러 다니다가 기름 넣을 돈이 없어서 몇천 원만 넣을 때면 혹시나 가다가 서지나 않을까 하는 생각에 비참할 때도 여러 번이었다. 한번은 스타렉스를 운전하다가 앞에 가던 덤프트럭에서 뭔가 떨어져 유리창에 살짝 자국이 났다. 막연히 '괜찮겠지' 그렇게 스스로를 위로하며 잠을 자고 일어났더니, 다음 날 금이 점점 더 커지고 있었다. 저녁쯤 되자 완전히 금이 가서 공업사로 가 유리창을 통째로 갈았다. 그렇게 어이없게 20만 원을 날리니 참으로 허탈했다.

거래처에서 오는 전화와 문자보다는 빚 독촉 전화와 돈 빌려준다는 스팸문자를 더 많이 받고 좌절해서 아침에 일하러 가지 않은 날도 있었다. 종일 굶으며 찜질방에서 마음을 다스리려고 했으나 워낙 땀을 많이 뺐더니 배가 고파서 찜질방을 나올 수밖에 없었다. 당장 생활이 어려우니 멘탈이 훅 가기 시작했다. 무엇이 문제일까? 가장 큰 문제는 내 마음속에 일에 대한 열정이 사라져 가고 있는 것이라고 느꼈다. 지점 식구들이나 개척 영업을 하려고 마주하는 기업체 사장님을 대할 때 내 모습이 너무나 초라하게 느껴져 힘이 빠졌다.

하루는 만욱이에게 속 얘기를 했다.

"상황이 안 좋아져서 아무래도 현금 수입이 생기는 피부관리실을 한 달에 보름은 해야 할 것 같아."

그러자 만욱이는 잘라서 말했다.

"생각 잘해라. 두 가지 일을 해서 성공한 사람이 있을까? 내가 보기엔 없다."

'만욱아, 나는 도저히 버틸 힘이 없다. 이렇게 해서라도 버틸 수밖에…….'

나는 마음속으로 이렇게 얘기하며 만욱이와 헤어졌다.

한 달에 보름 정도 피부관리를 하면 당장은 금융비용과 경비를 감당할 수 있지만 그만큼 경제적 자유를 얻을 수 있는 시기는 멀어진다. 오십을 바라보는 나이에 나는 언제쯤 자유로워질까? 머릿속이 점점 더 복잡해졌다. 가만히 생각해보니 내게 주어진 시간의 절반을 피부관리 일에 쏟는 것은 과거 보험회사 동료 중 한 명이 밤에 대리운전하고 아침에 잠자고 오후에 일어나 세 시간 영업하던 것과 같다는 것을 깨달았다. 나는 몇 잔 마신 술이 정말로 확 깼다. 당장의 생활고만 해결하는 데 급급하다 보면 오십 대 중반이 되어서도 똑같은 고민을 하고 있을지도 모른다.

이영복 지점장과의 만남

마음을 추스르고 영업에 전념했지만, 이자에 이자가 붙어 불어나는 부채가 또다시 내 목을 조르고 있었다. 이제는 정말 포기해야 할 것 같았다. 류실장이 묵묵히 성심성의껏 사무실에서 제반 업무를 뒷받침하니, 나는 밖에서 열심히 뛰기만 하면 실적이 점점 더 좋아질 것 같은데, 이 시점에 포기해야 하니 너무나 아쉬웠다. 기업들이 흑자 부도난다는 게 이런 건가 싶었다. 장사는 잘되는데 돈이 없었다. 이제는 정말 피부관리실을 본격적으로 다시 해야겠다는 생각이 들었다. 보증보험에 뛰어들면서 부업으로 저녁에 피부관리를 한 것과는 거꾸로, 피부관리실 사업을 중점적으로 하면서 보증보험은 이미 확보한 거래처 관리 위주로만 해야겠다고 생각했다. 피부관리로 내 인건비와 다른 비용을 벌어들이면, 나만 믿고 일하는 류실장의 급여는 고정 거래처에서 충분히 나오니, 한숨 돌릴 수 있었다. 거래처 중 주기적으로 방문해서 관리해야 하는 업체들은 가까운 대리점주에게 관리를 부탁할 생각이었다.

그러던 중 인사발령 시즌이 되어 세종지점의 관리자들이 바뀌었다. 다시 피부관리실을 시작하려고 화장품과 피부 관리용 베드 등 각종 물품의 견적을 받아 살펴보던 때였다. 열정 없이 사무실에 출근해 필수적인 일만 처리하느라 신임 지점장님에게 형식적인 인사만 하고 데면데면하게 지냈다. 늘어나는 이자와 원금을 제때 돌려막는 데만 정신을 쏟고 있어서 다른 데에는 관심이 없었다.

이영복 지점장님은 발령된 지 며칠 후에 내게 '내일 시간 되시면 커피 한 잔 하시죠'라는 문자를 보냈다. 나는 의아했다. 지점장이 먼저 면담을 하자고 제안한 것은 대리점 개설할 때를 빼고는 처음이었기 때문이다. 다음 날 지점장실에 들어갈 때도 어색하고 서먹했다.

"박대표님, 광개토9대리점의 의미가 연 매출 45억 원으로 전국에서 9등 하는 거라면서요? 앞으로 기대됩니다."

나는 속으로 놀랐다. 지점장님은 불과 며칠 만에 많은 대리점 중에 우리 대리점에 대해 상세하게 파악하고 있었다. 내가 그동안 계약한 건들에 대해서도 그냥 숫자만이 아니라 그 내용을 잘 알고 있었다.

"대표님의 목표치를 보았는데, 한 가지 유념하실 부분이 있습니다. 연 매출 45억 원을 달성하시더라도 손해율 관리를 잘하셔야 수수료 3억 8천만 원이 가능합니다. 리스크가 큰 업체나 상품의 비중이 크면 손해율이 높아져 수수료가 많이 깎이니까요."

지점장님은 또한 개척영업 성과를 칭찬하며 자세히 물어보았다. 나는 잠시나마 무용담처럼 그간의 이야기들을 말씀드렸다. 잠깐 의례적인 대화나 할 줄 알았는데, 내 영업 방향을 너무나 잘 이해하고 있어서 놀라웠다. 내가 직접 지은 대리점 이름의 의미, 내가 그동안 실천한 영업방식과 성과 등은 내게 너무나 소중한 것이었는데, 처음 보는 관리자가 깊고 따뜻한 관심을 기울이니 반갑고 신기했다. 한편으로는 당황하기도 했다. 하필이면 내가 보증보험 일을 정리하려는 시점에 이런 대화를 나누다니, 내 마음을 들킨 것 같은 느낌이었다.

나는 감사해하면서도 내가 처한 현실을 담담히 얘기했다.

"제 목표는 그런데……, 이 일은 너무나 어려운 것 같습니다.

열심히는 하고 있는데 급여 증가 속도가 너무나 더디군요. 수익이 안 나서 고민입니다."

이영복 지점장님은 따뜻한 미소를 지으며 나를 격려했다.

"잘 되시리라 믿습니다. 저는 대표님을 잘 모르지만, 며칠 지켜보니 아침에 대표님이 제일 먼저 나오시더군요. 부지런한 사람은 실패할 리가 없습니다. 저는 30년 가까이 서울보증보험 한 직장에서만 일했는데, 대표님처럼 열정이 많으신 분을 별로 보지 못했습니다. 필요하시면 제가 함께 업체 방문을 할 테니, 말씀만 하십시오."

나는 뜻밖의 제안에 깜짝 놀랐다. 내 가능성을 믿어주고 직접 지원해 주겠다니 너무나 감사했다.

"고맙습니다! 오늘 말씀도 제게 큰 힘이 되었고, 업체 방문도 함께 해주신다니 어떻게 감사의 말씀을 드려야 할지 모르겠습니다."

"고맙긴요. 대형 대리점으로 성장할 대표님과 함께 일하는 제가 감사하죠."

나는 이영복 지점장님의 따뜻한 리더십에 감동받았고, 업체 방문을 함께 해주겠다는 말에 가슴이 다시 뛰기 시작했다. 나는 언제부터인가 좌절감에 사로잡혀 어두운 터널 속을 걷고 있었다. 영업은 성능 좋은 자전거로 혼자 하루에 200km를 달려야 하는 일인데, 나는 맨발로 얼마 달리지도 못한 채 지쳐가고 있었다. 그런데 필요하면 함께 업체 방문을 해준다는 지점장님의 말은 마치 의욕을 잃은 육상선수가 노련한 페이스메이커를 만나 다시 리듬을 되찾는 것처럼, 내게 꼭 필요한 때 꼭 필요한 도움이었다.

그날 저녁 나는 충북대학교 형설관에 자리 잡고 앉아서 무엇부터 해야 할지 고민했다. 형설관은 충북대가 지역주민, 졸업생, 취업준비생에게 개방한 도서관이다.

대리점을 시작하면서 하루 7곳을 방문하겠다고 결심했지만, 갈수록 방문하는 곳이 3~4곳으로 줄어들었다. 나는 하루에 7개 업체를 방문한다는 계획을 반드시 지키면서 그것을 성과로 연결하기 위해 기록하고 반성하는 시간을 갖기로 했다. 매주 토요일 저녁, 현장 일을 끝낸 후 형설관에서 일주일간의 영업 활동을 정리하고 다음 주 계획을 세우면 훨씬 더 효율적으로 영업을 할 수 있을 터였다. 하루에 7개 업체를 방문하면, 일주일이면 35개, 한 달이면 140개, 일 년이면 1,680개 업체를 방문하게 된다. 한 달에 적어도 5~10개 업체와 새로 거래하게 되면, 시간이 흐를수록 수수료가 급속하게 증가할 것이라고 확신했다.

다시 하루 7개 업체를 방문하는 데 집중하다 보니, 시간이 금방 가서 잡념에 빠지는 일이 현저하게 줄어들었다. 영업자는 농부와 같다. 날씨도 중요하고 토질도 중요하지만, 어쨌든 부지런히 씨를 뿌려야 수확이 늘어난다. 새시 회사, 식품대리점, 우유대리점, 주유소 등 주변에 있는 다양한 사업장들이 모두 내 고객이었다.

토요일에 주간 활동을 점검하면서 방문 횟수는 속일 수 없다는 것을 숫자로 확인할 수 있었다. 중간에 시간을 조절하지 못해 하루 일곱 군데 방문을 채우지 못한 날이 많을 때는 수수료의 증가 폭이 정체된다는 것을 급여명세서가 보여주었다. 그 외에도 한 주의 활동을 돌아보며 느낀 점, 개선할 점 등을 기록하고 검토했다.

특히 방문한 업체들에 대해 그때그때 메모한 내용을 보면서, 다음 주에 해야 할 업무의 우선순위를 정하고 방문 일정과 계획을 상세하게 짜는 데 주력했다. 원래 일과를 메모하는 습관이 있었지만, 너무나 많은 업체를 방문했기에 방문한 회사의 사무실 문을 닫고 나오자마자, 그 안에서 주고받은 얘기를 적기 시작했다. 필기 기능이 있는 휴대전화로 바꾸어 전자펜으로 기록했다. 하루 동안에도 기록한 내용이 많았다. 꼭 토요일이 아니더라도 시간이 되면 저녁에 형설관에 들러 내용을 정리했다.

나 말고도 저녁 시간에 공부하러 온 지역주민이 많았다. 더 나은 삶을 위해 노력하는 사람들 속에서 업체 방문 결과를 정리하면 한층 집중이 잘 되었다. 개척방문, 소개방문, 재방문 등으로 분류하고, 상담 상품, 가입 가능성, 담보 내역과 기존 담보 제공 내역 등을 정리하면 업무 우선순위를 쉽게 파악할 수 있었다. 조금만 노력하면 계약으로 이어질 만한 업체, 지속해서 잘 관리해야 할 업체, 재방문해야 할 업체, 가능성이 낮은 업체 등으로 나누어 관리하고 업무 계획에 상세하게 반영할 수 있었다. 그렇게 정리하면 내일, 다음 주, 다음 달에 방문할 곳을 미리 정하게 되어 매일 찾아갈 7개 업체를 생각해 내느라 애쓸 필요가 점점 더 없어졌다. 다음 방문할 때 상담할 내용도 자연스럽게 정리되었다.

업종별, 직군별로 어떤 보증보험이 필요한지 자연스럽게 파악하게 되었다. 여기에 지역별 분류를 더하면, 업체 방문계획을 효율적으로 짤 수 있었다. 하루가 시작되고 한 주가 시작되고 한 달이 시작될 때 갈 곳이 많다면, 영업자에게 그것만큼 행복한 게 어디 있을까? 점차 방문할 업체를 고민하기보다는 갈 곳이 너무 많아 어디부터 방문할지 일정을 조율해야 하는 일이 늘어났다. 시간이 흐를수록 매일 방문하는 곳 중 신규업체는 7곳 중 1~3곳으로 줄고, 기존 거래처 관리 비중이 커졌다. 영업기록을 하면 할수록 행복에 성큼 다가서는 느낌이었다.

이영복 지점장님은 서울보증보험에서 수십 년간 재직하며 여러 분야의 다양한 업무를 섭렵했기에 전반적인 업무를 꿰뚫고 있었다. 생소한 분야나 까다로운 상품에 대해 언제든 의논할 멘토가 있다는 것은 얼마나 든든한 일인가? 영업의 방향성에 대해 깊이 있는 논의를 나누게 되면서 사업 기회를 발견하고 리스크를 관리하는 법에도 점차 눈을 뜨게 되었다. 또한 지점장님은 주요 고객을 함께 방문해서 내게 힘을 실어주었다.

내가 좌절했을 때, 광개토9대리점을 높이 평가하며 45억 원 매출 목표를 달성할 수 있다고 믿어주고 적극적인 지원을 약속한 이영복 지점장님을 못 만났다면, 나는 피부관리실을 다시 시작했을 것이다. 결과론적인 얘기지만, 그때 피부관리실로 방향을 바꾸었다면, 이후 코로나19 팬데믹으로 내 상황은 걷잡을 수 없이 악화되었을지도 모른다.

급여 이체일이 두렵던 시절

이자 상환일에 맞춰 카드론과 현금 서비스로 돌려막으며, 동시에 직원 급여 이체일 전날 통장 잔액을 확인하는 것도 절대로 놓치지 않았다. 그런데 분명히 류실장의 급여일에 맞추어 통장에 입금했는데 급여 이체가 되지 않았다. 알고 보니 다른 대출의 원리금 상환일이 도래해서 빠져나간 것이었다. 얼른 현금 서비스를 받아서 액수를 채워 넣었는데 바로 다른 곳으로 빠져나갔다. 분기별로 상환하는 대출을 미처 예상하지 못한 것이었다.
　나는 그때 지방에 출장 갔다가 오는 길이었는데, 고속도로 휴게소에서 그런 상황에 맞닥뜨리니 정말로 막막했다. 어쩔 수 없이 친구 한만욱에게 전화해서 급여 부족액을 빌렸다. 다시는 돈을 빌리지도, 빌려주지도 않겠다고 굳게 다짐하고 악착같이 버텨왔으나 방법이 없었다. 만욱이에게 상황을 설명하니, 아무말 없이 바로 통장에 넣어 주었다. 류실장에게 연락해서 급여를 이체하라고 했다. 빌려서 급여를 주는 상황도 창피했지만,

늘 나를 염려하고 지원해 주는 친구에게서 또 돈을 빌리게 된 것이 무척 속상했다.

그렇게 넘어가나 싶었는데, 또 다른 일이 터졌다. 평소 류실장과는 주로 메신저로 업무에 관한 논의를 주고받았다. 그런데 하루는 사전에 아무 연락 없이 류실장이 내게 전화했다. 뭔가 긴급한 일이 생겼을 거라는 느낌에 즉시 전화를 받았다.

"대표님……."

평소답지 않게 류실장은 말을 잇기를 다소 주저하는 것 같았다.

"무슨 일이에요?"

"사무기기 렌탈료를 입금하려고 했는데, 통장이 거래 정지되었어요."

살면서 처음 겪는 일이라 당황하지 않을 수 없었다. 애써 아무렇지 않은 듯이 다시 해보라고 했지만, 곧 안 된다는 답이 돌아왔다. 연금보험료가 체납되자 국민연금공단에서 통장 거래를 정지시킨 것이었다. 류실장에게 미안했고, 통장에 큰돈이 들어있는 것은 아니지만 압류되었다는 사실 자체가 충격이었다.

바로 연금공단 지사로 갔다. 담당자를 찾아서 항의하자, 체납액의 50%를 내야 압류를 해지할 수 있다고 했다. 왜 50%를 내야 하는지 근거를 물었더니, 연체 일수가 오래되면 그렇게 처리된다고 했다. 시스템으로 관리되는 것이라 방법이 없다는 것이었다. 내가 장기간 연체한 것은 사실이지만, 그래도 중간

중간 돈이 생길 때마다 조금씩 갚아 왔는데 이건 아니라는 생각이 들었다.

"수백 명이 다니는 큰 회사도 아니고, 매출액이나 연체액이 큰 것도 아니고, 저희같이 작은 회사의 통장을 압류하면 문 닫으라는 얘기밖에 안 됩니다. 저희가 문을 닫으면 연금공단도 연체된 금액을 받을 길이 없지 않습니까?"

담당자는 그래도 50%를 갚지 않으면 안 된다는 말만 되풀이했다. 나는 어떻게 해야 할지 막막했다. 통장에 들어오는 수수료가 자동 압류되어 각종 비용을 제때 지급하지 못하게 되면 신용이 나빠져 대리점 재계약에도 문제가 생길 수 있었다.

잠이 오지 않았다. 다음 날 아침 나는 예고 없이 9시 정각에 연금공단 지사에 다시 찾아갔다. 그리고 지사장실 문을 두드렸다.

"누구시죠?"

"잠시 얘기 좀 나누실 수 있나요?"

"무슨 일이시죠?"

나는 간단히 자초지종을 얘기했다.

"지금 바빠서……"

"물론 바쁘시겠지만, 10분만 시간을 내주시면 감사하겠습니다. 지금 제 상황으로서는 지사장님과 얘기를 나눌 수 없다면 바로 공단 본사로 가서 이사장님을 찾아뵐 수밖에 없습니다. 혹시 제가 갑자기 와서 놀라셨으면 직원과 동석하시죠."

그러자 지사장은 직원 한 명을 호출했고, 셋이 앉아서 이야기를 나누었다.

"지사장님, 무조건 갚을 테니 압류를 풀어 주십시오. 이렇게 찾아온 것만 보셔도 제가 갚을 의지가 있다는 점은 잘 아시겠죠? 이렇게 일자리를 없애는 것은 상황을 악화시킬 뿐입니다. 제가 연금보험료를 연체한 것은 보증보험 대리점을 하기 전에 생긴 부채 때문입니다. 현재 대리점 실적이 급성장하고 있어서 조금만 기다려 주시면 연체 금액을 다 갚을 수 있습니다. 그러나 이번 일로 대리점 계약 갱신이 안 되면 연체금도 갚을 수 없고 저는 파산하게 됩니다."

지사장은 내 이야기에 귀를 기울이더니 곧 시원하게 대답했다.

"대표님이 갚으시는 게 우리한테도 좋죠."

그러면서 담당자를 불러 압류 해제를 지시했다. 그러자 담당은 이삼일 후 해제된다고 했다. 나는 오늘 사무기기 렌탈료와 공과금이 나가는 날이니 꼭 오늘 풀어달라고 다시 한번 간곡하게 부탁했다. 그러자 담당자는 바로 해제해주었다. 사무실을 나오는데, 힘이 쭉 빠졌다.

그러나 몇 달 후, 류실장이 외근 중인 나에게 통장이 또 압류되었다는 소식을 전했다. 다시 연금공단을 가는 것도 기가 막혔지만, 류실장이 불안해할까 봐 마음이 불편했다. 연금공단을 찾아가니 담당자가 휴가라고 했다. 지사장실에 다시 올라

갔다. 그런데 지사장은 다른 분으로 바뀌어 있었다. 내가 자초지종을 얘기하니 "아마 시스템상으로 압류된 것 같네요" 하며 압류를 다시 해제해 주었다. 나는 류실장에게 너무 미안했다. 그러나 류실장은 아무렇지 않은 표정으로 "좋은 날이 곧 오겠죠. 힘내세요!"라고 말하곤 했다.

이혼 후 딸아이와 오랜만에 만나게 되었을 때, 기사식당에서 쭈꾸미볶음을 주문해 함께 먹고 싶었으나 1인당 9천 원의 가격이 너무 부담스러워 그냥 백반을 먹고 나오며 대신 딸에게 먹고 싶은 것 먹으라고 2만 원을 준 적이 있다. 딸아이는 서운하고 슬펐겠지만, 나는 부채의 수렁에서 벗어나기 전에는 나 자신에게 조금의 사치도 허용할 수 없었다.

연료첨가제 판매

어느 날 매출 규모가 큰 주유소 대표님을 만나러 갔는데 연료첨가제를 하차하고 있었다. 익숙한 제품이 아니라 처음 보는 제품이었다. 대표님은 힘이 좋다고 대형트럭이 많이 찾는 제품이라고 했다. 내가 주유소에 있는 동안에만 대형트럭 두 대가 주유하면서 연료첨가제를 넣었다. 나는 돌아오면서 트럭 운전사들이 이미 인정한 제품이라면 홍보할 필요 없이 그냥 길에서 팔 수도 있지 않을까 하는 아이디어를 떠올렸다.

그 제품을 생산하는 정유사의 직원에게 전화해서 판매대리
점을 알아냈다. 나는 연료첨가제 두 박스를 사서 트렁크에 실
었다. 운전할 때 공사 현장에 대형트럭들이 늘어서 있으면 잠
시 정차하고 연료첨가제를 팔려고 했다. 첫 판매에서만 3개를
팔았다. 와! 돈에 쪼들리던 나는 이렇게 돈을 벌 수도 있다는
것이 신기했다.

도심에서는 교통체증 때문에 판매가 어려웠지만, 외곽의 공
사 현장이나 교외에서는 아무 데나 정차하고 이야기를 나눌 수
있어 쉽게 판매할 수 있었다. 물론 처음 보는 나를 불신해서 구
매하지 않는 경우도 많았다. 나중에 고객이 늘어난 후에는 연
료첨가제를 팔 시간이 없었지만, 보증보험 영업만으로는 생활
이 되지 않던 시절, 기름값을 충당할 수 있는 쏠쏠한 부업이었
다. 그때 '굶어 죽으란 법은 없다'는 속담을 실감했다.

환상의 팀워크

이영복 지점장님의 지원은 내게 정신적으로 큰 힘이 되었다.
그리고 지점장님과 함께 세종지점에 발령된 채승훈 차장과 유
성동 대리도 실무적으로 많은 도움을 주었다. 영업은 자기 자
신과의 싸움이지만, 누군가의 도움이 있으면 더욱 탄력을 받는
다. 주변 사람들이 내 어려움을 해결해 줄 수는 없지만, 나에게

좋은 자극과 정보를 주고 도전할 힘과 용기를 북돋워 주었다.

세종지점 사무실은 8시 20분쯤 문을 열었다. 나는 그 시간에 맞추어 사무실로 향했고, 좀 일찍 도착하면 문이 열릴 때까지 기다리느라, 주위를 산책했다. 그런데 어느 날 7시 50분쯤 건물 앞에 도착해서 사무실을 바라보니 불이 켜져 있는 게 아닌가? 이상해서 사무실에 올라가 보았더니 승인심사 업무를 하는 유성동 대리가 자리에 앉아 있는 것이었다. 혹시나 하는 마음에 다음 날도 8시 전에 사무실에 출근해 보니 역시나 유대리가 이미 나와 있었다.

"대리님, 댁이 청주인데 일찍 오시나 봐요?"

"사장님이 일찍 나오시는 것 같아서, 저도 일찍 와서 책을 봐요."

'아, 이럴 수가!' 유대리는 나를 배려해 미리 사무실 문을 열어놓으려고 일찍 나온 것이었다. 유대리가 내게 물었다.

"사장님은 아침에 무엇 때문에 일찍 나오세요?"

"저는 상품을 잘 몰라서, 상품 공부를 하고 있습니다. 특히 이행계약 관련 상품을 보고 있습니다."

"사장님, 그럼 제가 내일 아침부터 상품 공부시켜 드릴까요?"

"정말요? 바쁜 아침 시간을 저에게 쓰시면 업무에 지장 있으신 것 아녜요?"

"아닙니다. 사장님들께서 잘되시면 지점이 잘되는 건데요. 괜찮으시면 몇 시에 공부를 시작할까요?"

"정말 고마워요. 시간만 정해주시면 언제든지 나올게요."

유성동 대리는 다음 날 아침 8시부터 매일 아침 상품에 대한 교육자료를 만들어 내게 가르쳐 주었다. 혼자서 공부할 때는 이론적으로만 상품을 이해했는데, 실무적으로 상세한 교육을 받으니, 너무나 재미있고 신이 났다. 궁금한 점을 마음껏 물어볼 수 있어 더욱 좋았다. 아침에 물어봐서 습득한 내용을 오후 미팅에서 활용해서 성과를 내기도 했다. 상담에서 마주치는 구체적인 질문들을 바로바로 해결하면서, 나 자신에게 만족할 정도로 상담 능력이 눈에 띄게 향상되었고, 상담 성공은 곧바로 보증보험증권 발급으로 연결되었다. 특히 유성동 대리가 경쟁업체들의 비슷한 상품들과 서울보증보험과의 차이점을 고객 관점에서 상세하게 알려주어서 상담할 때 큰 도움이 되었다.

처음에는 나 혼자 앉혀놓고 교육했지만, 시간이 흐르면서 자발적으로 다른 대리점 분들도 참여했고 공부 열기가 뜨거웠다. 결혼한 지 얼마 안 되었고 매일 아침 일찍 출근해 많이 피곤했을 텐데, 내가 해줄 수 있는 것은 아무것도 없어서 미안했다. 고객이 어떤 질문을 해도 내가 답변할 수 있는 것은 유성동 대리 덕분이다. 보증보험 대리점을 시작하고 1년간 단순한 열정만 갖고 일했다면, 유대리를 만나고 나서는 체계적으로 일할 수 있었다.

상품교육이 막바지에 다다를 즈음, 나는 또 다른 든든한 지원군을 얻게 되었다. 하루는 승인 담당 팀장인 채승훈 차장이 나에게 메신저를 보냈다.

'퇴근하시기 전에 잠시 뵐 수 있을까요?'

'무슨 일 있으세요?'

'아뇨. 그냥요.'

채승훈 차장은 업무상 자주 연락하는 담당자였지만, 말이 없고 일 처리를 깔끔하게 하는 분이라 세종지점에 온 지 한 달이 지나도록 거의 말을 해본 적이 없었다. 보증보험증권을 발급할 때 승인부서와 대리점이 대립하는 경우가 종종 있는데, 채차장은 대리점의 상황을 잘 이해하며, 승인 불가가 떨어질 때 사유를 정확히 명시해주어 대리점들 사이에서 평판이 좋았다.

채차장과 마주 앉았는데, 서류를 내밀길래 나는 순간 '뭐지?' 하며 조금 긴장했다. 그는 안경을 고쳐 쓰면서 말했다.

"사장님, 이번 달에 상품판매대금 보증보험상품 사고 나서 접수하셨죠?"

"네. 금액은 얼마 안 되어서 그리 크게 신경 쓰지 않았습니다."

"네……. 그래서 제가 사장님 대리점 계약상황을 한번 살펴보았어요."

채차장이 건넨 서류를 보니, 광개토9대리점이 계약한 상품과 업체 수, 손해율을 뽑은 자료였다. 상품판매대금 보증보험 상품 비중이 높아 손해율에 문제가 생길지 모른다는 위험을 미리 체크한 것이었다. 광개토9대리점은 또한 주유소, 식품대리점 등에 편중되어 건별 보험료 수준이 높지 않았는데, 채차장은 일반 제조업체 쪽으로 영업을 해보는 게 어떠냐고 권유했다.

"그쪽이 보험료가 높지만, 거래를 트기까지 시간이 오래 걸려 수입이 너무나 불안정합니다. 그래서 방향은 그쪽이 맞는다는 걸 알면서도 걱정이 많습니다."

"저는 사장님이 주유소 영업을 하시길래 정유사 출신인 줄 알았는데, 개척으로 계약을 하셨다면서요? 대단하십니다. 그런 개척영업에 쏟는 노력을 일반 기업체로 바꾸시면 더욱 도움이 되지 않을까요? 어려우시면 전체 영업 활동의 삼분의 일만이라도 그쪽으로 바꾸시는 게 향후 대리점의 발전에 유리할 것 같습니다. 소매점 위주로 또는 특정 업종 위주로 영업하시면, 향후 경기가 안 좋아졌을 때 손해율 관리가 어려우실 수 있어요."

모두 맞는 말이었다. 앞만 보고 달리다 보니 손해율이라는 리스크를 생각하지 못했다. 상품을 종류별로 골고루 취급해야, 리스크가 분산되고 수수료도 안정적으로 벌어들일 수 있었다. 채차장은 이어서 손해율 관리를 위해 어떤 기업이 우량한지 판단하는 기준을 자세히 설명해주었다. 빈틈없이 업무를 처리하며 늘 바빠 보이는 채승훈 차장이 멀게만 느껴졌는데, 먼저 다가와 대리점 상황을 분석해주고, 손해율에 대해 자세히 설명해주니 너무나 고마웠다.

나는 시간 날 때마다 아파트형 공장을 집중적으로 개척하기로 했다. 건물 전체에 많은 업체가 입점해 있으니 짧은 시간에 많은 업체를 방문할 수 있고, 일단 한 업체와 계약하게 되면 소개를 받기도 쉬우리라고 생각했다. 서울에서 근무했던 채승훈 차장은 대기업 영업에 대해서도 많은 얘기를 들려주었다. 은행이나 대기업 출신이 아닌 대리점주가 대기업 영업을 하기란 매우 어려웠지만, 채차장의 얘기에 힘을 얻어 나는 중견 건설사 영업에 도전했다.

채승훈 차장은 신상품이나 신사업 분야 등 기존의 상품 매뉴얼만으로는 대응하기 어려운 까다로운 문제에 대해서도 해박한 지식으로 도움을 주었다. 고객과 상담할 때 내 선에서 답하기 어려운 내용이면, 나는 즉시 사무실로 전화해 채승훈 차장에게 문의했고, 채차장은 흔쾌히 고객의 궁금증을 해결해 주었다. 특히 신재생에너지 회사와 상담 중 내가 전혀 모르는 내용이 나왔는데, 채승훈 차장과 연결해서 도움을 받았고, 계약으로 이어지기도 했다.

이영복 지점장님과 채승훈 차장, 유성동 대리가 있을 때 광개토9대리점뿐만 아니라 세종지점 전체가 비약적으로 성장했다. 믿음직한 리더가 좋은 길로 이끌고 헌신적인 구성원이 받쳐 주면 아주 좋은 결과를 낳는다는 것을 직접 보고 느꼈다.

영업에 날개를 달다

만욱이는 20여 대의 차량으로 렌트카 영업소를 운영했고, 교통사고가 난 차량 대신 빌려주는 사고대차로 렌트되는 경우가 많았다. 나는 만욱이 렌트카 중 주로 주말에 렌트되는 스타렉스를 평일에 타고 다녔다. 운전 중에 갑자기 차가 렌트되어 다시 차고지로 돌아와야 하는 경우가 종종 있었다. 그런데 내가 너무 멀리 있어 차를 돌려주지 못하고 손님이 다른 회사 렌트카를 이용하게 된 경우가 두어 번 있었다. 사고대차 서비스라 렌트 기간도 긴 편이었는데, 친구에게 경제적 손실을 끼치게 되어 너무나 미안했다.

만욱이는 웃으며 괜찮다고 했지만, 나는 미안함을 넘어 나 자신에게 짜증이 났다. 차라리 만욱이의 표정이 안 좋았으면, 나에게 뭐라고 했으면 마음이 덜 불편했을 것 같다. 그러나 방법이 없었다. 만욱이 차량이 없으면 영업을 하기가 어려웠다.

그렇게 미안함에 지쳐가고 있을 때, 만욱이가 맥주집에서 나에게 말했다.

"진수야, 내가 선수금 40% 내고 차를 하나 더 살 테니 너는 월 할부금만 내고 타라. 할부 기간을 최장기간으로 할 테니 돈 벌어서 할부금 내면 되잖아. 혹시 할부금 내기 어려우면 그때만 내가 내주면 되고. 선수금도 나중에 네가 돈 벌면 그때 갚으면 되잖아. 시간 금방 간다."

나는 거절할 수도 없고 선뜻 받아들일 수도 없었다. 그저 말 없이 맥주만 마셨다. 렌트카를 타고 영업하러 갔다가 렌트가 되어 다시 차고지로 돌아와야 하거나 고객이 다른 회사를 이용하게 되는 것은 나에게도 만욱이에게도 무척 불편한 일이었다. 만욱이가 그런 불편과 손해를 감수할 이유가 없을뿐더러 나도 힘들었다. 그러나 너무나 고맙기도 하고 무엇보다도 면목이 없어서 말이 나오지 않았다. 내가 벌어들이는 수수료 수입과 증가 추이를 머릿속으로 셈해 보니, 만욱이 말대로 월 할부금을 감당하는 게 가능할 것 같았다. 아니, 반드시 가능하게 해야 했다. 이대로는 죽도 밥도 안 된다. 차량에 대한 걱정을 떨치고 마음껏 운전을 할 수 있으면 수입도 더 빨리 증가할 것이라고 확신했다.

얼마 뒤부터 나는 만욱이가 사준 신차를 타고 영업을 다닐 수 있었다.

"고맙다. 열심히 해서 갚을게."

만욱이는 특유의 억양으로 차 열쇠를 건네며 말했다.

"미친놈, 그러니까 열심히 일이나 해라."

내가 어려울 때 만욱이가 내 곁에 있어 준 것은 천운이었다. 부모도 없고 하나뿐인 형도 캐나다에 있는 나에게 친형제 이상으로 잘해 주었다. 명보 역시 형제처럼 의지하는 친구였다. 나에게는 꿈이 있다. 반드시 성공해서 만욱이와 명보의 꿈을 이루어주는 것이다. 그들에게 보답하고 싶다는 열망이 새벽에 내 눈을 뜨게 하고 비가 오나 눈이 오나 영업 현장을 누비게 하는 힘이 되었다.

KFC 커널 샌더스

내가 할 수 있는 것은 목표를 향한 매일매일의 행동뿐이었다. 그것이 나를 구원해줄지는 알 수 없었다. 신앙이 있는 분들이 늘 신에게 기도하듯, 내가 마음을 기댈 곳은 정주영 회장님의 책과 영화 〈행복을 찾아서〉, 그리고 KFC 창업자 커널 샌더스에 대한 다큐멘터리 영상이었다. 특히 영업을 하기 전 샌더스의 영상을 보면 힘이 났다.

60대 할아버지가 파산상태에서 닭 튀기는 기술을 팔기 위해 낡은 트럭에 튀김 기구를 싣고 미국 전역을 누비며 얼마나 힘들었을까? 다음 가게를 찾느라 운전을 하면서 그분은 무슨 생각을 했을까? 1950년대에 닭 튀기는 기술을 누가 사줄까? 낯선 지역의 가게를 찾아가 문을 두드리고 닭 튀기는 기술을 설명하고, 거절당하고…… 그렇게 1,008번을 찾아가 설명하고 거절당한 끝에 닭 튀기는 기술과 레시피를 팔고, 결국 KFC는 세계적인 프랜차이즈 기업이 되어 전 세계에 일자리를 만들고 수많은 이들에게 희망을 주었다.

나는 커널 샌더스보다 훨씬 더 젊다. 내가 믿는 구석은 그것

뿐이었다. 운전하며 업체를 찾아갈 때, 나는 항상 그를 생각했다. 백발의 노인이 1,008번이나 거절당하며 얼마나 힘들었을까? 그런데도 희망을 잃지 않고 계속 사람을 만나러 다니지 않았던가? 미국이란 나라가 워낙 커서 낡은 트럭으로 가게 한 곳에 찾아가 설명하는 데도 많은 시간이 걸렸으리라. 그에 비해 좁은 땅에서 훨씬 더 빠른 자동차로 움직이는 나는 마음만 먹으면, 거절당할 용기만 있으면, 가까이에도 보증보험을 팔기 위해 찾아갈 곳들이 얼마나 많은가?

방문이 많아질수록 거절이 많아지고 거절이 많아지면 반드시 거래처가 생긴다. 내가 돌아다닌 거리만큼, 거절당한 만큼, 반드시 노력의 대가는 돌아온다.

지상의 방 한 칸

찜질방에서 생활하던 어느 날 또 몸살이 났다. 덮고 잘 것이 매트밖에 없었다. 억지로 잠을 청하다가 몸이 덜덜 떨려 도저히 잘 수가 없어서 새벽에 몸을 일으켜 병원 응급실로 향했다. 수액을 맞고 나오니 그제야 좀 살 것 같았다.

가까운 죽집에 가서 흰 쌀죽 없냐고 물으니 주인은 없다고 했다. 그때 쌀만 끓인 허여멀건 죽이 얼마나 먹고 싶던지……. 야채죽을 먹고 나서 다시 찜질방으로 갔다. 그런데, 잠을 자려고 해도 낮이라서 그런지 잠이 오지 않았다. 잠이 깊이 들지도 않으면서 비몽사몽 혼미한 상태가 계속되었다. 내가 앓는 소리를 내는 걸 들은 것 같기도 했다.

나는 1인용 매트 아래 몸을 웅크리고 누워 빨리 잠이 들기를 바라며 결심했다, 몸이 회복되면 원룸을 알아보기로. 나름대로 쾌적하다고 생각했지만, 사생활 없이 늘 남의 시선을 의

식해야 하는 집단생활을 하면서 나도 모르게 정신적으로 피폐해진 게 아닌가 자문하게 되었다. 군대라면 집단생활을 하더라도 공동의 목표가 있고 동료애가 있지만, 공유할 게 없는 타인들과 너무 오래 알아도 모른 척하면서 살아가는 건 부자연스러웠다. 무엇보다도 원룸 생활을 하면서 집밥을 먹어야겠다고 생각했다. 대학 구내식당에 시간 맞춰 가면 제대로 된 저녁을 먹을 수 있었지만, 늘 시간에 쫓기며 살다 보니 밥때를 놓쳐 편의점이나 매점에서 간단히 때우는 경우가 많았다. 원룸에서 직접 간단한 요리를 해 먹으면 건강이 훨씬 좋아질 것 같았다. 전보다는 수입이 늘어나 저렴한 원룸을 찾으면 임대료를 감당할 수 있을 것 같았다.

원룸으로 이사하면 반신욕을 아침저녁으로 할 수 없다는 점은 참 아쉬웠다. 나는 군대 제대 후 한 달 만에 다리를 다쳐 수술했다. 그 후 날씨가 흐리거나 비가 올 때마다 통증이 심해서 많이 걸어 다닌 날은 일찍 집에 들어와 따뜻한 팩을 올려놓았다. 그러나 몇 달간 찜질방에서 아침저녁으로 반신욕을 한 후로는 통증이 많이 완화되었다. 찜질방 생활이 나에게 준 선물이다.

돌이켜보면 다리 부상은 내 인생의 커다란 전환점이었다. 외가는 1980년대 초반 미국에 이민 갔다. 초반에는 힘들었지만, 장사로 자리를 잡았다. 외할머니는 항상 입버릇처럼 나에게 넓은 미국에 와서 살라고 말씀하셨다. 군대에서 미래를 고민하다가 외할머니 말씀대로 제대하면 미국에 가려고 마음먹었다. 제대 후 비자가 언제 나올지 몰라 일단 대학에 복학했다. 그런데 비자가 예상보다 훨씬 빨리 나와 바로 미국으로 출발하려고 비행기표를 샀다. 이모네 가게에서 일하며 자리를 잡을 수 있다면, 굳이 귀국해 학업을 마치지 않고 미국에서 새출발할 생각이었다.

그런데 운명의 장난인지, 대학교 개강 후 학교에서 사고를 당하게 되었다. 마침 학과별 대항 체육대회가 열리고 있어서 운동을 좋아하는 나는 주변의 권유에 못 이기는 척 축구 시합에 참여했다. 내가 골대로 공을 막 차 넣으려고 할 때 수비수들이 한꺼번에 나를 덮치면서 밑에 깔렸다. 갑자기 넘어지면서 여러 사람의 육중한 체중에 깃눌려 오른쪽 무릎 인대가 심하게 파열되고 말았다. 병원에 실려 가서 긴급 수술을 하고 오른쪽 다리 전체에 깁스를 했다. 의사 선생님은 짧은 내 머리를 보고 수술한 다리 때문에 군대는 안 갈 거라고 위로 아닌 위로를 해주었다.

재활치료를 받으며 회복하는 동안 병원 근처의 영어학원에 다녔다. 거기서 전처를 만나게 되었다. 군대 제대 후 미국행을 앞둔 시기라 딱히 소속감을 느낄 곳도 없고 해야 할 중요한 일도 없었다. 다치기는 했어도 오랜만에 한가롭고 자유로운 시간을 누리고 있어서인지 급속하게 가까워졌다. 결국 나는 미국행을 포기하고 대학교 졸업과 동시에 결혼하게 되었고, 다음 해에는 딸아이가 태어났다.

다리가 욱신욱신 아플 때마다, 그때 사고를 당하지 않았더라면, 그때 미국에 갔었더라면 하는 생각이 떠올랐다. 이제 반신욕으로 많이 회복되어 그때 생각은 훨씬 덜하게 되었다. 이른 결혼으로 인생 행로가 갑자기 바뀌긴 했으나 후회는 없다. 예쁜 딸을 얻었으니까. 형은 일찌감치 캐나다에 이민 갔다. 부모님이 지인들에게 빌려준 돈을 못 받고 속앓이를 하시다가 연이어 돌아가시던 무렵, 형은 캐나다에 뿌리를 내리는 중이라, 나혼자 한국에서 그 모든 일을 감당해야 했다. 내가 부모님 곁에 있어 다행이었다.

인터넷으로 원룸을 검색하다가 요즘 신축 건물이 많이 들어서 대학가 근처 기존 원룸촌의 보증금과 월세는 저렴하다는 정보를 보았다. 중개비를 아끼려고 토요일에 직접 발품을 팔아 전봇대에 붙은 전단지 내용을 꼼꼼히 살피며 돌아다녔다. 한참을 걷다가 보증금 100만 원에 월세 23만 원짜리 원룸을 찾아냈다. 전화를 해보니 바로 받았고, 주인집이 3층에 산다고 해서 안심되었다. 집으로 찾아가니, 주인아주머니가 내 얼굴을 보고 "혼자 사실 거예요?"라고 물었다. 내가 젊은이였다면 원룸에 혼자 살 거냐고 물어보지는 않았을 것 같다. 대여용 방은 10여 호실이지만 입주자가 별로 없어 조용한 게 장점이라고 말해 주었다.

방은 작았지만, 누구에게도 방해받지 않는 나만의 공간이 생긴다는 기대 때문인지 너무나 아늑해 보였다. 나는 "내일 이사 올게요"라고 말했고 우리는 즉석에서 계약서를 작성했다. 다음 날 아침 1년 넘게 만욱이 렌트카 사무실에 두었던 내 짐 전부를 원룸으로 옮겨놓았다. 많지 않은 짐이라 별로 힘들지는 않았지만, 잠깐 방에 드러누웠다. 누우면 내 몸으로 꽉 차는 작은 방은 정말 편안하고 아늑했다. 그동안의 긴장이 풀려서인지 저절로 잠이 들었다. 잠깐 눈을 붙였을 뿐인데, 일어나 보니 이미 저녁 무렵이었다. 무려 5시간을 내리 잤다. 오랜만의 꿀잠이었다. '방에서 자본 지가 얼마 만인가?'

옷이 담긴 상자를 열어서 정리하니 언제 그렇게 되었는지 구멍이 난 옷도 있었다. 내가 아끼던 책들의 표지를 보자 너무나 반가웠다. 소중히 보관했던 피규어들도 오랜만에 꺼내 보았다. 먼지를 잘 닦아내자 아톰 인형들이 내게 미소를 보내는 것 같았다. 책과 피규어를 선반에 제대로 진열하자 이제 확실한 내 방을 얻었다는 뿌듯함이 밀려왔다.

짐 정리를 하고 앉아서 내 물건들이 보기 좋게 자리 잡은 방을 바라보니 기분도 좋고 배도 고팠다. 당시 나는 버는 돈을 모조리 빚을 갚는 데 쓰고 있어서 극도로 근검절약하고 있었지만, 그런 날은 약간의 사치를 누리고 싶었다. 오랜만에 어렸을 때부터 자주 가던 통닭집에 가서 한 마리를 주문했다. 통닭 한 마리와 소주 한 병을 놓고 혼자 파티를 하는데 마치 개선장군이라도 된 것처럼 기분이 좋았다. 나는 기억에 남기려고 주인

아주머니에게 사진을 찍어 달라고 부탁했다. 지금도 그때 사진을 보면 내 모습이 정말 행복해 보인다.

다음 날 일어나서 방을 둘러보니 저절로 웃음이 나왔다. 영화 〈빠삐용〉에서 독방에 갇힌 주인공이 매일 비좁은 독방 끝에서 다른 쪽 끝까지 걷는 운동을 하다가, 풀려나서 복도를 걷던 중 독방에서 걷던 길이보다 더 멀리 발을 뻗는 순간 그대로 기절했던 장면이 떠올랐다. 방 안 화장실에서 대각선으로 방 끝까지 걸어보니 정확히 여섯 발자국이었다. 하지만 빠삐용과 달리 나는 자유로웠고 언제든 밖으로 나갈 수 있었다.

군대에서 배운 살림 기술

빈 상가와 찜질방에서는 잠만 잤으므로 살림을 한다고 할 수는 없었다. 어떤 이는 평생 직접 살림을 해보지 않고 살기도 한다. 나는 우리나라 나이로 오십이 되어서야 비로소 살림이란 것을 해보게 되었다. 그러나 나는 내가 살림을 잘한다고 자부한다. 나는 살림을 군대에서 배웠다.

우리나라 남자들이 군대에 대한 추억을 떠올릴 때 대표적인 것이 혹한기 훈련, 유격훈련, 그리고 '화스트페이스(Fast Pace, 전투준비태세) 발령'일 것이다. 나는 5사단 냉장고라 불리던 연천군 내산리에 가서 전입신고를 하고 혹한기 훈련을 세 번이나 받았다. 그렇지만 유격훈련이나 혹한기 훈련은 화스트페이스에 비할 바가 아니었다. 내가 군인으로서 진정한 공포를 느끼고 긴장했던 때는 화스트페이스가 발령되었을 때다. 내무반에서 쉬고 있을 때, 샤워할 때, 식당에서 밥 먹을 때, 갑자기 엥~하고 시끄러운 사이렌이 울리며 화스트페이스를 알리는 방송이 나온다.

사이렌이 울리면 그 즉시 일어나 군장을 싸서 측량지휘실로 달려가 물자분류를 하고 출동태세를 갖춘다. 초를 다투는 시간과의 싸움이라서 주저하거나 머뭇거릴 틈이 없다. 당시 제1차 걸프전쟁(1990년 이라크가 쿠웨이트를 침공하자, 미국 주도로 다국적군이 결성되어 이라크와 싸운 전쟁)이 진행 중이라 수없이 화스트페이스가 발령되어 항상 긴장 속에서 하루하루를 보냈다. 그때 내가 맡은 측량지휘 장비들을 순식간에 분류하고 정리하는 습관이 들어서인지, 지금도 여행을 가거나 전국을 돌며 출장을 갈 때 비닐 팩에 며칠간 필요한 물건들을 금방 정리한다.

어머니 덕에 따뜻한 밥을 먹고 깨끗한 집에서 살다가 군대에 가면서 옷을 다리는 법, 구두에 광을 내는 법, 늘 주변을 치우고 정리하는 법을 배웠다. 요리, 설거지, 세탁, 세차, 청소 등 생활에 필요한 일들을 집단 안에서 분담해서 처리했다. 군대 생활을 통해 나는 내 몸 하나를 건사하게 되었다. 내 몸 하나도 건사하지 못하면서 나라를 지킬 수는 없다. 최소한의 물자만으로 생활했던 경험은 수억 원의 부채를 갚느라 허리띠를 졸라맬

때 큰 도움이 되었다. 군대에서 각종 업무 절차를 빼곡하게 매뉴얼로 정리하던 습관도 지금 영업 활동을 할 때나 살림을 할 때 도움이 된다.

그 원룸에는 낡은 세탁기가 있었다. 이제 더 이상 손빨래를 하지 않아도 되었다. 글씨가 거의 지워진 옆면 구입일자 스티커가 19로 시작하는 것을 보면 2000년 이전에 만들어진 세탁기 같은데, 어쨌든 빨래는 잘된다. 오래된 냉장고도 물을 넣어 두면 시원했다. 냉장고는 이 원룸에 3년 넘게 사는 동안 두 번이나 주인이 바꾸어 주었다. 다른 빈방에 있는 것 중 상태가 좋은 것으로 바꾸었는데 옮길 때 나도 거들었다. 오래된 TV도 주인이 다른 방에 있던 것으로 바꾸어주었다.

무엇보다도 가스레인지가 있어 마트에서 계란을 한 판 사 와서 정말 오랜만에 계란프라이를 부쳐 먹는데, 마치 영화 〈캐스트 어웨이〉에서 무인도에 불시착한 톰 행크스가 시행착오 끝에 불을 붙이는 데 성공했을 때처럼 미친 듯이 환호하고 싶을 정도로 기쁘고 신기한 느낌이었다. 소형 냉장고의 계란 칸에 일렬로 가득 찬 계란들을 바라보는 것은 행복 그 자체였다.

내가 보고 싶은 뉴스를 이어폰 없이 나 혼자 작은 TV로 볼 수 있어 좋았고, 특히나 밤에 잘 때면 다른 사람들의 숨소리나 코 고는 소리, 부스럭거리는 소리 없이 주변이 너무나 조용하고 비상등이 없어 깜깜했으므로 금세 잠이 스르르 들었다. 이 집은 주인이 사는 3층을 제외하고는 거의 비어 있어 나중에는 사람 인기척이 나면 오히려 반가웠다.

원룸에는 시간이 흐르면서 짐이 조금씩 늘어났고, 정리 정돈을 제때 못할 때도 많다. 비좁은 방에 빨래 건조대, 다리미, 현미 쌀 포대, 생수병 세트, 밥솥 등을 늘어놓아 점점 더 좁아져 가고 어떻게 정리해도 깔끔해 보이지 않는다. 그러나 늘 쓰는 물건들로 채워진 익숙한 이 공간을 나는 사랑한다.

집밥이 좋아

2018년 건강검진을 받으러 갔다가 충격을 받았다. 의사 선생님은 내 몸 상태가 60대 중후반이라고 했다. 대장용종이 3개 발견되어 제거 수술을 받았다. 선생님은 해마다 받은 건강검진 기록과 비교하며 식습관이 어땠길래 1년 만에 이렇게 나빠질 수 있냐고 놀라워했다. 사설 감옥에 갇혀 매일 만두만 먹는 영화 〈올드보이〉의 주인공처럼 생활해서일까? 빈 상가에서 상당 기간 매일 핫바와 만두, 맥주로 저녁을 때운 결과인 것 같았다. 정신이 번쩍 들면서 한편으로는 서글프기도 했다. 상담을 끝내고 나와 평소에 타지 않던 택시를 잡아탔다.

원룸에 돌아와서 누우니 기운이 없어 아무것도 하기 싫었다. 한참 자고 일어나서 생각에 잠겼다. 직접 요리를 하면 현미밥을 해먹으려고 원룸으로 이사하자마자 현미를 사 놓았지만, 귀찮아서 한 번도 먹지 않았다. 이건 정말 아니라고 생각했다. 냉장고를 열어서 할인할 때 잔뜩 사 놓은 소시지, 만두 같은 인스턴트 식품을 모두 음식물 쓰레기통에 버렸다.

이후로는 가공식품, 밀가루 음식을 거의 먹지 않았고, 지금까지 전자레인지 없이 산다. 돈 없고 배고플 때 먹던 컵라면, 일반 라면도 안 먹은 지 몇 년 되었다. 매일 저녁 한두 병 마시던 막걸리도 끊었다. 점심을 김밥, 햄버거 등으로 때우지 않고 꼭 제대로 챙겨 먹기로 했다. 과거에는 대학교 학생 식당을 애용했지만, 이제는 좀 더 나 자신을 배려해서 되도록 대학교 교직원 식당을 이용하기로 했다. 대학교마다 차이는 있지만, 교직원 식당 중에는 음식 맛이 아주 좋은 곳도 있고, 무엇보다도 저염식이며 영양 면에서 균형 잡힌 식단을 제공했다. 출장길에는 대학교 교직원 식당을 찾아가거나 검색해서 백반집을 찾아가서 먹었다. 청주대 근처 한 보리밥집은 보약 먹는 기분으로 시간이 될 때마다 찾아갔다. 너무나 정성스런 음식에 감명을 받아 한 톨도 남기지 않고 다 먹었다. 그때부터 괜찮은 백반집을 발견하면 다이어리에 적고 단골집으로 삼았다.

집에서는 늘 현미밥을 지어 먹는다. 지인들이 김치를 가져다 주어 주말에는 항상 큰 냄비에 김치찌개를 끓여 먹는다. 하도 김치찌개만 끓이다 보니 스스로 맛에 감탄할 정도로 잘 끓이게 되었다. 요리 비법은 간단하다. 양파와 마늘을 아주 많이 넣고 끓인다는 것이다. 김치찌개에 성공한 후에는 다른 요리에도 도전하게 되었다. 나는 가장 좋아하는 반찬이 멸치볶음이라 일부러 멸치볶음이 맛있는 백반집을 찾아갈 정도다. 요즘은 인터넷에서 쉽게 레시피를 찾을 수 있으므로 마트에서 멸치를 사다가 볶아 먹었다. 내 입맛에 너무 잘 맞아서 신이 났다. 그러다 보니 오징어도 사다가 데쳐 먹고, 류실장이 고향에서 얻은 마늘쫑을 나눠줘서 그것으로도 반찬을 만들어 먹을 만큼 요리 실력이 향상되었다.

건강한 독거 라이프

혼자 살면 추석과 설 연휴가 온전한 나만의 시간이다. 나는 그 기간에 일본이나 타이완으로 짧은 여행을 갔다. 거래하는 여행사에서 땡처리 항공권 정보를 알려주고, 캡슐호텔도 예약해 주었다. 특히 타이완 신베이터우 온천마을에 여러 번 갔는데, 태어나서 처음 가는 곳이었지만 몇 번 방문하다 보니 꼭 고향집에 가는 듯 마음이 편했다. 거기서 동네 아저씨들이 가는 평범한 온천에 갔다. 전체 경비는 50만 원이면 충분했다.

그런데 코로나19 팬데믹 이후 여행을 못 가게 되니, 연휴에 방 안에서 혼자 지낼 수밖에 없었다. 고기를 사다가 구워 먹었는데, 지금까지 경험한 배탈 중 손가락으로 꼽을 만큼 심한 배탈이 났다. 문을 연 약국을 검색해서 다녀오는데, 원룸 건물에 들어가면서 바라보니 불 켜진 방이 하나도 없이 건물 전체가 깜깜했다.

'아, 뉴스에 나오는 고독사가 이런 거구나. 내가 죽으면 며칠 후에 발견될까?' 이런 생각을 하니 참으로 인생이 쓸쓸하게 느껴졌다. 우울했지만, 그럴수록 건강해야겠다는 마음이 더욱 강해졌다.

원룸에 이사 와서도 하루를 마치고 순대국밥에 소주 한 병을 먹는 게 낙이었다. 하루는 평소처럼 소주 한 병과 순대국밥을 시켰는데 좁은 가게에 나까지 5명이 혼자서 순대국밥에 소주를 마시고 있었다. 나는 소주 한두 잔만 마시고 그냥 나와 버렸다. 그 후로는 밖에서 혼자 밥을 먹을 때 절대로 술을 시키지 않는다. 그때 혼자 순대국밥을 먹으며 소주를 마시는 그들의 모습이 너무나 어둡고 처량해 보였다. 나 역시 남이 보면 그런 모습이었으리라. 지금은 원룸에서도 혼술을 하지 않는다.

근처 먹자골목에는 새벽에도 술을 마시는 사람들이 있었다. 여름에 6시에 숙소를 나설 때는 혹시 아는 사람과 마주칠까 봐 고개를 숙이고 걷기도 했다. 들어올 때도 나도 모르게 주변을 둘러보았다. 하지만 부채를 다 갚고 장기적인 수익 기반을 확보한 지금은 분리수거 재활용품과 쓰레기봉투를 가지고 나갈 때도, 휴일에 나갈 때도 당당하게 고개를 들고 다닌다. 사는 곳은 같지만, 경제적 자유를 얻었기에 남의 시선이 전혀 두렵지 않다.

나는 시간에 쫓기지 않을 때는 늘 걸어 다닌다. 휴일에는 아침에 출발해서 대전까지 10시간 가까이 걷기도 하고 속리산 문장대 정도는 뒷동산처럼 가뿐하게 올라간다. 노래를 부르며 무심천 하상도로를 3시간씩 걷곤 한다. 시간 날 때마다 자전거도 타는데, 10년 전쯤 친구 철용이와 부산까지 자전거로 가면서 하루에 200km는 무리가 없었다. 건강이 내 가장 중요한 자산이다.

무엇보다도 이 원룸에서 나의 시간은 부채를 다 갚고 재기에 성공하는 전환점이 되어야 했다. 나는 종이박스를 밥상 대신 쓰기로 하고 그 위에 글씨를 썼다. '벙커 탈출할 때까지 상 안 산다!' 나는 원룸에 사는 현재의 삶을 벙커에 빠진 것에 비유해서 생각했다. 벙커는 골프 코스 중에서 오목하게 파여 모래로 되어 있는 곳을 말한다. 벙커에 공이 떨어지면 빠져나오기가 매우 어렵다. 그러나 벙커 탈출 전에는 밥상을 사지 않는다는 결심은 지키지 못했다. 딸아이가 반찬을 주길래 아무 생각 없이 박스 위에 음식을 놓고 먹는다고 얘기했더니 투덜거리며 밥상을 사주었다. 나는 밥상에는 '건물 사자!'라고 써 놓았다.

청주 우암산에서 아래를 내려다보면 수많은 아파트와 건물들, 넓게 펼쳐진 토지와 임야가 보였다. 그중에 내 것은 하나도 없었다. 눈에 보이는 재산은 하나도 없이 사람이 만든 화폐의 노예로 살고 있었다. 이 세상에 태어나서 건물 하나는 갖고 싶었다. 부의 축적을 위해서가 아니라 나중에 내가 펼칠 장학사업의 종잣돈으로 삼고자 한다. 매달 일정한 임대료 수입이 발생하면 내가 죽은 후에도 안정적으로 장학사업을 펼칠 수 있다.

나는 밥솥이나 냄비를 사도 음식을 만들고 먹을 때마다 볼 수 있도록 곁에 '경제적 자유를 위하여!'라고 써 놓았다. 어떤 날은 찌개를 끓이다가, 그 문구를 보고 잠시 멈춰서서 "경제적 자유를 위하여!"라고 외치기도 했다.

내가 사는 원룸은 옆 건물에 가려서 햇빛이 안 들고 시야가 막혀 있다. 날이 흐린 줄 알고 나가보면 햇빛에 눈이 부셔서 당황했던 적이 몇 번 있다. 비가 계속 내리던 때에는 곰팡이가 생기기도 했다. 한때 이사할 집을 알아보기도 했다. 지금은 어디로든 이사 갈 수 있고, 집을 살 수도 있지만, 나는 여기에 머물기로 했다. 경제적 자유를 성취하는 목표는 이루었지만, 장학사업의 꿈을 이루려면 갈 길이 멀다. 그리고 다음에 이사하게 되면 일시적인 거처가 아니라 영구적인 내 집을 직접 지어 이사하고 싶다. 머지않아 이곳을 떠나게 되겠지만, 이 원룸에서 살던 시절을 평생 잊지 못할 것 같다.

3장

영업은
마라톤이다

성실하고 지혜로운 노동

정주영 회장님은 근검절약하고 신용이 있으면 누구나 작은 부자는 될 수 있다고 했다. 그 말이 내게는 희망이었다. 수억 원의 빚을 진 내가 6천 원짜리 순댓국을 먹든 안 먹든 그 차이는 미미하다. 그러나 단돈 천 원도 허투루 쓰지 않는 것은 일종의 신앙과 같은 것이었다. 쓰지 않아도 될 돈을 쓰면 나 자신은 그것을 안다. 목표를 이루기 위해 성직자처럼 욕망을 절제하고 나태를 멀리하면 무엇보다도 건강한 자존감이 생긴다. 그것이 빚더미에 오른 내가 이 세상에서 당당하게 정면승부할 수 있는 힘이었다.

정주영 회장님은 현대건설 초기 엄청난 인플레이션으로 공사대금보다 훨씬 더 많은 비용이 들어 적자를 보면서도, 그냥 공사를 포기하자는 주변의 만류에 꺾이지 않고 낙동강 고량교를 완공해 약속을 지켰다. 그에 비할 바는 아니지만, 나 역시 기름값에 못 미치는 수수료를 받더라도 나를 찾는 고객을 외면하지 않았고, 다른 대리점 고객에게도 최선의 방안을 찾기 위해 함께 고심하며 성의껏 상담에 임했다. 고객이 부를 때는 아무리 먼 거리라도, 아무리 시간이 촉박해도 개의치 않고 찾아갔다. 요즘은 '가격 대비 성능'이라는 가성비를 일할 때도 추구하는 게 현명하다고들 하지만, 나는 영업할 때 내가 얻을 수 있는 수수료만큼만 노력과 정성을 투입하겠다는 생각은 한 적이 없다. 모든 고객에게 정성을 다했고, 당장의 이익이 아니라 신용을 생명처럼 소중히 여겼다. 아이러니하게도 처음에는 가성비를 따지면 손해였던 거래들이, 시간이 지나면 고객의 지지와 적극적인 소개라는 장기적 이익으로 돌아왔다.

한 번은 에너지기업의 충전소 담당 매니저가 내게 충전소 대표님에게 보증보험에 대해 설명해 달라고 부탁한 적이 있다. 그 충전소가 시설 투자를 상당히 해서 보증보험 가입이 필요한데, 대표님이 연세가 있으셔서 설명하기 어렵다고 했다. 그 충전소 대표님께 전화를 드렸더니, 바쁘다며 끊어버렸다. 아무래도 직접 만나 얘기 나눠야 할 것 같아 담당 매니저에게 주소를 물어보니 경상도 지역이었다. 충전소 관련 보증보험은 보증금액이 높아 관할지점에서만 가입할 수 있었다. 그래도 나는 담당자에게 내가 잘 알아서 처리하겠다고 말했다.

그 충전소까지의 거리를 살펴보니 거의 200km 정도였다. 나는 전화를 피하는 그 대표님과 약속 시간도 잡지 못한 채, 고속

도로를 달려서 충전소에 도착했다. 다행히 대표님은 충전소에
있었다. 내 소개를 하고 외부인을 불신하는 대표님의 성향을
고려해 그분의 가족 한 분도 배석하게 한 후, 상세하게 보증보
험 가입이 왜 필요한지 설명했다. 대표님은 '보증'이라는 말 때
문에 위험한 것 같아 피했다며 내게 사과했고, 보증보험에 가
입하겠다고 했다. 나는 서울보증보험에 지역별 영업 제한이 있
어서 우리 대리점에는 가입할 수 없다고 안내하며 에너지기업
충전소 담당자를 통해 가까운 지점을 소개하겠다고 했다. 대표
님은 멀리까지 와서 설명해 주어 고맙다고 어쩔 줄 몰라 했다.
나는 다음 날 담당자에게 전화해 충전소 대표님이 보증보험에
가입하기로 했으니 그 지역 서울보증보험 지점에 연락해보라
고 전달했다.

그러자 담당자는 깜짝 놀랐다. "돈도 안 되는데 거기까지 가
신 거예요?" 나는 괜찮다고 말하며, 대신 이번 건이 잘 진행되
면 중부지역의 보험 가입 건을 소개해 달라고 부탁했다. "물론
이죠!" 그날 이후 그 지점 전체에 내 연락처가 공유되어 충전
소 담당자들의 전화가 오고 계약으로 이어졌다. 고객의 신뢰에
응답하면서 저절로 영업이 되었다.

정주영 회장님 말대로 나는 이제 작은 부자가 되었다. 빚을
다 갚고, 월 수천만 원의 안정적인 수입 기반이 생겼으니까. 하
지만 여기서 멈출 수는 없다. 정주영 회장님은 "한강의 기적은
없다. 다만 성실하고 지혜로운 노동이 있을 뿐"이라고 말했다.

성실하고 지혜로운 노동이 반복되면, 그것은 성공의 습관이
된다.

나는 맨땅에 헤딩하듯 무작정 개척영업을 하면서 조금씩 요
령을 익히고 시장을 이해하며 점점 더 효과적으로 일하고 성장
을 가속할 수 있었다. 한결같이 성실한 자세로 일하며 자신의
업(業)에 필요한 지식과 기술을 익히고 배운 것을 응용하면 누
구나 자기 분야에서 성공할 수 있다.

'빌딩 타기'와 '티끌 모아 태산'

처음에 많이 사용한 방법이 '빌딩 타기'였다. 아파트형 공장을
찾아가서 1층부터 꼭대기 층까지 모든 사업체에 명함을 돌렸
다. 주식회사 간판만 보이면 무조건 건물로 들어가기도 했다.
전혀 모르는 사무실에 들어가기가 주저되어 한참을 망설이다
가 결국 못 들어간 적도 있고, 힘들게 발을 들여놓은 후에는 변
변한 얘기도 못 하고 명함만 놓고 도망치듯 나온 적도 있었다.

이러한 순수한 개척영업 방식으로 첫 계약이 이루어진 순간
은 지금도 잊지 못한다. 건물 2층의 회사 간판을 보고 '못 팔면
굶는다'는 구호를 마음속으로 몇 번 외치고 나서 건물 계단을
올라가 "계십니까?"라고 말하며 사무실 문을 열고 들어갔다.
맨 처음 눈이 마주친 사람에게 기회를 놓칠세라 바로 나를 소

개했다.

"서울보증보험에서 나왔습니다. 보증보험 필요하실 때 연락 주시면 신속하게 처리해 드리겠습니다."

그러자 대표이사 자리에 있던 분이 내게 자리를 권했다.

"여기 앉으시죠."

그러면서 덧붙였다.

"서울보증도 영업을 하시나요?"

이 질문은 내가 이후 개척영업을 하면서 가장 많이 들은 말이었다. 보증보험을 자주 이용하는 업체들도 직접 온라인으로 가입하거나 보증보험 지점을 방문해서 업무를 처리했기 때문에 내 방문을 신기해했다.

"아, 네. 대표님, 저희는 신생 대리점이라 솔직히 고객이 별로 없습니다. 그래서 고객을 찾아다니는 것이고요. 저희에게 맡겨주시면 최우선으로 신속하게 처리해 드리겠습니다."

"저희 회사는 어떻게 아셨나요?"

"그냥 간판 보고 들어왔습니다."

그러자 대표님은 미소를 지으며 말했다.

"재미있으시네요. 그럼, 앞으로 우리 회사 보증보험 업무를 맡아주세요."

나는 갑자기 횡재라도 한 것처럼 너무나 기뻤다.

"대표님, 감사합니다. 앞으로 업무를 진행하면서 어떤 점에 유의하면 좋을까요?"

"신속하게 발행해주시면 됩니다. 우리처럼 조그만 회사도 신경 많이 써주시고요."

이 회사는 지금까지 우리와 거래를 지속하며 다른 업체 두 곳을 소개해 주었다. 지금도 그때를 생각하면 긴장한 영업자를 따뜻하게 대해주던 그 대표님의 미소가 떠오른다.

이렇게 바로 고객을 확보하는 경우는 드물었지만, 발품을 팔아 수많은 사무실을 두드리고 상품을 설명하다 보니 조금씩 영업실적이 생겨나기 시작했다. 시간이 없다거나 담당자가 없다고 하면, 좌석 위치로 보아 사무실에서 가장 높은 분의 명함을 꼭 받으려고 애썼다. 다음에 방문할 때 "○○○ 이사님 계신가요?"라고 접근하면 직원들도 좀 더 성의 있게 대해주고 잘하면 잠시 면담을 할 수도 있었다. 일정 규모 이상의 기업은 들어가지도 못하고 바로 로비에서 차단당했지만, 어차피 그런 곳들은 오랫동안 고정적으로 거래한 대리점이 있어서 내 고객으로 만들기는 거의 불가능했다. 아무 기반이 없는 내게는 작은 회사들을 접촉하는 것이 더 계약 가능성이 컸다. 실적이 미미하고 담보가 적은 신생 중소기업들은 사업을 위해 보증보험을 많이 필요로 했고, 대표도 실무를 하느라 바빠 서울보증보험을 직접 찾아갈 시간이 없는 경우가 많았기 때문이다.

그러나 보증보험은 아무 때나 가입하는 게 아니라 업체에서 꼭 필요한 시기에 계약하기 때문에 무작정 방문하는 방식의 영업은 효율과는 거리가 멀었다. 그래서 우리 대리점 실적이 급

성장하는 것을 보면서도 다른 대리점들에서는 쉽사리 개척영업을 할 엄두를 내지 못했다. 고객이 전혀 없는 신생 대리점과 이미 확보한 고객관리에 대부분의 시간을 할애하는 기존 대리점의 기회비용의 차이일 수도 있고, 성과에 비해 지나치게 많은 노력을 투입하지 않으려는 전략적인 선택일 수도 있다. 나는 조금이라도 성과를 높이기 위해 내가 할 수 있는 모든 노력을 투입했다. 너무나 절박했기 때문이었다.

나는 무조건 하루에 7곳의 명함을 받는 데 집중했다. 그 목표를 달성하기 위해 고등학교 행정실에 찾아간 적도 있다. 학생들이 수학여행을 갈 때도 보증보험이 필요할 거라고 생각했기 때문이다. 며칠 뒤 행정실 직원들이 내게 연락했다. 학교에 제출해야 하는 신원보증보험에 가입하겠다는 것이었다. 수수료는 미미했지만, 그게 바로 내 개척영업 방식이었다. 보험료가 많고 보증보험 수요가 많은 큰 기업을 확보한 기존 대리점과 경쟁할 방법은 훨씬 더 많은 소형 거래처와 거래하는 '티끌모아 태산' 전략뿐이었다.

신생 대리점은 업무에 미숙하므로 보증보험증권을 발급하기까지 모든 과정에서 서울보증보험 직원의 심사를 받아야 했다. 당연히 증권 발급 승인이 지연될 수밖에 없었다. 승인이 늦어져서 답답한 고객들은 바로 다른 대리점에 연락해 증권을 발급받았다. 초창기에는 그렇게 아쉽게 계약을 놓친 적도 여러 번 있었다. 경험과 시행착오를 통해 이런 약점을 최대한 빨리

174

극복해야 경쟁에서 뒤처지지 않을 수 있다. '티끌 모아 태산' 전략은 단기간에 다양하고 많은 경험을 쌓아 구조적인 불이익을 받는 상태에서 빨리 빠져나가는 데에도 유효했다.

5분 버티기

개척영업을 하는 순간순간 아무리 마음을 다잡아도 멘탈이 무너질 때가 있었다. 문을 열고 들어가는 순간 '저 사람 뭐야?'라는 표정으로 내게 쏟아지던 눈빛! 그런 눈빛을 의식하면 수없이 연습한 말도 더듬게 된다. 나는 '5분만 버티자'를 나 자신에게 수없이 되뇌며 그 시간을 버텼다. 문을 열고 들어가면, 아마도 그 회사에서 가장 높은 분일, 가장 뒷자리에 앉은 분을 향해 걸어가며 인사했다.

"안녕하세요? 서울보증보험 광개토9대리점에서 왔습니다."

상대방의 반응에 호응하며 준비된 멘트를 바로 풀어놓았다.

"사업하시느라 바쁘시죠? 바쁘신 사장님들의 편의를 위해 저희가 직접 상품 안내차 방문했습니다."

잠시라도 앉아서 대화하게 되면, 업체의 생산품이나 공사 현장 등에 대한 정보를 듣고 대화를 이어나갔다. 거래로 이어지는 경우는 드물었지만, 가능한 한 그 업체의 사업과 관련된 서울보증보험 상품을 소개하고 설명하며 궁금증을 해소해주었다. 5분만 버티면 더 대화가 이어지든, 인사하고 나오든 마음이 홀가분했다. 아무리 부담스러워도 5분만 버티면 된다는 것이 나를 지탱해 주었다.

한 번은 사무실 문에 붙은 '업무 외 출입을 금합니다'라는 문구를 보고 멈칫했는데, 갑자기 문이 열리기에 나는 당황해서 뒤돌아서서 빠른 걸음으로 걸어가며 전화 통화를 하는 척했다. 쥐구멍에라도 숨고 싶은 심정이었다. 죄를 지은 것도 아닌데 왜 나는 당당하지 못했을까? 이런 자세로 어떻게 영업을 하겠다는 건지 자책하고 또 자책했다.

나는 지갑에 간직하고 있던 딸아이의 두세 살 적 사진을 바라보았다. 지금은 성인이지만 내겐 딸의 어린 시절 모습이 가장 예뻐 보였다. 해맑게 웃는 딸아이의 모습을 보면 행복이 다시 손에 잡힐 것처럼 느껴졌고 '잘될 거야. 난 잘 해낼 수 있어'라는 막연한 자신감이 되살아났다.

다음 날 나는 그 회사를 다시 찾아갔다. 아쉽게도 대표님은 외근 중이라 못 만났다. 보증보험증권 담당자에게 명함을 주고 나오는데, 그래도 최선을 다했다는 생각에 마음이 가벼워졌다. 나는 지금도 내 지갑 속에 있는, 웃고 있는 어린 딸의 사진을 보면서 영업을 한다.

현장에 답이 있다

개척영업으로 좋은 인상을 받은 대표님이 내게 기업체 모임에서 10분 정도 스피치를 할 기회를 마련해 주었다. 좋은 기회였지만, 입고 갈 옷이 없었다. 나는 큰맘 먹고 양복과 드레스셔츠, 구두를 구입했다. 너무 싼 옷을 입으면 좋은 인상을 주지 못할까 봐 무리하게 돈을 썼다. 프레젠테이션 자료를 만들어 밤새워 연습했다. 다음 날 서울보증보험 세종지점에 들러 필요한 자료를 챙겼는데, 매일 면바지에 남방셔츠만 입고 다니던 내가 정장을 갖춰 입으니 보는 사람마다 위아래를 훑어보며 어디 가냐고 물어봤다.

나는 30여 명의 중견기업 임원 앞에서 프레젠테이션했다. 그리고 식사도 함께하며 많은 이야기를 나누었다. 모든 면에서 성공적인 자리였다. 그러나 기대와는 달리 아무런 성과가 없었다. 나는 차차 경험과 노하우를 쌓아가며 그 이유를 알게 되었다.

아주 작은 회사가 아니라면 보증보험 가입은 실무자가 알아서 하는 업무다. 고위 임원들은 보험증권 발급을 어느 대리점에서 하는지 관심이 없었다. 입을 일이 전혀 없는 정장을 구입한 나는 당시 찜질방에 살고 있어서 옷을 둘 곳조차 변변치 않았다. 옷이 상하지 않게 조심스럽게 포장한 후 만욱이 렌트카 사무실에 가져다 놓았다. 버릴 수도 없고, 보관하기도 힘들었던 그 양복과 구두는 결국 1년도 훨씬 더 지난 후에야 꺼내서

177

서울보증보험 신인상 수상식에 입고 가게 되었다…….

가만히 앉아 생각만 하면서 성공의 지름길을 찾을 수는 없다. 방향을 정한 후에는 현장에 찾아가서 부딪쳐야 한다. 일단 찾아가고 만나서 얘기하다 보면 문제점을 알아내고 해결책도 찾을 수 있다. 처음에는 고객의 질문에 제대로 대답하지 못하는 스스로가 답답해서, 상품에 대한 지식을 완전히 숙지한 후 영업을 나가려고 하기도 했다. 그러나 버틸 자금이 없는 내가 사무실에서 상품 공부만 하는 것은, 그냥 당면 과제를 피하고 싶은 회피 심리일 뿐이라는 것을 나 스스로 잘 알고 있었다. 사무실에 머무는 시간이 길어질수록 불안감만 심해졌다.

그래서 나는 상품 공부는 오전과 밤에 하고, 오후에는 무조건 영업하러 나가기로 했다. 현장 영업은 습관이다. 아무리 지식이 많아도 습관이 형성되지 않으면 몸이 따르지 않는다. 또한 실제로 고객을 만나야 내가 부족한 부분이 무엇인지, 고객이 원하는 것이 무엇인지 알게 되어 상품지식도 훨씬 더 머리에 쏙쏙 들어오게 된다.

긍정적 상상을 하는 데는 돈이 들지 않는다. 현장과 마주할 용기를 갖기 위해 긍정적으로 생각하고 진취적으로 행동하면 꿈이 점점 현실이 된다. 손에 잡히는 성과 없이 발이 닳도록 돌아다닐 때도, 봄바람이 살랑대는 계절에는 김밥을 먹으며 무심천을 바라보고, 진천군, 보은군 등 교외로 나갈 때는 재래시장에서 사 온 호떡을 먹으며 숲 내음을 맡았다, 그렇게 흘러간 모든 시간이 성공의 밑거름이 되리라 믿으며.

쉽게 맺은 계약은 쉽게 도망갈 수 있다. 그러나 땀 한 방울 한 방울이 모여서 어렵게 맺은 계약은 쉽게 도망가지 못한다. 그 과정에서 내 성실함과 내 절실함을 계약자가 인정한 결과로 이룬 성과이기 때문이다.

정보가 힘이다

누구보다도 발로 뛰는 영업에 열심이었지만, 시간의 소중함도 잘 알았다. 나는 사업자금이 없어 저녁에 피부관리를 하고 주말에 막노동을 해서 비용을 충당했기에, 돈만 부족한 게 아니라 시간도 부족했다. 시간을 절약하는 영리한 영업이 중요했다. 나는 매일 아침 지방신문을 읽었다. 지방지에는 각종 개발과 건설 관련 소식이 나오고 국가 차원이나 지방자치단체에서 진행하는 사회간접자본(SOC) 사업 추진현황이 나온다. 관련 업체들은 입찰보증보험증권, 이행보증보험증권 등을 정부나 지자체에 제출해야 하므로 그런 곳들을 찾아갔다.

또한 지방 업체들을 소개하는 기사를 유심히 살펴보며 주소를 메모해 놓았다. 그렇게 메모한 업체가 한 달이면 서른 곳이 넘을 때도 있었다. 외근이나 출장 계획을 짤 때 메모한 업체 주소와 가까운 곳을 지나게 되면 일정을 조정해서 그 업체를 방문했다. 특히 조달청 낙찰정보가 나오면 낙찰된 회사에 전화를 걸고 찾아갔다. 막상 찾아가면 주소가 바뀐 곳도 있었고, 회사 주소지가 논 한가운데인 경우도 있었지만, 무작정 개척영업을 하는 것보다 거래가 성사될 확률이 훨씬 더 높았다.

신문에 소개된 업체를 찾아갈 때 미리 업체에 대한 정보를 인터넷에서 검색한 후 찾아가므로 회사관계자와 이야기할 때 대화의 주제가 끊이지 않아 효과가 좋았다. 신문에서 여러 업체가 우수 중소기업 표창장을 받은 소식을 보고, 그 업체들을 모두 찾아간 적도 있다. 수상을 축하하며 자연스럽게 화제를 이어가니 회사 측에서도 기분이 좋아 대리점 명함을 받아들며 내 말에 귀를 기울여 주었다. 나는 재촉하지 않고, "사업이 번창하실 텐데, 그때를 대비해서 저희처럼 찾아가는 서비스를 제공하는 대리점을 이용하시면 여러모로 편리하실 것입니다"라고 덕담을 하고 나온 후, 일정한 간격을 두고 방문하거나 전화로 관리했다.

한번은 신문 기업탐방 난에 벽돌회사가 나왔다. 신기술을 개발한 유망한 회사라고 해서 꼼꼼하게 기사를 읽고, 한 번 찾아가기로 했다. 투수벽돌을 만드는 회사라고 했다. 인터넷에서 검색해 보니 기후변화로 집중호우가 쏟아지는 일이 늘어나고 있어 침수 피해를 예방하는 투수벽돌 수요가 늘어날 것이라는 전망이었다. 회사는 숲이 펼쳐진 교외 지역에 있어서 공기가 무척 좋았다. 사무실 문을 두드리고 들어가니 임직원 여럿이

동시에 일어나서 무슨 일로 오셨냐고 물어보았다. 외부인의 방문이 별로 없는 회사라 그런 것 같았다. 나는 내 소개를 하고, 바로 용건을 꺼냈다.

"앞으로 관급공사에 사장님 회사의 투수벽돌이 많이 사용될 것 같아서 찾아왔습니다. 저희 대리점을 이용해 주시면 직접 찾아와 신속, 정확하게 업무를 처리해 드리겠습니다."

사장님은 내 말을 듣고 웃으면서 보증보험이 필요할 때는 꼭 연락을 주겠다고 했다. 그러면서 주차장까지 몸소 배웅하며 이렇게 덧붙였다.

"대표님처럼 이렇게 시골까지 찾아와서 열심히 영업하시면 거래를 안 하는 회사가 없겠네요. 꼭 성공하십시오."

그 후 내 거래처 중에 사업이 확장되어 공장을 신축하는 회사가 있어, 이 투수벽돌 회사를 소개했다. 그 회사는 자세히 검토한 후 그 벽돌을 구매해 공장을 지었다. 나는 두 회사에 모두 도움이 된 것 같아 무척 기분이 좋았다. 벽돌회사 대표님은 내게 감사하며 다른 회사 두 곳의 연락처를 주었다.

"전화해서 찾아가면 박사장님과 거래할 겁니다."

나는 너무나 감사했지만, 혹시라도 소통의 문제로 일이 잘 안 풀릴 수도 있기에 대표님께 바로 전화를 걸어주고 나를 바꿔 달라고 부탁했다. 대표님은 "박사장은 정말 일에 대한 열정이 대단해요"라며 소개한 회사 대표에게 전화를 건 후 내게 바꿔주었다.

"김사장, 내가 얘기했던 서울보증 대리점 사장님과 지금 함께 있는데 전화 받아봐."

나는 전화를 받아들고 정중히 인사한 후 약속을 잡았다. 다른 업체도 그렇게 연락해서 약속을 잡았고, 결국 두 업체 모두 나와 거래하게 되었다. 벽돌회사 대표님은 그 후로도 다른 업체들을 소개해 주었다.

신문에서 발견한 업체 중 하나는 건축 보온재를 생산하는 회사였다. 나는 인터넷에서 그 회사의 기술에 대해 정보를 찾아본 후 회사를 방문했다. 회사소개를 신문에서 보고서 기술력이 뛰어난 회사이니 향후 보증보험을 많이 사용할 것 같아 찾아왔다고 얘기했다.

대표님은 호의적으로 나를 맞이하며 평소에 궁금했던 보증보험 관련 질문을 쏟아냈다. 즉석 만남이었지만, 열띤 문답이 오고갔다. 얘기를 마치며 나는 대표님에게 회사 소개자료를 요청했다.

"사장님, 회사 소개자료 몇 부만 주시겠어요?"

"왜요?"

"건설업을 하는 친구에게 소개하려고요. 너무 기대는 하지 마시고요."

"아이고, 고맙습니다."

나는 사장님에게 회사 홍보자료를 몇 부 얻어 친구의 건설회사에 가져다주었다. 그 후 친구가 사장님과 미팅을 잡아 납품

가격에 대해 협상했고, 그 회사는 친구 회사의 협력업체가 되었다. 이처럼 거래처들을 연결해서 사업을 더욱 성장시키도록 도움을 주는 일은 영업 성과도 높여주었지만, 무엇보다도 내게 큰 보람을 안겨 주었다.

D산업개발

자수성가해 기업을 일으킨 창업가 대표님들을 보면 배울 점이 많다. D산업개발 이배식 대표님은 영업하다가 만났는데, 워낙 열정적이고 통찰력이 있는 분이라 한 달에 한 번쯤 힘들 때 찾아뵈면 힘을 얻는다.

어느 날 뉴스를 보다가 마구잡이로 버려진 폐기물이 쓰레기 산이 되어 버린 충격적인 장면을 보았다. 사무실에 가서 폐기물 관련 보증보험상품을 살펴보았다. 폐기물관리와 방치폐기물에 대한 인허가보증보험이 있었다. 그리고 건설업을 하는 친구 김학준에게 연락하고 찾아갔다. 친구는 폐기물에 관한 기본 정보와 함께 청주에 있는 일정 규모 이상의 폐기물업체들을 알려 주었다. 폐기물 관련 업체는 생각보다 아주 많았다. 나는 인터넷에서 정보를 찾아보다가 D산업개발을 찾아가기로 했다.

다음 날 오전 회사에 방문하여 담당 팀장님에게 명함을 전달했으나 이미 거래하는 대리점이 있다는 얘기를 들었다. 그 후에도 주변에 들를 때마다 회사를 방문해서 팀장님께 인사하고, 이배식 대표님은 먼발치에서 가볍게 고개를 숙여 인사하며 안면을 익혔다. 어느 날 드디어 대표님이 내게 말을 걸고 차나 한 잔하자고 제안했다.

자리를 잡고 앉아 나는 주어진 기회를 최대한 활용하기 위해 목소리를 가다듬고 내 각오와 의지를 말씀드렸다.

"드디어 대표님과 만나게 되어 영광입니다. 대리점을 시작한 지 얼마 되지는 않지만, 열정만으로 부지런히 홍보하며 거래처를 늘리고 있습니다. 대표님 회사처럼 큰 회사와 거래하게 된다면, 저희 대리점이 성장하는 전기가 될 것입니다."

"하긴, 내가 사업하면서 보증보험 회사에서 영업자가 찾아오는 건 처음 봤어요."

"저랑 거래하시는 사장님들도 모두 그렇게 말씀하셨습니다. 대부분 아무 인맥 없이 열심히 찾아다닌 끝에 노력과 정성으로 저희 고객이 되셨는데, 제가 열정적으로 일하는 모습이 그분들께도 자극이 된다고 말씀하시곤 합니다."

"내가 보증보험은 잘 모르지만 박대표는 어떤 일이 있어도 굶어 죽지는 않겠어요."

"저는 항상 정주영 회장님을 생각하면서 세상에는 안 될 게 없다고 다짐합니다. 정주영 회장님이 가출 후 쌀가게에서 자리를 잡은 비결 그대로, 저 역시 성실하게 신용을 팔면 성공할 수 있다고 생각합니다."

"박대표, 멋있네. 박대표도 언젠가는 반드시 잘될 겁니다."

"네. 지켜봐 주십시오."

"필요하면 연락할게요."

일주일 후 담당 팀장이 회사로 들어오라고 했다. 원래는 거래처를 잘 안 바꾸는데, 대표님이 나와 거래하라고 했다고 전달하며 일 처리를 잘해달라고 했다. 나는 "감사합니다"를 연발했다. 계열사가 많고 현금자산도 많은 알짜 회사였기에 나는 너무나 신났다. 회사를 나와 부모산으로 가서 주차하고 산에 올랐다. 그 기분을 즐기면서 향후 구상도 하기 위해서였다.

나는 한적한 곳의 벤치에 앉아 혼자 눈을 감고 생각에 잠겼다. 정보를 찾고 무작정 도전한 끝에 귀중한 성과를 거두었다. 가능성을 타진하며 생각만 하고 있었다면 결코 이루어질 수 없는 일이었다. 대신 이제부터는 도전정신만으로는 안 된다. 미팅할 때마다 철저하게 준비해서 프로의 모습을 보여주자고 결심했다. 산 정상에서 내려다보는 풍경은 정말 평화로웠다, 내 마음처럼. 그날은 퇴근 후 오랜만에 최고 호사인 통닭에 맥주 한잔을 했는데 꿀맛 같았다. 이후 나는 D산업개발의 보증보험 업무를 맡아 최선을 다해 신속, 정확한 서비스를 제공했다.

몇 개월 후 대표님에게서 갑자기 전화가 왔다. 목소리가 평소와 달랐다.

"박대표, 지금 빨리 들어와 봐."

나는 최대한 빨리 D산업개발로 향했다. 사무실에 도착하니,

임원들과 팀장들이 막 회의를 마치고 흩어지고 있었다.

'무슨 일일까?'

나는 얼른 대표님에게 가서 무슨 일이냐고 물었다.

"우리 회사가 창사 이래 가장 큰 입찰에 낙찰되었어. 그런데 오늘까지 보증보험증권을 제출해야 해. 가능할까?"

"금액이 얼마죠?"

나는 금액을 보는 순간 깜짝 놀랐다. 내가 그때까지 본 보증 금액을 훌쩍 뛰어넘는 엄청난 액수였다. 그 이후로도 그 정도 금액은 보지 못했다. 나는 순간 '집중해야 해!'라고 마음속으로 외치며 바로 지점에 연락해 담당자에게 관련 서류를 보냈다. 사무실을 나서면서 대표님에게 단도직입적으로 말했다.

"대표님, 오늘은 외부에 나가지 마시고 3시 이후에는 꼭 사무실에 계십시오!"

"알았네. 그런데 차입금이 많으면 보험증권 발급 승인받는 데 불리하지 않아?"

대표님은 그 자리에서 바로 담당자에게 지시해 차입금 이십여 억 원을 은행에 상환했다.

나는 놀랄 틈도 없이 즉시 출발했다. 11시 30분이었다. 류실장에게 오늘은 점심을 늦게 먹자고 부탁했다. 우리는 부지런히 심사서류를 만들기 시작했다. 세종지점의 우리 대리점 담당 직원은 점심 교대 시간이 빨라 이른 점심을 먹고 12시 30분에 복귀했다. 2시쯤 서류가 완성되어 본부승인 검토를 의뢰했다. D산업개발은 우량한 업체였지만, 마침 각 지점에서 승인 검토 건이 몰리는 금요일이었다. 원래 당일에 본부에서 승인이 떨어지지 않는 경우가 많아 마음이 초조했다. 다행히 검토 결과가 바로 나와 두 가지 보완사항이 전달되었다. 나는 D산업개발에 연락해 서류를 보완해서 다시 승인 심사를 요청했다. 4시가 넘자 미칠 듯이 초조해졌다. 당사자인 D산업개발 임직원도 마찬가지였겠지만, 나 역시 침이 마르고 입이 바싹 탔다. 4시 20분, 드디어 승인 메시지가 전산에 떴다!

'와! 대박.' 나는 전화로 즉시 전자서명을 요청했다. 그렇게 증권이 발급되었다. 대표님이 수고했다고 치하했다. 나도 너무 기분이 좋아 소리소리 지르고 싶은 심정이었다. 손에 땀을 쥐게 하는 긴장감 넘치는 하루였고, 긴장했던 만큼 하늘을 날아갈 것처럼 기분이 좋았다.

시간이 흘러 나는 D산업개발 덕분에 공항면세점 운영에 대한 보증보험도 경험할 수 있었다. 담당자와 얘기하기 전에는 면세점 운영권에 대한 보증보험이 있다는 것도 몰랐다. 그런데 그 보험증권을 발행할 기회가 생기다니 정말 영광이었다. 수많은 보증보험상품 중 실제로 대부분의 대리점에서 취급하는 종류는 그리 많지 않다. D산업개발이 면세점 운영권을 낙찰받자 여러 보증보험 대리점들이 보험증권을 발행하겠다고 회사로 연락했다고 한다. 그러나 이배식 대표님은 이번에도 내게 기회를 주었다.

"이번 일도 맡길 테니 최대한 신속하게 진행해줘요."

"알겠습니다! 대표님, 정말로 어떻게 감사를 표해야 할지 모르겠습니다. 오랫동안 사업하셔서 여러 곳에서 대리점을 추천했을 텐데, 제게 기회를 주셔서 정말 감사합니다."

"광개토9대리점을 선택한 이유는 박대표가 처음 우리 회사를 찾아왔을 때부터 늘 한결같은 모습을 보여주었기 때문이야. 저러다 말겠지 했는데, 포기하지 않고 정성을 들이는 모습이 절실하고 진실해 보여서."

"저는 영업자의 근본은 긍정적인 생각과 당당한 자신감이라고 생각합니다. 보증보험 영업을 시작하는 단계라 주식회사 간판만 보이면 무조건 문을 두드렸습니다. 대표님이 사무실에 안 계시더라도 실무자들이 있으니까요. 회사에 직접 찾아와서 보증보험 업무를 처리하면 실무자들이 편하니까 그렇게 방문하다 보면 언젠가는 실무자들, 더 나아가 대표님들의 마음이 움직일 거로 생각했습니다."

"그래, 박대표가 맡아서 잘해봐!"

그날부터 며칠간 담당 팀장과 협력해서 광개토9대리점 명의로 보험증권을 발행했다. 금전적 대가도 중요하지만, 그동안 흘린 땀과 눈물이 인정받고 보상받는 것 같아 행복한 기억으로 남아있다.

나중에 이대표님은 나에게 폐기물 영업을 제안하기도 했다. 나는 보증보험 영업만 하기에도 시간이 모자랐고 다른 영업을 겸한다는 생각은 해보지 않았지만, 대표님이 내게 영업 제안을 했다는 것 자체가 나를 인정한 것이라서 정말 기뻤다. 내가 주유소 영업을 하면서 많은 지역을 돌아다니고 사업체 경영자를 많이 만나니, 공장 등의 건물을 짓거나 주유소를 철거하는 경우처럼 폐기물 처리업체가 필요할 때 충분히 양쪽을 연결해 줄 수 있을 것 같았다.

한 번은 거래처를 방문했다가 대표님이 꽤 큰 건물을 지을 계획이 있음을 알고, 폐기물 처리업체로 D산업개발을 소개해 며칠 후 두 회사 간 미팅이 이루어졌다. 이런 기회가 생기면, 서로 필요한 업체를 연결해 주고 더 나아가 이대표님이 베푼 호의에 조금이라도 보답할 수 있다는 생각에 기분이 좋았다.

막히면 돌아가라

빌딩 타기 방식의 개척영업이나 신문과 인터넷을 통해 정보를 얻어 접근하는 영업만으로는 수수료 수입을 늘리는 데 시간이 너무 오래 걸렸다. 어떻게 하면 단기간에 많은 계약을 할 수 있을까 고심했다. 서울보증보험 본사 교육을 받고 난 후, 나는 기회 있을 때마다 주변 지역에서 대리점을 하는 선배 대리점주들을 찾아다니며 조언을 구했다. 같은 세종지점 내 대리점들은 경쟁 상대였지만, 먼 거리에 살면서도 가장 먼저 출근하는 성실한 모습을 높이 평가해 많은 분이 나를 응원해 주었다.

여러 정보 중 내게 인상 깊었던 것이 피보험자 영업이었다. 지방도시에는 중소기업도 많았지만, 대기업과 중견기업을 본사로 둔 각종 대리점과 판매점도 많았다. 대리점과 판매점은 본사를 피보험자로 보험증권을 발행한다. 보증보험은 각종 계약에서 발생하는 신용위험을 줄이기 위한 보험이다. 채무자인

보험계약자는 채권자인 피보험자에게 채무 불이행 또는 의무 불이행으로 손해를 끼칠 때를 대비해 보증보험에 가입한다. 아이스크림, 맥주, 치킨, 기타 상품을 판매하는 곳들은 매번 주문할 때마다 본사에 미리 입금하는 부담을 덜기 위해 보증보험에 가입한다. 수백만 원, 수천만 원의 대금을 미리 내지 않고, 장사하면서 매출을 올려 대금을 나눠서 내면 사업의 리스크를 크게 줄일 수 있다.

서울에서 교육받을 때 알게 된, 서울에 대리점이 있는 선배와의 대화에서도 피보험자 영업의 중요성을 인식할 수 있었다. 대기업 건설사인 현대, 삼성, GS 등과 거래하면 최대의 실적을 올릴 수 있다. 지방의 중견 건설사와 거래해도 수수료가 상당했다. 그러나 내게는 어차피 불가능한 일이었다. 규모 있는 회사와 거래하면 건당 수수료가 높지만, 그럴 수 없는 내게는 같은 종류의 보험에 대량으로 계약이 이루어지는 상품판매대금 보증보험, 보험설계사나 화장품 판매사원 같은 개인사업자들이 가입하는 이행보증보험상품이 기회였다. 물론 건당 수수료가 낮으므로 이런 보험의 경우 계약자를 일일이 찾아다니며 영업하는 것은 비효율적이었다. 그래서 피보험자 쪽을 영업함으로써 수많은 계약자를 한꺼번에 접촉할 기회를 노렸다. 이것도 내가 소기업들이 밀집한 아파트형 공장 건물을 돌면서 개척영업을 했던 것과 같은 '티끌 모아 태산' 전략의 일종이었다. 다만 피보험자 영업은 건당 수수료는 더 낮은 대신, 계약률은 훨씬 더 높았다.

피보험자 영업에 대해 알게 된 후 충북대 형설관에서 인터넷으로 유명 식품회사들의 대전, 청주, 천안 지역 지점을 검색해 보았다. 그러다가 갑자기 친구가 치킨 프랜차이즈 회사에 다닌다고 명함을 준 것이 기억났다. 워낙 오래전 일이라 어색하지는 않을지, 친구가 직장을 바꾸지는 않았는지 걱정했는데, 용기를 내어 전화하니 반갑게 받았다. 그는 대전에 근무하고 있었다.

다음 날 친구를 만나서 안부를 묻고, 서울보증보험 명함을 주었다. 가맹점들의 보증보험 가입 현황을 물어보고 친구에게 부탁했다.

"보증보험 문의하는 가맹점에 내 소개 좀 해주겠니? 장사하는 분들은 시간이 돈이니, 내가 직접 찾아가서 발행해 드린다고."

"우리는 보험료가 얼마 안 되는데, 기름값이나 나오겠니?"

"보험료 많이 내는 큰 기업이 처음 시작하는 나한테 보증보험을 맡길 리가 없잖아. 작은 계약부터 차근차근 쌓아가다 보면 좋은 기회가 오겠지."

"그래, 그것도 좋은 생각이다. 알았어."

다음 날 친구의 동료에게서 연락이 왔다.

"다름이 아니라 제 거래처 중에 공동인증서가 안 되어서 인터넷으로 보증보험에 가입하지 못하는 가맹점이 있는데요. 너무 바쁘셔서 서울보증보험 지점에 방문할 시간도 없으신데, 방법이 없을까요? 찾아가는 서비스를 하신다고 들어서 연락 드렸습니다."

마침 해당 매장이 대전에 있어서 나는 내가 가서 처리하겠다고 했다. 매장을 찾아가 서면으로 개인정보동의서를 받은 후 사무실로 돌아와서 보증보험증권을 발행했다. 이후 그 회사 매니저들에게서 전화가 쏟아지기 시작했다. 나는 매장 연락처와 계약 내용을 받아적고 신속, 정확하게 보증보험증권을 발급했다. 휴대전화는 통화량이 너무 많아 뜨거워졌고, 나는 갑자기 바빠지면서 행복한 비명을 질렀다.

내 서비스가 소문이 났는지 소고기 체인회사에서도 연락이 왔다.

"혹시 저희 지역 보증보험을 맡아 해주실 수 있나요?"

계약서를 팩스로 받아 살펴보니 위탁판매에 대한 것이었다. 이후 그 업체의 남부지방 가맹점들의 보험증권을 내가 발행하게 되었다. 식품회사 가맹점 매니저들은 까다롭고 번거로운 가맹점 보증보험 업무를 내가 맡아서 챙겨 주니 업무 효율이 크게 높아졌다.

한번은 치킨 프랜차이즈 매니저가 전화해서, 새로 가맹점주가 되신 분이 모든 준비를 마치고, 서울에서 합숙 교육을 받는 중인데 보증보험증권을 발급받을 시간이 없다고 도움을 요청했다. 나는 서울의 교육 장소로 향했다. 도착해 보니 치킨을 튀기는 과정을 교육 중이라서 중간에 만날 수가 없었다. 나는 휴식 시간에 가맹점주를 만나 신분증을 확인하고 서면으로 개인정보동의서를 받고 나서 "저녁에 다시 올라올게요"라고 말씀드렸다. 가맹점주는 "세종시에서 오셨다면서요?"라며 정말 미안해했다. "하하하, 이게 제 밥벌이인걸요."

세종지점에 내려와 청약서를 만들고, 자필서명을 받기 위해 다시 서울로 올라갔다. 그런데, 교육생 여러 명이 줄을 서서 나를 기다리고 있는 게 아닌가? 전국에서 서울 교육장에 온 점주 중 아직 보험증권 발급을 못 한 분들이 나를 기다린 것이었다. 나는 그분들 모두의 개인정보동의서를 받아 다음 날 보험증권을 발행해 드렸다. 보험증권을 팩스로 가맹본부로 보내는 과정에서 자연스럽게 전국의 매니저들을 알게 되었고, 그들의 인정을 받아 더 많은 고객을 확보할 수 있었다.

영업자는 뭉치면 죽고 흩어지면 산다

어느 날 거래처 사장님에게서 전화가 왔다. 사모님이 백화점에서 매장을 운영하는데, 보증보험증권 발급을 해줄 수 있냐는 것이었다. 나는 그 당시 너무나 바빠서 밥 먹을 시간도 없을 정도였다. 그 사장님께 죄송하지만, 평일에는 찾아뵙기 힘들고 사모님이 괜찮으시면 토요일 백화점 오픈 시간에 찾아뵙겠다고 말씀드렸다.

토요일 오전 사모님을 만나 신분증을 확인하고 개인정보동의서에 서명을 받은 후, 월요일에 청약서를 갖고 다시 오겠다고 얘기했다.

"그럼, 제가 서울보증보험에 찾아가지 않아도 되나요?"

"네. 청약서에 서명만 해주시면 됩니다."

옆 매장 사장님이 우리 얘기를 듣다가 "저도 해주세요"라고 말했다. 보증보험 지점에 방문하려면 옆 매장에 부탁하든지, 아르바이트생을 써야 하는데, 몇 시간 자리를 비우려고 그렇게 하기는 어렵다는 것이었다.

그 백화점에서 매장을 운영하는 개인사업자들 대부분은 보증보험증권이 필요했다. 나는 원래 부탁받은 매장만 방문할 계획이었지만, 생각을 바꾸어 그날 그 백화점의 각 층을 돌아다니며 모든 매장에 명함을 돌렸다.

"서울보증보험에서 나왔습니다. 보증보험증권 필요하시면 지금 하세요. 지점에 오실 필요 없이 월요일에 보증보험증권 가져다드립니다."

많은 분이 보험증권을 갱신하겠다고 했다. 이날 영업한 결과 월요일에 다수의 보증보험 계약을 체결하게 되었다. 지금도 1년에 한 번씩 그곳에 가서 각 매장의 보증보험을 갱신하고 있다.

먹을 게 많다고 한 곳에 몰리면 경쟁이 심해서 도태되기 쉽다. 영업자는 뭉치면 죽고 흩어지면 산다. 나는 다른 영업자가 관심을 두지 않은 분야에서 다수의 계약을 체결함으로써 80% 이상의 대리점이 폐업하게 되는 초기 몇 년간의 매출 기근 시기를 버티며 급속하게 실적을 높일 수 있었다.

휴대전화 대리점

나는 고가의 상품을 다루는 휴대전화 대리점을 뚫고 싶어, 초등학교 시절부터 친구로 지낸 현수에게 연락했다. 현수는 과거에 휴대전화 대리점을 운영했었는데, 내가 보증보험 얘기를 하자 매제인 G통신대리점 이석보 이사를 소개해 주었다. 이석보 이사는 G통신대리점에서 영업을 총괄하고 있다고 했다. 현수는 G통신대리점의 창업자는 능력이 뛰어난 분으로 휴대전화 대리점을 창업한 후, 통신기기 도소매업으로 중부권에서 우수한 판매실적을 거두고 있다고 했다.

그들을 통해 휴대전화 대리점에서 가입하는 보증보험에 대해 자세히 알 수 있었다. 특히 휴대전화 대리점이 2년에 한 번씩 갱신하는 통신사업 보증보험료는 큰 대리점의 경우 보험료가 1천만 원 정도 된다고 했다. 그리고 G통신대리점을 통해 위탁판매를 하는 사장님들도 보증보험에 가입한다고 했다. 이석보 이사는 나처럼 찾아와서 영업하는 사람은 없으니 내가 꼼꼼하고 신속하게 일 처리를 해주면 잘될 거라고 얘기했다.

나는 그 후로 휴대전화 대리점 관련 보험증권의 종류와 발행 조건에 대해 자세히 공부했다. 상품 공부를 하면서 인터넷으로 검색해 보았는데 휴대전화 대리점 개수를 보고 놀라지 않을 수 없었다. 휴대전화 대리점은 정말 많았다. 그곳들이 내 고객이 된다면 나는 단기간에 많은 계약을 할 수 있었다.

최초의 휴대전화 대리점 계약은 G통신대리점이 피보험자인 위탁판매 대리점의 보증보험이었다. 의뢰를 받고 30분 이내에 증권을 발행하니, 이석보 이사가 흡족해했다. "형님, 이렇게만 하시면 됩니다." 이렇게 한곳 한곳 G통신대리점의 위탁판매 대리점 보증보험을 갱신해 나갔다.

그러다가 마침내 G통신대리점이 통신사를 피보험자로 한 보증보험을 갱신하는 시기가 다가왔다. 나는 이 기회를 놓치지 않으려고 의뢰가 들어오면 최대한 신속하게 업무를 처리하기 위해 상품 내용과 첨부 서류를 숙지하고, 발급 과정을 머릿속으로 시뮬레이션하며 연습에 연습을 거듭했다.

G통신대리점에서 보증보험 갱신요청이 들어오자, 나는 연습한 대로 착착 업무를 진행했다. 미리 준비한 덕에 의뢰받은 날 오후에 심사승인을 완료했고, 다음 날 아침 10시에 대표님 자필서명을 받기로 약속했다. 대표님은 따지고 보면 내 고등학교 선배님이었지만, 나는 실력으로 인정받고 싶어서 '선배님'이라고 부르지 않았다. 큰 계약을 하고 나니 큰일을 한 것처럼 마음이 들떴다.

어느 날 내가 서울 여의도에서 영업 중일 때 G통신대리점 보증보험 담당자에게서 전화가 왔다. 평소에는 서울에 올 때 일정에 차질이 생기지 않도록 KTX 열차를 이용하지만, 이날은 물건을 가져가야 할 게 있어 자동차로 운전 중이었다.

G통신대리점 담당자는 말했다.

"사장님, 오늘 5시까지 기업금융 보증보험증권을 발급받아야 합니다."

나는 당시 기업금융 보증보험이 뭔지도 몰랐다. 전화를 끊고 검색해서 찾아본 후에야 알 수 있었다. 기업금융 보증보험은 통신사의 파트너사인 G통신대리점이 통신사를 피보험자로 가입하는 보험이었다. 나는 내가 서울에 있다는 것을 말하지 않았다. 어렵게 거래를 텄는데, 반드시 해내는 모습을 보여주고 싶었다. 나는 5시 전에 반드시 보증보험증권을 발급받기 위해 가장 효율적으로 업무를 처리할 방안을 궁리했다. 세종지점으로 운전해서 가면 교통체증으로 시간이 얼마나 지체될지 알 수 없었을뿐더러, 운전 중에는 일을 할 수가 없었다.

나는 곧바로 서울역으로 향했다. 그리고 서울역에 주차한 뒤, KTX 열차를 탔다. 서울역에서 오송역으로 내려가면서 통신사의 해당 업무 담당자를 확인해 기본 서류를 메일로 받고, 다시 G통신대리점 담당자에게 필요한 서류를 메일로 보내달라고 요청했다. 기차 통로에서 사무실의 류지연 실장과 계속 통화하며 내가 내려가기 전에 모든 절차를 완료하도록 했다.

서너 시 전후해서 대표님의 자필서명을 받아야 하므로 대표님 일정도 파악해 두었다.

오송역에서 세종지점까지 비알티(BRT, 간선급행버스체계)로 이동한 후 점심을 거른 채 류실장이 꼼꼼하게 작업해 놓은 서류를 들고 청주로 가는 시외버스에 올라탔다. 버스에서 만욱이에게 전화했다.

"만욱아, 나 차 하나 빌려줘라."

"뭐라고? 원래 타던 차는 어디 있는데?"

"서울역에."

"왜? 사고 났니?"

"설명하면 길고, 청주 터미널 갈 테니 나 좀 태우러 와 줘라."

나는 청주 터미널에서 황당한 표정의 만욱이를 만나 함께 G통신대리점 사무실로 향했다.

대표님은 사무실에서 나를 기다리고 있었다. 나는 모든 서류에 자필서명을 받고서 실무자에게 보험료를 바로 입금하라고 했다. G통신대리점을 나와 나는 다시 세종지점으로 향하며 만욱이에게 차 열쇠를 달라고 했다.

"세종 가야 하니까 열쇠 줘."

"야, 나는 뭐 타고 가냐?"

"미안하다. 택시 타고 가라."

어이없어하는 만욱이를 뒤로 한 채 세종지점으로 가서 드디어 보험증권을 발급한 뒤 팩스로 보내고 통신사 매니저에게 확인 전화를 했다. 그러고 나자 온몸에 힘이 풀렸다.

잠시 한숨 돌리고 난 후 오송역에 가서 서울역으로 가는 KTX 열차를 탔다. 기차에서 내리려는데, G통신대리점 이석보 이사에게서 전화가 왔다. 감사 인사를 하면서 기차 소리가 들렸는지 "주변이 시끄럽네요. 어디 가세요?"라고 물었다. 나는 그날 있었던 일을 이야기하고, 서울역에 세워 놓은 차를 가지러 왔다고 말했다. 이석보 이사는 여러 번 감사하다는 말을 되풀이했다. 나는 "늘 이렇게 열심히 할 테니, 앞으로도 저희 대리점 많이 이용해 주세요"라고 말했다. 운전대를 잡고 청주로 내려오는데, 종일 흐렸던 하늘에서 어느덧 눈발이 날리고 있었다. 눈이 쌓이면 교통체증이 심할 것 같아 나는 바로 당시에 살던 빈 상가로 귀가했다. 상가에 들어간 후에야 아침에 사과 한 개 먹은 것 외에는 내가 그날 아무것도 먹지 않았음을 깨달았다. 배가 고팠다. 편의점에서 도시락 하나를 사 먹는데 너무나 맛있었다. 상가로 돌아올 때 이미 주변에 눈이 쌓이고 있었다. 싸늘한 상가였지만, 눈 속을 헤치고 들어가니 아늑한 느낌이었다. 침낭에 들어가 행복한 마음으로 푹 잤다.

이후 G통신대리점 대표님이 일에 대한 내 열정을 인정하고 통신사 대리점 대표회의 때 나에 대해 좋은 얘기를 해주셨다고 한다. 그 결과 몇몇 대리점에서 연락이 왔고, 통신사의 매니저들도 우리 대리점에 조금씩 관심을 갖게 되었다. 이 일을 통해서 나는 헌신과 열정이 영업의 기본임을 다시 한번 절감했다.

그날 서울에 있어서 당일 보험증권 발급이 어렵다고 말했다면, 나는 중요한 기회를 여럿 놓쳤을 것이다.

G통신대리점과 거래하게 된 후 거리를 지나다 보면 휴대전화 대리점만 눈에 들어왔다. 그때부터 휴대전화 대리점만 보면 명함을 돌리고 다녔다. 그런데 다른 업종에 비해 휴대전화 대리점은 그 수가 엄청나서 명함을 돌리다 보면 다른 일은 할 수 없을 정도였다. 어느 날 현수가 이렇게 말했다. "뭘 그렇게 힘들게 영업해? 보험증권을 받는 곳에 가면 한꺼번에 계약할 수 있잖아." 그의 말이 맞았다. 수많은 대리점을 상대로 영업하려면 한도 끝도 없었다. 피보험자인 통신사를 통해 접근하는 것이 훨씬 더 효과적이었다.

현수의 소개로 아침 일찍 대기업 통신사 매니저를 만났는데, 보증보험 갱신은 대리점 사장님들이 알아서 할 일이고 본사에서는 특정인과 계약하라고 할 수 없다고 말했다. 예상하긴 했지만, 사무실의 매니저들에게 명함만이라도 돌리고 가겠다고 했다. 그러자 매니저는 바로 회의가 시작될 예정이라 어렵다고 난감해했다. 나는 다시 한번, 다음에 방문해 명함을 돌리겠다고 부탁했다. 매니저는 그러라고 했다.

나는 순간 무슨 용기가 났는지, 큰소리로 인사하며 "서울보증보험 광개토9대리점입니다. 홍보차 나왔는데, 오늘은 회의를 하신다고 해서 명함을 못 드리고 다시 방문해서 명함을 전달해 드리겠습니다" 이렇게 말하고 나왔다. 나는 가려고 하다가 먼 곳까지 왔는데, 아예 회의가 끝나길 기다려서 명함을 전달하기로 했다. 30분 정도면 회의가 끝날 줄 알았는데 그렇지 않았다.

1시간 30분쯤 지나 매니저들이 회의실에서 나오기 시작했다. 나는 그분들에게 "아까 인사드렸던 서울보증 광개토9대리점입니다"라고 말하며 명함을 나눠주었다. 그러자 매니저들은 "아직 안 가셨어요?"라며 놀라워했다. "네, 영업의 기본은 기다림이죠. 다음에 또 오겠습니다" 이렇게 넉살 좋게 이야기하며 돌아섰다.

나는 일주일에 몇 번씩 100킬로미터가 넘는 거리를 달려 그 통신사를 방문했다. 그 후 어쩌다 한 건씩 보증보험증권 발급 의뢰가 들어왔고, 나는 아무리 거리가 멀어도 바로 달려가 최선을 다해 서비스했다. 그렇게 한곳 한곳 대리점과 계약하고 한명 한명 매니저들을 알게 되었다. 그러다가 2020년 12월에 갑자기 나를 찾는 전화가 많이 걸려오기 시작했다. 알고 보니 휴대전화는 고가의 단말기가 많아 서울보증보험 외에도 다른 기관에서 발급하는 담보서를 함께 사용하는 대리점이 많았는데, 다른 기관의 발급 비용이 상승해서 나를 찾게 된 것이었다. 대리점주들에게는 비싼 보험료를 내면서 다른 담보서를 함께 발급받는 것보다 보증금액을 증액해서 보험료가 저렴한 서울보증보험 한 곳만 거래하는 것이 이득이었다.

그동안 명함을 돌렸던 수많은 대리점 사장님들에게서 전화가 걸려와 정신이 없었다. 나는 서울보증보험 담당자와 보증금액 증액 가능 여부를 논의했다. 다행히 최근 손해율 추이를 보니 승인이 가능할 것 같다고 말해주었다. 나는 내가 아는 매니저들에게 '광개토9대리점에서 보증금액 증액을 긍정적으로 검토하기로 했으니 참고하시고 연락 주십시오'라는 문자를 보냈다. 긴급하게 채권을 확보하려고 서두르던 매니저들은 내게 연락해 보증금액 증액을 요청했고 나는 지점 담당자들과 함께 신속하게 업무를 진행했다.

나를 신뢰하게 된 각 지역의 매니저들은 신규대리점이 개업할 때는 으레 나에게 연락하게 되었다. 나는 신규대리점 대표님들에게 보증보험증권을 발급하며 보증보험에 대해 상세한 교육과 상담도 진행했다. 본사 매니저와 대리점의 만족도가 높아졌다. 이런 긍정적인 선순환을 통해 자연스럽게 고객이 증가했다.

영업은 만남이다

초기에 어떻게 하면 직원 급여를 안정적으로 확보하나 고심할 때 우연히 NH농협생명에 근무하는 이병택 국장을 만나 점심을 함께 먹었다. 식사 중 내 고민을 들은 선배는 나에게 독립법인보험대리점(GA) 설계사들이 보증보험에 가입하니 주요

GA인 메가의 송병태 대표를 만나보라고 제안했다.

"여기도 우리한테 보증보험증권을 제출하는 중요한 파트너 회사인데 메가라이프사업단 송병태 대표 한 번 찾아가서 인사 드리는 게 어떨까? 아마 송대표가 너랑 연배가 비슷할걸."

"메가면 독립 대리점 중 톱클래스잖아요?"

"그럼, 엄청나게 매출이 큰 회사지."

선배는 송대표에게 전화를 걸어 약속을 잡아주었다. 선배와 헤어지고 나는 관련 업계에 종사하는 후배 김현성에게 전화했다. 현성이는 내가 오래전 교통사고로 병원에 있을 때 나 대신 아버지를 병원에 모시고 가달라고 부탁할 정도로 막역한 사이였다. 현성이를 만나서 메가 대표님을 만나게 될 것 같은데 그 회사에 대해 알고 싶다고 말했다. 후배는 메가와 업계 현황에 대해 여러 이야기를 해주었다. 한때 몸담았던 업계지만, 요즘 상황을 자세히 들으니 새로웠다.

송대표와 약속한 날 청주 사무실에 찾아가 깍듯하게 인사했다. 규모가 큰 회사라 나는 많이 긴장하고 있었다. 그런데 대표가 아무 말 없이 내 얼굴을 빤히 쳐다보았다. 나는 순간 당황했다. '나를 아는 분인가? 전에 어디서 봤나?'

잠시 후 송대표가 말을 꺼냈다.

"혹시 우리 동창 아니에요?"

"글쎄요, 잘 모르겠는데요."

"우리 중학교 동창일걸요?"

기억이 안 나는데 아는 척할 수도 없어 명함을 주고 "보증보험을 맡겨주시면 열심히 하겠습니다"라고 말하며 업무 관련 얘기를 잠시 나누었다. 사무실을 나온 후 중학교 친구를 통해서 알아보았다. "그 친구 태권도 했잖아. 기억 안 나?"

'맞다. 송병태! 공부도 잘하고, 운동도 잘하던 그 친구.'

중학교 시절에는 말랐었는데, 나이가 들어 체형이 달라져서 내가 못 알아본 것이었다. 나는 며칠 뒤에 찾아가 오랜만에 만난 회포를 풀었다.

"중학교 때와 너무 체격이 달라져서 못 알아봤네요."

"그건 박진수 씨도 마찬가지잖아요. 살 많이 붙었네."

송대표는 편하게 말을 놓자고 했다. 하지만 나는 업무차 만났으니 존댓말을 하겠다고 했다. 동창회에서 만난 것도 아닌데 시간이 흐르고 자리를 잡으면서 차차 자연스럽게 말을 놓는 게 나을 것 같았다. 친분을 이용해서 영업하면 내 긴장감이 풀어질 것 같았다. 보증보험 담당자를 소개해 달라고 했더니 부산에 있다고 했다. 나는 당황했지만, 부산에 가서 인사하고 업무를 조율하겠다고 말했다.

다음 날 새벽 부산으로 내려가는 무궁화호 열차에 몸을 실었다. 그리고 지금은 내가 선생님이라고 부르는 성호섭 이사를 만났다.

"아, 사실 일부러 여기까지 오신다고 해서 좀 놀랐습니다. 전화로 하시면 되는데."

내가 성호섭 이사를 선생님이라고 부르는 이유는 그가 보험 회사와 관련된 보증보험에 대해 모르는 것이 없었기 때문이었다. 가입부터 보험금 청구까지 보증보험의 모든 프로세스를 숙지하고 있었고, 설계사의 개인정보동의는 전산에서 어떻게 진행되는지, 사번은 어떻게 찾아 입력하는지, 전국에서 수많은 사람이 가입하는데 동명이인을 어떻게 간단하게 구별하는지 등등을 한참 이야기했다. 나는 영업을 하러 간 게 아니라 교육을 받는 느낌이었다.

GA에 속한 설계사 대상 상품은 주로 서울 소재 대리점에서 다루고 지방에서는 별로 다루지 않아 익숙한 상품이 아니었다. 나는 당장 일을 맡지 않고 며칠 후에 연락을 드리겠다고 했다. 세종지점으로 돌아와 그 업무에 대해 알 만한 사람들에게 죄다 연락해보고 며칠 동안 전산으로 연습한 후 다시 부산으로 내려가 자신 있게 일을 맡겠다고 했다. 이후에도 일하다가 막히는 부분이 있으면 성이사에게 연락해서 해결해 나갔다. 하루에 두 번 KTX로 부산을 왕복하며 해결책을 알아 온 적도 있었다.

선생님과 얘기하다가 내가 어떻게 사업단 담당자를 도와줄지 파악할 수 있었다. 수많은 사람이 새로 설계사가 될 때마다 보증보험 가입에 대해 안내하고 설명하는 것은 보통 일이 아니었다. 보증보험에 대한 궁금증을 내부 직원이 아니라 내가 해결해주면 사업단의 실무자들은 과중한 업무 부담을 덜 수 있었다. 그날 이후로 여러 사업단과 거래하면서 전국의 설계사들에게서 걸려오는 보증보험 관련 문의 전화를 내가 받아주었다.

내가 거래하는 사업단의 숫자가 늘어날수록 전화량이 폭증했다. 메가 급여일이 다가올수록 쉴 새 없이 울리는 전화벨 소리에 정신이 없었다. 그럴 때면 외근 중 몇 시간을 내서 조용한 곳을 찾았다. 나는 청주 삼일공원의 동상 뒤편 벤치에 앉아 업무 전화를 받았다. 그때 나를 보이스피싱범으로 오해한 사람이 신고하기도 했다.

시간이 흘러 송병태 대표의 소개로 대구, 과천, 수원, 광주, 부산, 전주, 보령, 천안 등 각지의 사업단과 거래를 하게 되었다.

역시 무조건 만나야 기회가 온다. 이병택 국장과의 만남은 그냥 선배에게 밥을 얻어먹는 일상적인 일이었지만, 그 만남에서 소개받아 또 다른 만남이 이어지고, 그렇게 연쇄적인 만남이 이루어지면서 나는 사업 초기에 직원 급여는 확보할 수 있었다. 직원 급여를 확보했기에, 피부관리 부업과 주말 막노동으로 가까스로 내 활동비를 충당하며 버텨나갈 수 있었다. 영업은 항상 만날 사람을 찾고, 전화하고, 약속 잡고, 실제로 만나는 일의 연속이다. 이제 나는 무엇을 할지 말지, 사람을 만날지 안 만날지 생각하지 않는다. 그냥 머리에 떠오르면 전화해서 약속을 잡는다. 만남을 주저하지 않는 대신, 내가 시간을 들여 궁리하고 또 궁리하는 것은 어떻게 짧은 시간에 핵심을 전달할까 하는 것이다.

영업을 하려면 내가 만나고 싶은 사람이 되어야 한다. 보증보험 일을 하면서 그래도 내가 인생을 헛살지는 않았다는 것을 많이 느꼈다. 오랜만에 만난 지인들은 한결같이 나를 도와주고 싶어 하거나 일을 맡기고 싶어 했다. 어디서 어떤 상황에서 만났든, 모든 사람을 성의 있게 대하고 늘 성실한 모습을 보여주면 반드시 그 보답을 받게 된다.

하루는 예전에 생명보험업계에서 일할 때 후배인 안기서가 내게 전화했다. 아주 열정적인 설계사로 MDRT(백만달러원탁회의) 종신회원이었다. 우리는 수원의 한 치킨집에서 만나 생맥주를 마셨다. 오래된 후배가 나를 만나자고 하니 기분이 좋았다. GA의 총괄상무인 안기서는 조직이 급속하게 성장 중인데, 보증보험 가입부터 증권발행까지 내가 다 맡아서 해주길 바랐다.

"저희 스텝들은 지금 할 일이 너무 많은데, 설계사분들 보증보험을 상담해 드리다 보면 다른 일을 못 해서요. 너무 시간이 모자라요."

"그런데, 보증보험 대리점은 서울에도 많을 텐데 왜 나를 찾았어?"

"선배님은 워낙 부지런하시고 끈기가 있으시잖아요. 선배님이라면 믿고 맡길 수 있죠."

사회에서 잠시 만났던 나를 그렇게 평가해주니 정말 고마우면서도 한편으론 부끄러웠다. 열심히 하고 있지만 아직은 수입이 미미한데 후배가 그것을 모르고 나를 과대평가하는 것 같았다.

"보증보험은 자리를 잡는 데 워낙 시간이 오래 걸려."

"지금은 인원이 많지 않아 선배님 시간만 뺏겠지만, 2년 안에 몰라보게 성장할 거예요! 믿어 주세요."

그의 말대로 시간이 흐르자 지금은 아주 큰 조직이 되었다. 역시 뛰어난 사람이었다. 다음 날부터 안기서 총괄상무의 조직에 속한 설계사들의 전화가 오면 상담에서 보험증권 발급까지 일사천리로 처리했다. 그는 물론 그의 사업단 실무자들도 모두 만족해했다. 처음에는 분기에 한 번은 찾아가 커피를 마셨는데, 지금은 안상무가 너무 바빠서 만나기 어렵다.

하늘은 스스로 돕는 자를 돕는다

대기업 본사와 거래하는 판매점, 가맹점에 대한 보증보험 영업을 하게 되면서 상품판매대금 보증보험 수요가 매우 많다는 것을 알게 되었다. 판매점이나 가맹점이 보증보험에 가입하고 피보험자인 본사로부터 보증보험 가입금액 내에서 물품을 미리 공급받아 영업하면서 약정한 날짜에 대금을 결제하는 내용의 상품이다.

　나는 주유소가 상품판매대금 보증보험을 많이 사용한다는 것을 알게 되었다. 주유소는 원가 비중이 워낙 커서 보증금액도 컸다. 주유소에 영업하기 위해 정유사와 주유소의 전반적인 거래관계를 파악해야 했다. 우연히 동창인 김태희가 SK에너지에 근무하는 것을 알게 되어 지인들에게 수소문해서 연락처를 알아냈다. 탁구와 농구를 운동선수만큼 잘하던 친구였다. 고등학교 시절에는 친했지만, 졸업 후 한 번도 연락한 적이 없는지라 전화하기가 좀 어색했지만, 그런 걸 가릴 상황이 아니었다.

전화해서 어렵게 말문을 열고 안부 인사를 나눈 후, 서울보증보험에서 일하는데 밥 한번 먹자고 청했다. 어디서 만날지도 고심해서 정했다. 고등학교 시절에는 빵 하나만 먹어도 즐거웠지만, 중년이 되어서 수십 년 만에 만나는데 제대로 된 음식을 대접하기 어려운 내 처지가 서글펐다. 나는 4천9백 원 대패삼겹살 간판을 본 기억이 나서 장소를 거기로 정했다.

약속 당일, 오랜만에 만난 태희는 옛날 그대로였다. 배도 안 나오고 옷도 대학생처럼 입어 나이보다 훨씬 더 젊어 보였다. 운동을 좋아해서인지 즐겁게 살아서인지 젊고 활력에 넘치는 모습이 보기 좋았다.

"미안해, 고등학교 졸업 후 오랜만에 만났는데, 좋은 곳에서 대접하지 못해서. 내가 지금은 형편이 좋지 않아."

나는 그동안의 사정을 간략하게 이야기하며 소주를 따라 주었다. 그리고 명함을 건네며 주유소가 가입하는 보증보험에 관해 설명해 달라고 부탁했다. 태희는 크게 웃으며 말했다.

"야, 네가 나에게 설명을 해야지!"

"미안, 난 잘 몰라. 다른 보증보험 대리점들은 사무실에서 전화로 영업하는데, 나는 워낙 아무 기반도 인맥도 없어서 무조건 찾아가서 부딪치는 식으로 영업하고 있어. 주유소 영업을 하고 싶은데 어떻게 접근하면 좋을까?"

태희는 정유사와 주유소 사이의 거래관계와 그에 따른 서류들을 자세히 설명해주었다. 정유사업을 전혀 모르는 나로서는 무슨 얘기인지 이해가 안 되어 계속 질문했다. 태희는 테이블에 까는 종이를 뒤집어 표를 그리고 용어를 알려주며 열심히 설명했다. 나는 그때 정유사와 주유소 간 유류 유통과정에 대해 많이 배웠다. 정유사에서 유류제품이 생산되는 과정, 주유소가 기름을 발주하고 공급받는 과정, 보증보험이 필요한 사례들…….

"보증보험은 정유사, 주유소, 서울보증보험 모두에게 좋아. 정유사는 간편하게 채권을 확보하고, 주유소는 유가 변동이 심할 때 대응력을 높일 수 있어. 카드사에서 돈이 입금되는 시점이 다 달라서 유가가 급등하면 갑자기 현금이 부족해질 수 있으니까. 그렇지만 주유소 사장님 중에는 보증보험에 대해 들어보지 못해서 아예 관심조차 없는 분들도 많을 거야. 그래서 찾아가서 서비스를 하는 건 정말 좋은 생각인 것 같아. 특히 교외에 있는 주유소 사장님들은 보증보험 지점에 찾아가 상담하고 싶어도 시간을 못 내는 경우가 많거든."

한편 보증보험 보험료가 부담스러워 많은 주유소 사장님들이 정유사에 부동산담보를 설정한다고 했다. 그런데, 부동산담보는 일정 기간마다 감정평가를 다시 해야 해서 번거롭고, 등기부등본에 담보 설정이 표시되어 주유소가 금융권을 이용할 때 제약을 받는다고 했다.

"주유소는 손해율이 높다는 인식이 있어서 기존 대리점들은 꺼리는 것 같아. 하지만 열심히 하시는 주유소 사장님들을 찾아서 고객으로 모시면 손해율을 낮출 수 있지 않을까? 신생 대리점인 내 처지에서는 남들이 접근을 잘 안 하는 시장에 도전해야지만 살아남을 수 있다는 생각이야. 네 생각은 어때?"

"나도 보증보험 담당을 해 봤는데, 물론 정유사 입장이라 관점이 조금 다를 수도 있겠지. 보증보험 사고가 간혹 발생하지만 별로 많지는 않아. 과거에는 타인 명의로 여러 개의 주유소를 임대해서 영업하다가 사고가 나는 일도 많았지만, 요즘에는 그런 경우는 별로 못 봤어. 그리고 지금은 석유공사에서 운영하는 오피넷에 주유소가 유류 판매현황을 매주에 한 번 보고하고, 계약서에 대금결제 기한이 명시되어 있어서, 위험신호가 감지되면 정유사가 그 주유소와는 재계약을 하지 않고 현금 거래만 해. 보증사고가 터지면 수습하는 데 불필요한 에너지가 많이 들어가니까, 정유사에서도 타이트하게 관리하는 거야. 지금은 정유사에서 미심쩍다 싶으면 처음부터 계약하지 않아. 오랫동안 주유소를 운영해온 분들과 거래하면 사고확률이 아주 낮지. 그분들은 주유소가 평생 직업이니까.

주유소에서 보증보험에 많이 가입하는 대표적 사유가 몇 가지 있는데, 오랫동안 거래하던 업체가 부도나서 납품 대금을 못 받아 현금 유동성이 안 좋아져서 보증보험이 필요한 경우가 많아. 보험증권 발행 전에 정유사 담당자에게 확인해보면 그 주유소의 스토리를 잘 말해줄 거야. 정유사 직원들도 아무 데

나 기름을 팔지는 않아. 장기적인 관계가 중요하니까.

그 외에 주위에 공장이 들어설 때나 SOC 사업에 유류를 납품하는 경우, 주유소도 외상으로 대량 납품을 해야 하니까 정유사에 당장 대금을 내기 어려워 보증보험에 가입해. 그런 공사는 대개 대기업이 시행사고 협력업체에 기름을 공급하는데, 협력업체에서 중간중간 정산해주지 않아도 시행사에서 상황을 파악해서 직접 정산도 해주니까 별로 위험하지 않아. 다만 정산을 그때그때 해주는 게 아니라 대개 보름마다 해주니까 주유소가 당장 기름을 유통하려면 현금이 달려서 보증보험이 필요한 거지."

나는 열심히 필기하면서 경청했다. 전체 흐름을 알게 되니 처음에는 무슨 말인가 싶던 얘기들이 잘 이해되기 시작했다. 역시 공부를 잘했던 친구라 설명을 잘한다는 생각이 들었다. 그동안 꽤 많이 공부했다고 생각했는데, 태희의 설명을 들으니 불과 한두 시간 만에 훨씬 더 많은 것을 알게 되었다.

그중에서도 내가 파악한 핵심은 이것이었다. 경기가 나빠져 주요 거래처가 제때 대금을 정산하지 못하면 주유소의 현금흐름에 문제가 생긴다. 그러면 주유소 사장님들은 운영자금이 긴급하게 필요해져 대출을 받게 된다. 현금 부족이 단기간에 해소되지 않으면, 더 이자가 비싼 대출을 끌어다 써야 하고, 그러다 보면 신용이 안 좋아져 대출이자율은 점점 더 높아지고 신규 대출을 받는 것 자체가 어려워진다. 그 상태에서 보증보험에 가입하려 하면 신용이 나빠서 보험증권 발행을 거절당한다.

나는 태희에게 말했다.

"네 이야기를 들어보니, 왜 주유소 사장님들에게 보증보험이 필요한지 이해가 간다. 내가 부지런히 주유소를 찾아다니며 보증보험의 필요성을 설명하고 발급해드린다면 건실하게 사업하시는 주유소 사장님들께 큰 도움이 될 수 있을 것 같아."

내가 열심히 주유소 영업을 하면 나처럼 대출의 수렁에 빠지지 않도록 많은 사장님을 도와드릴 수 있다고 생각하니, 당장 영업하러 가고 싶은 충동마저 느꼈다.

식사를 마치고 나오는데, 태희가 재빨리 일어나서 먼저 계산을 해버렸다.

"진수야, 밥값 내가 낼게."

태희는 씩 웃으며 이렇게 덧붙였다.

"인마, 꼭 성공해라!"

나도 웃으며 말했다.

"맥주는 내가 살게."

태희와 얘기를 나누고 나자 방향성이 맞는다는 생각에 신이 났다. 충청권 소재 주유소 개수를 인터넷으로 찾아보니 정말 많았다. 찾아갈 곳이 무궁무진하다는 생각에 가슴속 깊이 열정이 솟구쳐 올랐다. 그 후로도 주유소 영업을 하면서, 궁금한 것을 태희에게 문자로 보내면, 시간 날 때 친절한 답을 주었다.

시장을 이해한 후 내가 택한 방법은 전통적인 '돌입 방문' 영업이었다. 청주에서 속리산까지 운전하며 주유소 26곳을 찾아가 명함을 돌렸다. 그렇게 아침부터 저녁까지 돌입 방문을 하던 중 드디어 한 분이 관심을 보이며 보험증권 발급을 의뢰했다. 나는 사장님에게 정유사 담당자 연락처를 받았다.

다음 날 9시 5분에 그 담당자가 근무하는 SK에너지 충청지사로 찾아갔다. 담당은 나에게 커피 한잔을 건네며 필요한 서류를 전달해 주었다. 그날 오후 보증금액이 3천만 원인 보험증권을 발급했다. 그러고 나니 충청지사 매니저들이 나에게 보증보험 의뢰를 하나씩 하기 시작했다. 점차 모르는 주유소 사장님들도 보증보험 갱신할 때 내게 전화하는 일이 늘어났다. 하루에 주유소 및 정유사 매니저와 통화한 횟수만 열일곱 번인 날도 있었다.

연세가 많은 사장님 중 인터넷 사용이 어려운 분들을 도와드리며 보람도 많이 느꼈다. 하지만 보증보험을 전혀 모르는 분을 만나 문전박대를 당하기도 했다. 서울보증에서 나왔다고 하니까 명함을 받지도 않고 바로 나가라고 손짓했다. 너무 놀라서 인사하고 나왔더니, 주유원이 내게 '보증'이라고 하니 일수나 신용 대출 같은 걸로 오해한 것 같다고 귀띔해 주었다. 사장님들과 얘기하면서 연휴 기간이 길면 카드사에서 돈이 늦게 들어와 주유소가 곤란하다는 것도 알게 되었다. 그 때문에 보증보험에 가입하는 분도 있었다.

시간이 흐르자 충청지사뿐만이 아니라 대전지사, 홍성영업소에도 자연스럽게 내 연락처가 공유되어 수많은 갱신 의뢰와 신규 의뢰가 쏟아져 들어왔다. 수없이 전화하고 주유소를 방문하며 하루 일을 마치면 녹초가 되었다. 몸은 피곤했지만, 실적은 급상승하기 시작했다. 그러던 어느 날 모르는 번호의 전화가 걸려왔다.

성실과 신용의 힘

나는 '하늘은 스스로 돕는 자를 돕는다'는 말의 의미를 정확히 이해한다. 나 스스로 노력하면 하늘도 기회를 준다. 지인을 만나 정보를 얻고 맨몸으로 부딪치면서 SK에너지와 거래하는 주유소들을 고객으로 확보하게 되었다. 그렇게 맨땅에 헤딩해서 얻어낸 성과는 그 자체로 자석처럼 주변의 기회를 끌어당겼다. 모르는 번호로 걸려 온 전화를 받았을 때, 처음에는 갑자기 찾아온 기회가 믿기지 않았다.

"혹시 박진수 대표님 맞으세요? 저는 현대오일뱅크 충남지사장입니다. 보증보험 관련해서 문의 좀 드려도 될까요?"

나는 순간 귀를 의심했다. 가장 영업하고 싶었던 대상이 먼저 내게 연락한 것이었다.

"박진수 대표님이 직접 찾아가셔서 상담을 잘해주신다고 주유소 사장님들이 말씀하시더군요. 그런데, 진짜 찾아가서 상담해주시나요?"

"네. 맞습니다. 환금성이 높은 유류를 대상으로 한 보증보험은 사고 위험이 있어 서울보증보험에서 심사를 엄격하게 합니다. 그래서 저는 현장에 가서 상담하고 철저하게 정보를 파악한 후 세종지점 승인 담당자와 논의합니다. 사전에 준비를 확실하게 하니까 보험증권 발급 여부를 신속하게 확인해서 알려드립니다. 그런데, 지사장님. 전화로 말씀 나눌 게 아니라 제가 지금 찾아뵙고 궁금한 점들을 상담해드리면 어떨까요?"

"그래 주시겠어요? 그런데 오늘은 안 되고 내일 괜찮으세요? 저희가 좀 급하게 상의할 게 있어서 아침 일찍 오실 수 있나요?"

현대오일뱅크 충남지사의 출근 시간은 8시였다. 나는 그 시각에 맞추어 찾아가겠다고 했다. 모바일 앱으로 거리와 예상 도착시간을 확인해보니, 내 숙소에서 서산에 있는 지사까지 거리는 130km 정도 되었고 시간상으로 2시간 20분 정도가 걸렸다. 초행길이라 나는 다음 날 여유 있게 새벽 5시에 출발해서 7시 30분쯤 도착했다. 약속 시간까지 차 안에서 눈을 감은 채, 미팅할 때 어떻게 인사하고 무슨 이야기를 할지 머릿속으로 예행연습을 했다.

나는 심호흡을 하고서 사무실 문을 열고 들어서며 "안녕하세요? 서울보증에서 왔습니다"라고 큰 소리로 인사했다. 사무실을 가득 채운 직원들이 바쁘게 움직이는 모습이 생동감 넘치게 보였다. 지사장님이 미팅 중이라서 잠시 대기하는데, 한쪽 벽면에 내가 가장 존경하는 정주영 회장님이 직원들과 금강산에서 찍은 사진이 걸려 있는 게 아닌가? 내가 보증보험 영업에 뛰어들도록 불굴의 도전정신을 가르쳐준 회장님 사진을 보니 너무나 기분이 좋았다. 이후 현대오일뱅크 충북지사, 대전지사와도 거래하게 되었는데, 그곳에도 똑같은 회장님 사진이 걸려 있어서 나는 방문할 때마다 정신적으로 크게 고양되었다.

잠시 후 지사장님과 만나 명함을 주고받았다.

"저희 거래처 중 대광주유소는 전국에서 손가락으로 꼽을 만큼 판매량이 많은 주유소인데, 하루에도 정유차가 여러 번 드나들 정도로 주문량이 많아 거래 편의를 도모하고자 보증보험을 사용하기로 했습니다. 새벽에도 정유차가 들어가는데, 현금거래를 하면 서로 불편하니까요. 보증금액이 3억 원인데 서울보증보험 다른 대리점들에서는 금액이 커서 어렵다고 해서 사장님께 연락을 드리게 되었습니다."

"저는 아직 경험이 많지 않아 그런 고액의 외상거래를 보증하는 보험증권은 아직 취급해본 적이 없습니다. 섣불리 장담하기보다는 우선 세부사항을 확인한 후 신속하게 보험증권 발급 가능 여부를 알려드리고, 가능하다면 최대한 빨리 발행하도록 하겠습니다. 주유소 위치와 연락처를 주시면 바로 찾아가서 진행하겠습니다."

나는 사무실을 나와 대광주유소로 향했다. '어떤 주유소길래 매출이 그렇게 클까?' 대광주유소 근처에 다다르자, 주유하려는 차량들이 줄지어 있어 멀리서도 한눈에 알아볼 수 있었다. 대표님을 만나 제반사항을 확인한 후 세종지점으로 전화해서 이영복 지점장님과 상의했다. 지점장님은 수십 년의 경력만큼 상황판단이 빨랐다.

"매출 규모, 재산 상태, 신용등급, 재무제표 등을 종합해 보니 3억 원 가능합니다. 추가 서류 몇 가지 더 받으시고, 기업 신용 체크해서 변동 없으면 진행하세요! 신규대리점이 고객을 유치하려면 신속하게 일 처리를 하셔야 합니다. 즉시 움직이세요!"

나는 바로 대광주유소 담당 세무사 사무실에 전화해서 추가 서류를 받고, 사무실의 류실장과 계속 통화하며 일을 진척시켜, 다음 날 오전 9시 40분에 증권을 발급했다.

지사장님에게 전화해서 "증권 발행되었습니다"라고 말씀드리자, 놀라움을 감추지 못했다.

"정말요? 소문대로 정말 빠르시네요. 감사합니다."

"저는 못 팔면 굶는다는 생각으로 일하니까, 24시간 아무 때나 전화 주십시오!"

그날 충남지사 매니저들이 여럿 내게 전화해서 상담했다. 나는 전화만 받기보다는 직접 만나는 게 낫다고 생각해서 가능하면 여러 매니저를 한꺼번에 만나기 위해 다음 날 새벽에 두 시간 넘게 운전해서 아침 8시에 사무실에 들어섰다. 지사장님에게 인사한 후, 내게 상담 전화를 건 매니저 세 분을 만나러 왔다고 말했다. 한 분은 자리에 없어서 두 분만 만날 수 있었다. 각각 2분, 15분 미팅하고 자리에서 일어섰다.

"이 근처에 일이 있으신가 봐요."

지사장님이 말했다.

"아뇨. 오늘은 충남 금산에 가야 합니다."

"아이고, 기름값도 안 나오겠네요."

"그건 중요하지 않습니다. 저기 사진이 걸려 있는 정주영 왕회장님이 제 인생 멘토이신데 사업은 성실과 신용을 파는 것이라고 말씀하셨잖아요. 저 역시 그렇게 살려고 노력하는 중입니다."

그날, 내가 충남지사를 방문한 결과는 상상 이상이었다. 전화로만 설명하지 않고 두 시간 넘게 달려와서 직접 설명하고 명함을 건네는 모습에 오일뱅크 임직원이 좋은 인상을 받았던 것 같다. 나는 다른 업체에서도 상담 전화가 오면 최대한 빨리 직접 찾아가서 상담해주었다. 그것도 그분들의 일정에 지장이 없도록 출근 시간에 찾아가서 짧게 미팅하니, 나에 대한 평가가 아주 좋았다. 정주영 회장님 말씀이 옳았다. 사업에서 성공하는 비결은 따로 있는 것이 아니다. 성실하게 일하고 신용을 지키는 것 자체가 성공의 기반이다. 이후 충남지사 매니저들의 전화가 쏟아져 많은 주유소를 소개받았다.

당시 나는 찜질방에서 생활하고 있었는데, 거리가 먼 거래처를 방문하게 되면 저녁에 그 지역 찜질방에 가서 자고, 다음 날 한꺼번에 해당 지역의 거래처들을 방문했다. 사우나와 반신욕을 한 후 아침 일찍 거래처를 방문하니 좋은 인상을 주었다. 깨끗한 모습으로 인사하고 들어가면, 거래처 담당자는 처음에는 어리둥절해 하다가 몇 번 그렇게 하면, "출근을 같이 하네요"라고 말을 건네곤 했다.

내 소문을 듣고 현대오일뱅크 충북지사, 대전지사에서도 연락이 와서 나는 더 많은 주유소와 거래하게 되었다. 처음에는 지도만 보고 무작정 주유소를 방문해서 개척했는데, 얼마 지나지 않아 중부지역 전역의 주유소들 상당수가 나와 거래하게 되었다.

심지어 수도권이나 다른 지역에서도 연락이 왔다. 이런 경우는 서울보증보험 규정상 영업구역 제한이 있어서, 계약이 이루어져도 내게 수수료가 지급되지는 않지만, 내게 전화하거나 상담 요청을 한 분들에게는 최선을 다해 응대했다. 중부지역 매니저 한 분이 호남지역에 발령이 난 후 그곳에 가서 매니저분들에게 보증보험에 대해 자세히 상담하기도 했다. 매니저분들은 나와 거래할 수 없어 무척 아쉬워했다. 나 역시 "담당 지역이 아니라서 저희 대리점이 진행할 수 없어 유감입니다"라고 말할 때는 크게 아쉬웠다.

수수료가 생기지 않을 때도 열심히 상담해드린 덕분인지 더 큰 기회가 찾아왔다. 현대오일뱅크가 주유소 네트워크를 인수하면서 직영주유소 숫자가 대폭 늘어나서, 각 지사와 신규 주유소에서 단기간에 보증보험 수요가 급증했다. 전화가 빗발치기 시작했다. 유명 중국집 점심시간에 이렇게 전화가 오지 않을까 하는 생각마저 들 정도였다. 나는 이영복 지점장님의 자문을 받아 신속하게 업무를 처리했다. 결과는 대성공이었다. 짧은 기간에 아주 큰 성과를 거두었다. 역시 성실과 신용이라는 기본을 지키니, 기회가 저절로 찾아왔다.

주유소 영업에 집중하던 때는 운전 거리가 매일 수백 킬로미터가 넘었다. 방문할 곳이 많고 넓은 지역에 흩어져 있어 주말에도 출장을 다녔다. 아침 8시 30분에 단양에서 미팅하고, 11시 무극, 1시 30분 음성, 3시 진천, 5시 청주 하는 식으로 강행군이 이어졌다. 전화상담이나 미팅을 하고 나면 차에서나 다음 미팅 전 대기하는 시간에 메모하곤 했는데 식사할 시간도 없고 메모할 시간도 없는 날이 이어졌다. 그런 날은 저녁 때나 밤에라도 꼭 주요 내용을 기록하는 습관을 들였다. 한번은 차에서 드르륵 하는 소리가 많이 났다. 공업사에 가서 점검해 보니, 정비사가 웃으면서 말했다.

"10개월에 6만 km 넘게 타셨어요. 이 정도면 장거리 택시 수준이네요. 아무리 바쁘셔도 이렇게 타시면 엔진이 과열되어 화재가 날 수 있어요."

하지만 나는 이후에도 아무리 작은 거래처라도 모두 찾아가서 인사하고, 주유소의 실제 운영현황을 내 눈으로 파악했다. 이렇게 직접 확인하며 믿을 만한 주유소를 가려서 거래하다 보니 손해율도 잘 관리할 수 있었다. 그 결과 승인 담당자가 나를 신뢰하고 고객에게 전문적인 서비스를 제공할 수 있어 지속적인 실적 향상으로 이어졌다.

정유사로 출근하다

정유사와 일하게 된 후로는 다른 일정이 없는 날에는 아침 일찍 정유사로 출근했다. 현대오일뱅크 지사에 7시 45분에 방문해서 직원들이 분주히 업무를 준비하는 모습을 보면 저절로 그분들의 활력이 나에게도 전염되는 것 같았다. 특히 한쪽 벽면에 걸린 정주영 회장님의 사진을 바라보면 더욱 하루를 힘차게 시작할 수 있었다. SK에너지도 출근 시간에 맞추어 방문했다. 우편이나 팩스, 이메일, 메신저로 할 수 있는 업무지만, 아침 일찍 찾아가서 5~10분 정도 미팅을 하면, 보험증권 발급을 위한 시간이 단축되고 업무 효율성이 높아져서 서로에게 좋았다.

처음에는 관행대로 등기우편으로 서류를 주고받으며 일했다. 일정이 충분할 때는 괜찮았지만, 그렇지 않으면 주유소 사장님이나 정유사 담당자가 계속 보험증권 발급을 재촉했고, 급한 일을 처리하다 보면 한 건만 진행하면서도 불필요한 시간과 에너지를 들이게 되기도 했다. 그래서 나는 모든 담당자가 자리에 있고 시간 여유가 있는 출근 시간에 정유사에 들러 필요한 서류를 한 번에 주고받기로 했다. 이렇게 자주 정유사 지사에 출근하다 보니, 늘 여유롭고 신속하게 업무를 처리할 수 있어 자연스럽게 나에 대한 신뢰가 강해졌다. 직원들에게는 등기우편을 부치고, 그것을 확인하려 이메일과 문자를 주고받는 것도 중요한 업무였는데 그런 시간을 절약할 수 있었다.

처음에는 안면 있는 매니저들과 주로 이야기했지만, 언제부터인가 지사의 모든 직원과 동료처럼 편하게 지내는 사이가 되었다. 직원들도 나를 아침에 보면 어색해하지 않고 자연스럽게 나를 맞으며 인사했다. 내게 아침 간식도 나누어 주고 스스럼없이 보증보험에 대해 문의했다. 사무실을 나올 때면 꼭 생수나 커피를 챙겨 주었다. 초코파이라도 하나 얻게 되면 아침을 못 먹던 시절 운전하면서 끼니를 때울 수 있어서 행복했다.

SK에너지 충청지사에는 미팅룸 옆에 책장이 있었는데, 담당자를 기다릴 때 책을 꺼내 읽어볼 수 있어서 좋았다. 최종현 회장님의 『도전하는 자가 미래를 지배한다』를 주로 읽었다. 나보다 훨씬 더 이른 시대를 살다 간 분이지만, 하루하루 치열하게 노력한 결과 큰 기업을 이룬 걸 보며, 나 역시 현재보다 미래의 내 모습에 더욱 집중하며 살아야겠다고 마음먹었다. 우선 나부터 자신을 현재의 모습으로 판단할 것이 아니라 미래의 가능성으로 판단해야 내 모든 잠재력을 발휘할 수 있다고 생각한다.

가슴이 따뜻했던 날

많은 주유소 중에서도 유달리 기억에 남는 곳이 있다. 그 주유소는 충남의 산골에 있었는데 노부부가 운영하고 있었다. 보증보험을 전혀 모르던 사장님은 정유사 매니저 소개로 나를 만나기는 했으나 처음에는 쓸데없는 시간 낭비로 여기는 눈치였다. 그러나 내가 자세히 보증보험 활용의 이점을 설명하자 상당히 만족해하며 보증금액이 3천만 원인 보험증권을 발급받기로 했다. 인터넷 활용을 어려워해서 직접 서류를 받아 업무를 처리하고 보험증권을 발행했다.

다시 주유소로 찾아가 발행된 증권을 직접 전달하면서 약관을 설명하고 돌아오려는데, 사모님이 밥 먹고 가라고 붙잡았다. 노부부가 직접 기른 채소들과 된장찌개가 놓인 밥상을 보니, 진짜 집밥을 먹는 게 얼마 만인지 감개무량했다. 밥을 너무나 많이 먹었더니 복스럽게 잘 먹는다고 사모님이 집에 가서 먹으라고 텃밭에서 호박과 고추를 따서 싸주었다. 부모님이 일찍 돌아가신 내게, 혼자 사는 내게, 가족의 정을 느끼게 해준 가슴 뭉클한 순간이었다. 지금도 그때를 생각하면 가슴이 따뜻해진다.

아는 만큼 보인다

피부관리실을 할 때 손님 중 화장품 방문 판매 영업을 하던 분
이 있어 샴푸를 구매해서 썼다. 나는 피부관리 학원 동기생이
새로 피부관리실을 개업해서 축하하러 갔다가, 화장품 방문 판
매 영업자는 위탁판매 보증보험에 가입해야 한다는 것을 떠올
렸다. 나는 예전 손님에게 연락해 소속 본부장님을 소개해 달
라고 부탁했다. 그분 얘기가 본부장님은 늘 판매인과 일대일
미팅을 하고 관리하는 지역이 넓어 무척 바쁠 거라고 했다. 그
러면 만나기 어렵지 않냐고 질문하니, 그렇지는 않다고 했다.
누구라도 찾아오는 사람은 만나준다고 했다. 다만 미팅 시간은
아주 짧다고 했다.

나는 본부장님과 통화를 하고 약속을 잡았다. 약속 시간에
찾아가니 사무실에 가득 찬 판매인분들은 무척 분주해 보였다.
그러나 온통 여성뿐인 사무실에 남자가 들어가니 다들 나를 쳐

다보며 무슨 일로 왔냐고 물어보았다.

본부장님과 미팅했다. 첫인상부터 엄청난 카리스마가 느껴졌고 미팅을 하는 동안에도 계속 문자가 오고 전화가 울렸다. 판매인들의 편의를 위해 내가 직접 찾아와서 보증보험 업무를 하겠다고 얘기했다. 하지만 본부장님은 너무 바빠서인지 형식적인 얘기만 하고 금방 미팅을 끝냈다. 나는 조금 당황했다. 내가 찾아가서 업무를 처리하면 모두에게 이로우므로 바로 내게 일을 맡길 줄 알았다. 그래서 사무실에 있는 분들의 보증보험 증권을 전부 내가 발급할 수 있다는 기대에 조금 흥분했던 것도 사실이다. 나는 이대로 물러나면 기회를 영영 놓칠 것 같다는 느낌을 받았다.

나는 고민 끝에 다음 날 다시 찾아갔다. 역시나 본부장님은 무척 바빠 보였다.

"또 오셨네요."

"사실 오늘 여기 안 오면 다음에는 방문하기가 더 어려울 것 같아 또 왔습니다. 오늘도 시간이 없으시면 다음에 10분만 시간을 내주십시오."

본부장님은 나를 쳐다보며 말했다.

"솔직하시네요. 우리가 사무실을 이전합니다. 그래서 정신이 없네요. 이전 후에 한 번 연락하고 다시 오세요."

나는 그날 중요한 것을 배웠다. 상대방은 사무실 이전으로 정신이 없던 것인데, 나는 괜한 짐작으로 나를 멀리하려는 것으로 속단했다. 나중에 이전한 사무실을 방문했다. 새로운 사무실은 무척 넓었고 인테리어도 훌륭했다.

본부장님은 판매인들이 너무 바쁘거나 공동인증서가 만료되어 제때 보증보험을 갱신하지 못하는 경우가 종종 있는데, 그런 일을 방지할 수 있으면 좋겠다고 말했다. 나는 갱신이 필요한 판매인분들의 보증보험을 내가 한꺼번에 처리하면 된다고 얘기했다. 직접 찾아가서 한꺼번에 개인정보동의서에 서명을 받아 청약을 진행하겠다고 했다.

"지역센터마다 전부 다니시려면 시간이 많이 들 텐데, 전부 직접 방문하실 수 있나요?"

"판매인분들이 센터에 모이는 때가 언제인가요? 그때 방문하면 해당 센터의 업무를 한 번에 처리할 수 있습니다."

"매일 9시 30분에 센터로 출근하고 오후에 영업을 나갑니다."

"그럼 제가 그때 센터를 방문해 한꺼번에 업무를 처리하겠습니다."

"그렇게 하시면 기름값은 나오나요?"

"본부장님 일만 한다면 기름값이 안 나옵니다. 하지만 아직은 거래처가 많지 않아 부지런히 고객을 늘려야 합니다. 또 방문하는 곳마다 신규 거래처를 개척하면 한 번에 여러 곳을 관리할 수 있어 점차 효과적으로 일할 수 있습니다."

"나중에 거래처가 많아지면, 이런 작은 건들은 안 해주시는 것 아니에요?"

"그건 지켜보시면 아실 겁니다."

그렇게 중부지역 각 센터의 주소를 받고 담당자들을 찾아다녔다. 센터에 방문하기 전 미리 연락하면, 보증보험 갱신 대상자들이 신분증을 가지고 기다리고 있었다. 아침 일찍부터 움직여 한 센터에서 미팅을 하고 바로 가장 가까운 센터로 이동해서 되도록 하루에 여러 센터의 보증보험 업무를 동시에 처리했다. 직접 와서 처리해 주니 편하다고 좋아하고 고마워했다.

몇 주 후 본부장님이 연락해 아침에 사무실에 올 수 있냐고 물어보았다. 20여 년간 화장품 영업으로만 잔뼈가 굵은 본부장님이 내게 직접 만남을 청했다는 것이 뿌듯하기도 하고 무슨 제안을 할지 기대가 되기도 했다.

다음 날 본부장님은 내게 삶은 계란을 권하며 이렇게 말했다.

"사장님, 워낙 열심이셔서 보기 좋네요. 센터장님들과 회의할 때 다들 너무 편해졌다고 말씀하시더라고요. 그래서 앞으로는 저희 본부 전체 미팅할 때 오세요. 거기서 일괄적으로 진행하시면 사장님도 편리하실 거예요."

"네, 정말 감사합니다."

사무실을 나서는데 신이 나서 발걸음이 가벼웠다. 각 센터를 찾아다니지 않고 매달 한 번 본부 미팅에서 한꺼번에 업무를 처리하면 효율성을 극대화할 수 있었다.

본부 미팅 날 찾아가 보니 규모가 엄청났다. 나는 보증보험 홍보를 제대로 하지 못했다. 빡빡한 일정 사이에 내가 끼어들

틈이 없었다. 게다가 쉬는 시간에는 삼삼오오 모여 판매 노하우를 공유하고 있어 내가 말을 걸 기회를 찾기 어려웠다. 점심시간이 되자 식사가 배달되었다. 나는 본부장님에게 오늘은 그냥 가는 게 좋을 것 같다고 말했다. 본부장님이 좋은 결과 얻었냐고 물어봤는데 나는 의욕만 앞서서 막상 영업을 별로 못했다고 했다. 본부장님은 웃으며 밥은 먹고 가라고 했다. 모자라지 않냐고 물었더니, 음식은 항상 남는다고 했다. 한식뷔페였는데 내가 좋아하는 나물 반찬이 너무나 맛있어서 식판이 아닌 대접에 밥과 나물을 넣고 비빔밥을 만들어 먹었다. 세 그릇쯤 먹고 있는데, 주변 여성분들이 내게 관심을 보였다. 정말 맛있게 먹는다며 누구냐고 물어봤다. 나는 열심히 숟가락을 움직이면서 동시에 광개토9대리점을 홍보했다.

후회가 막심했다. 나는 다음번 본부 미팅 때는 제대로 하자고 다짐했다. 그다음 미팅 때 본부장님의 허락을 얻어 8시 30분에 가서 행사 준비를 도와주고 행사가 시작하는 9시 30분까지 다과가 놓인 테이블 옆에 '서울보증보험 상담해드립니다'라는 피켓을 들고 서 있었다. 행사장에서 낯선 남성이 그러고 있으니 소문이 금방 나서 다음 달부터는 굳이 피켓을 들고 있을 필요가 없었다. 필요한 분들은 자연스럽게 내게 다가와 보증보험 업무를 맡겼다.

그때부터 본부 미팅 날이면 갱신이 필요한 분들의 개인정보 동의서를 한꺼번에 받아 세종지점에 가서 청약서를 출력하고 점심시간에 다시 행사장으로 가서 자필서명을 받고 보험료를 송금하게 한 후 다시 세종지점에 가서 보험증권 발행을 승인받았다. 점심 뷔페를 현장에서 함께 먹다 보니, 나도 본부 식구처럼 어울리며 본사에서 오신 분들과도 자연스럽게 인사를 나눌 수 있었다. 본부장님은 본사 임직원에게 나를 소개하면서, 센터마다 찾아다니며 보험증권 발행을 도와주실 정도로 열정적이고 성실하다고 칭찬을 아끼지 않았다. 얼마 지나지 않아 중부본부에서는 대부분 나를 통해 보증보험 갱신을 하게 되었다.

얼마 후 본부장님은 서울에서 전체 영업자를 대상으로 한 시상식이 있는데 함께 가자고 제안했다. 고맙기도 하고 내 적극적인 영업 태도가 화장품 영업자들에게도 좋은 영향을 줄 것 같아 제안한다고 했다. 전국에서 모이니 인원이 엄청나게 많았다. 각 지역 본부장님들과 명함을 교환하고 인사를 나누었다. 영업실적이 우수한 분들이 수상하는 모습을 보면서 그분들이 정말 부러웠다. 어떤 종류의 영업이든 남다른 실적에는 남다른 고통과 노력이 따른다. 모든 역경을 이겨내고 시상식에서 우레와 같은 박수를 받으며 상을 받는 모습이 너무나 멋졌다. 나는 큰 소리로 환호하며 열렬한 박수갈채를 보냈다. 여성이 대부분인 행사장에서 내 목소리가 너무 커서 그런지 주변 분들이 나를 쳐다봤다. 이날 시상식 참석을 계기로 다른 지역 본부 미팅에도 찾아다니며 보증보험 영업을 하게 되었다.

방문 판매를 하는 브랜드는 무척 많았다. 나는 인터넷으로 검색하거나 전화번호부를 뒤져서 대리점 위치를 찾아내어 한곳 한곳 방문하며 영업했다. 참 외롭고 힘든 일이지만, 뜻밖의 수확을 거두기도 했다. 대개 처음 방문하는 곳은 명함만 건네고 바로 일어서는데, 대표님이 내 옷이 땀에 젖은 것을 보고 앉으라고 권하며 선풍기를 틀어주었다. 얼음물도 한잔 따라주었다.

"고생 많네요."

"아닙니다. 영업이 원래 땀을 흘리는 만큼 대가를 받는 일이잖아요."

"여기는 어떻게 왔어요?"

"전화번호부 책 보고 왔습니다."

"허, 대단하시네. 그러잖아도 두 달 후에 보증보험 갱신하는데, 그때 오십시오."

나는 명함을 받고 나와서 만세를 불렀다. 두 달 후 대표님은 보증금액이 수억 원에 달하는 보험증권을 발급받았다. 또한 가족이 운영하는 다른 사업체의 보증보험도 내게 맡겼다.

경험이 쌓이다 보니, 이제 간판만 보면 어떤 보증보험이 필요할지 감이 왔다. 영업할 곳이 넘쳐났다. 아모레퍼시픽, 리엔케이, 엘지생활건강 간판만 보면 들어가 광개토9대리점을 홍보했다. 인터넷으로 주요 여행사 대리점을 검색해서 지도에서 찾아 방문하기도 했다. 개척영업으로 알게 된 여행사 대표님 덕분에 생소한 S2B(School to Business) 계약에 필요한 보증보험 증권을 발급하기도 했다. 내 명함을 받았던 한 여행사 대표님이 막상 필요할 때 못 찾아서 지점에 전화해 '광개토대왕'을 찾다가 내 연락처를 알게 되어 전화를 걸었다.

"사장님, 우리 학생들 수학여행 가는 것 때문에 보험증권 발급받아야 하는데 이따가 들릴 수 있어요?"

나는 당연히 나라장터 G2B(Government to Business) 계약인 줄 알았는데, 그 건은 소액의 수의계약 형태인 학교장터 S2B 계약이었다. 나는 계약서를 읽어보고 계약기간의 문제점을 발견하고는 학교 행정실에 찾아가 문의했다. 보증보험증권 제출 시간이 거의 다 되어 지체할 겨를이 없었다. 행정실장은 계약서를 수정해 주었다. 증권을 발급해 전달하자 대표님이 무척 고마워했다. 대표님은 "박사장 홍보 많이 해줄게"라고 여러 번 되풀이했다.

대표님의 홍보는 곧 효과를 발휘했다. 어느 날 오후에 대기업 여행사 팀장이 내게 전화했다. 꾸준히 성장하는 대리점이 있는데, 보증보험증권 발급이 거절되었다고 도움을 요청했다. 문제를 살펴보니 기업 신용 대비 보증금액 한도가 초과되어 발급이 어려웠던 것이었다. 그런데 그 대리점의 보증보험증권 중 대학과 계약했던 건들이 이미 종료되었는데, 그 건들을 이행 완료 처리하면 그 금액만큼 보증보험증권을 신규로 발급할 수 있었다. 시간도 없고 설명하기도 복잡한 문제라 나는 그 대표님 차를 얻어타고 함께 해당 대학교로 찾아가 담당자에게 종료된 증권들의 이행 완료 확인서를 작성해 달라고 부탁했다. 학교 측에서도 자세한 설명을 듣고 흔쾌히 서류를 작성해 주었다.

이렇게 해서 여행업계에도 내 소문이 퍼지고 소개에 소개가 이어졌다. 여행사 대리점들을 고객으로 확보한 후에는 땡처리 항공권 정보를 얻어, 갈 곳 없는 명절에 일본과 타이완으로 해외여행을 갔다.

아이스크림 대리점 영업

대리점 수입에서 일부 업종의 수수료 비중이 너무 높았다. 어떻게 하면 시장을 다각화하고, 안정적인 실적을 올릴 수 있을까 고민했다. 어느 날 본사 교육을 함께 받았던 동기 대리점 대표님을 서울에서 만났다.

"아이스크림 쪽도 생각해보세요."

"아이스크림도 보증보험 사용해요?"

"본사에서 물품을 공급받는 곳은 모두 사용하죠."

채승훈 차장에게 아이스크림 영업을 하는 게 어떤지 의견을 물어보자, 아이스크림 손해율 자료를 모두 뽑아 보여주며, 적절한 관리방안과 관리지표를 상세히 가르쳐주었다. 채차장과 만난 후, 나는 전보다 훨씬 더 체계적으로 일하게 되었다.

나는 친구와 얘기하다가 고등학교 동창인 송수용이 해태제과 생산기획부장이라는 얘기를 들었다. 나는 천안공장 근처로 찾아가 송수용과 함께 밥을 먹으며 보증보험 영업을 하려고 하는데 관계자를 한 분만 소개해 달라고 부탁했다. 다른 대리점과 달리 직접 찾아가서 업무를 처리하니, 광개토9대리점을 이용하면 아이스크림 대리점 사장님들이 여러모로 편할 거라고 장점을 어필했다.

송수용을 통해 해태아이스크림 대전지점장님을 소개받았다. 찾아가서 인사드리니, 지점장님은 직장생활을 하는 동안 서울보증보험에서 영업자가 찾아온 일은 처음이라고 말했다.

"대리점 사장님들이 바쁘신데 찾아가서 일 처리를 해주신다니 참 좋네요. 저희는 보험증권만 빨리 들어오면 됩니다."

나는 대전지점의 영업소를 모두 찾아갔다. 소장님들과 만나서 인사하고 기본적인 사항을 파악한 후 보증보험 갱신 업무를 신속하게 처리했다. 특히 보증금액을 증액 또는 감액해야 할때, 진행 상황을 영업소와 해태 본사에 신속하게 공유해서 업무가 효율적으로 진행되도록 했다. 소장님들이 워낙 바빠 나는 새벽에도 찾아가고 저녁에도 찾아갔다.

열심히 하다 보니 해태아이스크림 호남지점 영업소에서도 연락이 왔다. 아이스크림 대리점은 보증금액이 크지 않고 오래 사업을 하는 편이라 신용이 우수해서 세종지점 관할지역이 아니라도 영업을 하는 데 제한이 없는 경우가 많았다. 나는 호남지점을 찾아가 보증보험증권 발급 방법을 설명하고, 당장 발급해야 하는 몇 건을 처리했다. 그리고 소장님께 부탁해 호남지점장님을 소개받은 후 호남지역 영업소도 모두 방문해서 거래를 텄다. 거리가 먼 지역은 직접 찾아가서 보증보험 업무를 진행하는 것이 서로에게 비효율적이었다. 나는 인터넷 활용을 어려워하는 분들에게는 공동인증서 발급과 온라인 청약에 대해서도 상세하게 설명하고 안내했다. 계약자에게 거래 은행에 찾아가라고 한 후 전화로 모든 과정을 안내했고, 이해하기 어려워하면 은행의 청원경찰을 바꿔 달라고 해서 애플리케이션을 깔고 인터넷으로 청약하는 과정을 도와달라고 부탁했다. 정주영 회장님의 "이봐, 해보기나 했어?"라는 말에 담긴 도전정신과 긍정적인 사고방식의 힘을 가슴 깊이 느낄 때가 많았다. 부정적인 생각을 접고 되는 방향으로 생각에 생각을 거듭하면 어떻게든 방법을 찾을 수 있었다. 나중에는 대구와 경북지역에서도 연락이 왔다.

맨 처음 아이스크림 영업을 도와준 송수용은 언젠가 이렇게 말했다.

"회의 시간에 다들 너를 칭찬해, 정말 열정이 넘친다고. 괜히 내가 기분 좋더라."

송수용은 고등학교 동창이긴 하지만 반이 달라서 함께 한 추억이 없기에 특별히 기억하는 친구는 아니었다. 그러나 영업활동을 하면서 내게 귀한 인연이 되었다. 영업은 이렇게 좋은 인연을 많이 만드는 일이기도 하다.

대리점이 계약자이므로 관리 직원이 나를 소개해 준다고 해서 꼭 나와 거래하지는 않았다. 그래서 나는 개척영업을 하는 데에도 공을 들였다. 지도에서 아이스크림 대리점, 우유 대리점을 검색해서 찾아 한 번에 되도록 여러 업체를 방문할 수 있도록 동선을 짰다. 사장님들이 대개 직접 납품을 하러 다니므로 찾아가도 못 만나는 경우가 많았다. 그래서 되도록 대리점이 일을 시작하는 새벽 시간에 찾아갔다. 또한 사장님이 부재 중이어도 보통 이런 대리점은 사모님이나 가족이 함께 일하기 때문에 명함을 전달하며 자세히 설명했다.

새벽에 아이스크림 대리점을 방문하면 대개 사장님들은 냉동고에서 아이스크림 상자를 꺼내어 트럭에 싣고 있었다. 여름에도 방한복을 입고 열심히 물건을 나르는 모습을 보면 TV 프로그램 〈체험 삶의 현장〉의 한 장면을 보는 것 같았다. 일찍 찾아가서 열심히 일하는 사장님을 보며 구석에 우두커니 서 있을 때는 무안하기도 하고 서먹하기도 했다. 그러다가 잠깐만 틈이 생기면 명함을 건네며 내 소개를 하고, "바쁘신 것 같아서 오늘은 명함만 드리겠습니다"하고 돌아섰다. 그렇게 보름에 한 번씩 방문하다 보면, 두 번째나 세 번째 방문에서 사장님들이 마음을 열었다. 처음에는 아무 말 없던 사장님들이 앉으라고 권하며 말을 걸었다. 나중에는 나도 요령이 생겨서 처음부터 박스를 나르는 사장님을 눈치껏 도와드리며 자연스럽게 말을 붙이게 되었다.

개척영업을 통해 최초로 아이스크림 대리점과 계약하게 된

날이 선명하게 떠오른다. 한 아이스크림 대리점을 방문하니, 대표님이 물건을 다 실은 후 라면을 먹고 있었다.

"아, 식사 중이시네요. 서울보증에서 왔는데, 나중에 다시 오겠습니다"하며 명함만 전달하고 나가려는데, 사장님이 나를 붙잡았다.

"그러지 말고 여기 앉아요"하시며 컵라면 하나를 꺼내서 내게도 권했다. 함께 라면을 먹으며 이야기를 나누었는데, 사장님이 지점에 찾아가 보증보험에 가입하려니 시간이 안 난다고 고충을 토로했다. 나는 그 자리에서 개인정보동의서를 보여드리고 스마트폰으로 서울보증보험 홈페이지를 열어 동일한 서류임을 확인시켜 드린 후, 신분증을 확인하고 서류에 서명을 받았다. 그렇게 라면을 먹으며 업무를 진행하고, 다음 날 보험증권을 발급받아 사장님에게 전달하니 무척 고마워하며 말했다.

"우리는 항상 바빠서 이런 데 신경 쓰는 것 자체가 힘든데, 찾아와서 전부 알아서 해주니 박사장과 거래 안 할 사람이 있겠어?"

내 활동이 알려지면서 아이스크림 회사 영업사원의 소개로 비교적 규모가 큰 아이스크림 대리점도 찾아가게 되었다. 다른 대리점들처럼 새벽에 아이스크림을 트럭으로 옮기느라 무척 분주했는데, 트럭도 여러 대였고 직원도 여러 명이었다. 사장님은 늘어나는 거래처로 너무나 바빠 보험증권을 제때 갱신하기 어렵다고 했다. 내가 찾아가서 서명을 받아 보험증권을 발행하자, 편하다고 고마워했다.

사업이 번창해 해마다 아이스크림 배달 차량이 한두 대씩 늘어나는 게 신기하게 느껴졌다. 시간이 흘러서 사장님은 땅을 매입하고 예전보다 훨씬 더 큰 냉동고를 갖춘 아이스크림 대리점을 신축했다. 사장님은 나를 대리점 이전식에 초대하고 그 자리에 온 아이스크림 회사 영업사원들을 소개해 주었다. 올해도 보증보험을 갱신하기 위해서 찾아가 보니 배달 차량의 숫자가 더욱 늘어난 것을 보고 마음이 뿌듯했다. 함께 서로의 성공을 바라고 기뻐하는 관계란 참 아름답다고 느꼈다.

아이스크림 대리점들을 거래처로 확보하면서 나는 가끔 아이스크림을 도매가격으로 사서 내가 봉사활동을 하는 아동보호단체에 전달하곤 했다.

우유 대리점 영업

어느 날 한 중소기업을 소개받고 기대에 부풀어 먼 거리를 운전해서 방문했다. 대개 소개받은 경우는 바로 계약으로 이어지는데 그날은 아니었다. 담당자는 한참 설명을 들은 후 본사에서 지정한 보증보험 대리점이 있으므로 바꿀 수 없다고 잘라 말했다. 주차장에서 운전하고 나오는데 오늘 하루 허탕 쳤다는 낭패감에 마음이 우울했다.

여름이라 차 안이 무척 더웠다. 교통신호에 걸려 에어컨이 시원해지기를 바라며, 창문을 열고 밖을 바라보다가 우유 대리점 간판이 보였다. '우유 대리점도 아이스크림 대리점과 비슷하지 않을까?' 우유 대리점도 본사에 보증보험증권을 제출한다. 나는 차를 길가에 세우고 우유 대리점에 들어갔다. 개척영업에 성공한다면 오늘의 실패를 만회할 수 있었다.

"서울보증에서 홍보차 나왔는데 혹시 사장님 계신가요?"

여성 총무는 당황해하면서 사장님은 새벽 4시 30분쯤에 와야 만날 수 있다고 했다. 그 시간에 물건을 차에 싣는다고 했다. 나는 새벽에 다시 찾아오겠다고 말했다. 다음 날 새벽 4시 30분에 찾아가니 사장님이 웃통을 벗고 신나는 음악을 들으며 물건을 나르고 있었다. 인적이 없는 새벽이라 사장님이 나를 경계할 수도 있어, 나는 조금 떨어진 곳에 서서 "안녕하세요!"라고 인사했다. 사장님은 음악을 끄고 "서울보증에서 왔어요?"라고 물었다. 오히려 내가 좀 당황했다. "어제 낮에 오셨었죠? 여동생이 서울보증에서 사람이 올지도 모른다고 했어요." 물건을 실어야 하니 조금만 기다리라고 해서 "제가 힘은 좋습니다"라고 말하고 함께 물건을 실었다. 물건을 다 싣고 나서 보증보험 업무를 맡겨 주시면 신속·정확하게 하겠다고 했다. 사장님은 우유 대리점을 십 년 넘게 운영했지만, 서울보증보험에서 찾아온 건 처음 봤다고 말하며 내게 보증보험을 의뢰하겠다고 했다.

사장님은 몇 주 후 전화번호를 몇 개 주었다. 내 얘기를 했더니 가까운 우유 대리점 몇 곳에서도 나와 거래하겠다고 했다는 것이었다. 그날 우연히 교통신호에 멈춰 눈에 띈 대리점에 들어갔을 뿐인데, 그 일이 씨앗이 되어 여러 건의 계약으로 이어졌다. 이렇게 하다 보면 내 목표를 이룰 수 있다는 확신이 점점 더 강해졌다.

우유 대리점을 영업하던 중 또 다른 아이디어가 떠올랐다. '우유 납품 차량이 납품하는 마트들에 가서 명함을 돌리면 어떨까?' 대형마트에 가니 너무 복잡했다. 모두 분주하게 움직이고 있어 명함을 전달할 잠깐의 시간도 없었다. 그래서 중소형 마트에 가서 여기저기서 도착한 납품 차량들에 명함을 돌렸다. 눈치껏 짐을 내리거나 나르는 것을 도와드리며 안면을 익히고 내 소개를 했다. "서울보증에서 왔습니다. 혹시 상품판매대금 보증보험이나 학교급식을 입찰할 때 보증보험 필요하시면 연락 주십시오. 최선을 다하겠습니다." 그러면서 우유, 햄, 치즈 등 각종 식품을 납품하는 대리점 사장님들과 즉석 상담을 진행했다. 새벽부터 움직이니 납품업체들을 한꺼번에 만나 효과적으로 영업할 수 있었다.

마트에 진열된 식품들이 예전과는 달리 다 보증보험상품으로 보였다. 나는 진열대에 있는 상품들의 이름을 적고, 인터넷에서 그 식품회사들의 지점을 검색해서 주소를 적고 방문계획을 짰다. 이런 과정을 거쳐 지금은 여러 브랜드의 우유 대리점들을 비롯해 수많은 식품 대리점들과 거래하고 있다.

신뢰의 동심원

시간이 흐를수록 돌입 방문이나 개척영업보다 소개 영업이 중요해졌다. 내 서비스에 만족한 분들은 적극적으로 지인을 소개해 주었다. 우연한 기회, 작은 계약을 소홀히 하지 않고 최선을 다한 대가는 몇 배가 되어 돌아왔다. 전혀 기대하지 않을 때도, 한참 시간이 흘러 기억이 나지 않을 때도, 기존 고객이 새로운 고객을 연결해 주는 일은 선물처럼 계속 이어졌다. 누군가를 소개해 주는 것은 그 사람을 보증하는 일이라 웬만해서는 하기 어렵다. 한 사람에게 심어 준 신뢰가 주변에 전파되고, 점점 더 신뢰가 영향을 끼치는 범위가 넓어진다. 신뢰의 동심원은 직접 아는 사람들의 경계를 넘어, 지인의 지인, 지인의 지인의 지인, 내가 모르는 사람들에게로 퍼져나간다. 모르는 사람들에게서 연락이 오는 일이 잦아졌다.

영업은 고객의 문제를 해결하는 것이다

어느 날 옛날 동료인 정민화 차장이 전화했다. 식품 대기업에 다니는 후배와 저녁 식사를 했는데, 대리점 보증보험 관리를 해줄 사람이 필요하다는 얘기를 들었다는 것이었다. 그 친구가 전국 대리점을 개척하러 다니는데, 너무나 열정적인 모습이 나와 똑같아서 내 소개를 했다고 했다. 정차장은 그날 오후 2시에 본사 미팅이 끝나니 그 시간에 맞춰 전화해 보라는 팁과 그 식품회사 하원철 팀장의 명함을 사진으로 찍어 내게 보내주었다. 전국 대리점 관리로 워낙 바쁘게 돌아다니니 통화는 짧게 하라고 조언했다.

오랜만에 연락해서 정보를 주고 순수한 마음으로 나를 응원해 주어 너무나 감사했다. 나는 어떻게 하면 전화로 임팩트 있게 영업할까 궁리하다가, 매일 바쁘게 현장을 누비는 분이라면, 내가 그분 입장이라면, 어떻게 하는 게 좋을지 원점에서 생각해보았다. 직접 만나 10분만 미팅하는 것이 전화 통화만 하는 것보다 나을 것 같았다. 보증보험 관리는 전화로만 잠깐 얘기하기에는 복잡하고 까다로운 업무였다. 나는 KTX를 타고 그 식품회사 서울 본사에 가서 2시 정각에 전화했다. 나를 소개한 후, 건물 1층 로비에 있다고 말했다.

"네? 저희 건물에 오셨다고요?"

"팀장님이 전국을 바쁘게 다니신다고 들어서, 기회 될 때 잠간이라도 만나 뵙고 이야기 나누는 게 효과적일 것 같아 찾아 왔습니다."

팀장님은 하하하 웃으며 올라오라고 했다.

"사무실이 세종시라고 하지 않으셨나요?"

"네. 기차로 오면 1시간도 안 걸립니다. 기차는 시간이 정확하니까 늘 기차를 타고 전국을 다닙니다. 항상 코레일에 감사하죠. 오늘 지방으로 출장 가신다고 들었는데 혹시나 바쁘셔서 통화가 안 될까 봐 직접 왔습니다."

"정민화 선배가 적극 추천한 이유를 알겠네요. 사무실 옆에 보증보험 지점이 있어서 월요일에 찾아갈까 생각 중이었는데, 이렇게 오신 걸 보니 안 가길 잘했네요."

내가 기민하게 움직이지 않았다면 이 기회를 놓쳤을 것이라는 생각에 나는 가슴을 쓸어내렸다.

"관리 차원에서 현재 발행된 보험증권들의 기한을 12월 31일로 맞추고, 가입 기간을 2년으로 했으면 합니다."

"5분만 시간을 주시면 과정을 설명드리겠습니다."

나는 요점만 간단히 정리해서 절차와 서류를 설명했다. 팀장님은 아주 흡족해 했고, 보증보험 담당자가 외근이라서 5시에 들어오니 다음 주에 약속을 잡아서 다시 보자고 했다. 나는 주변에 있다가 그날 5시에 담당자와 미팅하겠다고 말했다.

나는 5시에 담당자와 미팅하고 다음 주 금요일까지 작업을 모두 완료하기로 했다. 나는 마트와 식품대리점 영업을 많이 해봐서 대리점주들의 동선을 머릿속에 훤히 그릴 수 있었다. 나는 내 명함을 대리점주들에게 단체 문자로 보내달라고 담당자에게 요청했다. 그리고 보증보험을 발급받는 대리점주들의 명함과 사업자등록증을 광개토9대리점 팩스로 보내달라고 부탁했다. 그렇게만 해주면 나머지는 내가 다 알아서 진행하겠다고 했다.

"저희가 또 해드릴 것은 없나요?"

"금요일 오후에 한 번 더 문자를 보내주십시오. 즉, 문자를 오늘과 금요일 오후 5시에 두 번 보내시면 됩니다."

"왜 5시죠?"

"그때가 업무를 끝내고 쉬실 때니까요. 식품 대리점주분들은 새벽 일찍 일을 시작하고 오후에는 일찍 마치시잖아요."

다음 날 아침부터 서둘러서 하루 만에 보험증권을 반 이상 발급받아 전달했다. 식품회사 담당자가 그때까지 명함과 사업자등록증을 안 보낸 분들은 광개토9대리점 팩스로 보내달라고 다시 한번 문자를 발송하자 주말까지는 모든 대리점주의 명함과 사업자등록증을 확보할 수 있었다. 나는 월요일까지 의뢰받은 보증보험증권 대부분을 발행했다. 나머지 몇 건도 추가 서류를 받아 며칠 만에 완료했다. 팀장님과 담당자는 연신 고맙다고 말했다.

꾸준히 걷다 보면 목적지에 도착한다

어느 날 식품회사에서 전화가 와서 제주도에 있는 대리점과 신규 거래를 하게 되어 보증보험이 필요하다고 했다. 대리점 사장님과 통화해 보니 너무 바빠서 공동인증서를 갱신하러 가지 못했다고 했다. 그런데 식품회사에 보험증권을 제출해야 하는 날짜가 촉박했다. 연말이라 모두 바쁜 시기였다. 세종지점 담당자들이나 류지연 실장도 눈코 뜰 새 없이 일하고 있어, 평소보다 업무 처리에 더 시간이 걸렸다.

대표님에게 다음 날 오전 11시까지 가겠다고 연락했다. 대표님은 한편으론 놀라워하고 한편으론 미안해했다.

"여기를 오신다고요?"

"제날짜에 보험증권을 본사에 제출해야 하니까요."

나는 대표님에게 신분증을 준비하라고 했고, 대리점에 팩스가 있는지 물어보았다.

다음 날 새벽 5시 50분에 공항 가는 버스를 타고 가서 제주도로 향했다. 제주공항에서 급행버스를 타고 서귀포에 있는 신규 거래처를 찾아갔다.

"정말로 오셨네요!"

"그럼요. 저는 지킬 수 없는 약속은 하지 않습니다."

대표님 신분을 확인하고 증권발급 업무를 도와 드렸다. 대표님은 직접 농사지으셨다며 귤을 많이 싸 주었다. 보험증권이 즉시 발급되니 식품회사 담당자도 놀라움을 금치 못했다. 당연히 금전적으로는 손해 본 출장이지만, 정주영 회장님이 늘 강조한 '신용'을 지킬 수 있어 정말 보람을 느꼈다.

곧 제주도에 갈 일이 또 생겼다. 학창 시절 주유원 아르바이트로 시작해 주유소를 여럿 소유한 입지전적 인물인 황우현 대표님이 운영하는 주유소의 보증보험 갱신 건이었다. 매출액이 엄청나고 보험료도 많이 내는 주유소였다. 어느 날 황대표님 주유소 실무자가 전화해서 보증보험을 급하게 갱신해달라고 요청했다. 손해율이 상승하면서 보험료가 급등해서 보증보험 갱신을 주저하던 중 만기일이 다가와 시간이 없다는 것이었다. 하루밖에 시간이 없었다. 다행히 서류는 이미 준비되어 있었고 신용이 좋아서 보험증권 발급에 별 지장은 없을 것 같았다. 본부심사를 마치고 대표의 자필서명만 받으면 되었다. 그런데, 담당자가 대표님이 제주도에 계신다고 했다.

나는 대표님께 연락해서 다음 날 제주도로 찾아가겠다고 말했다. 대표님이 오전에 일정이 있어 오후에만 시간이 된다고 했다. 그런데, 그날 나는 다른 대표님을 천안에서 만나기로 약속이 잡혀 있었다. 오후에 제주도에서 미팅하고 업무시간 내에 천안에 가서 또 미팅해야 하는 상황이라 방법을 생각해 내려고 애썼다. 나는 황대표님에게 내일 천안에도 미팅이 있어서 서울보증보험 제주지점에 서류를 가져다 놓을 테니, 거기서 자필서명을 해달라고 부탁했다.

다음 날 비행기를 탔는데 다른 문제가 생겼다. 기상이 악화되어 비행기가 40분 출발이 지연된 것이었다. 초조한 시간을 보내고 제주도에 내리자마자 택시를 타고 서울보증보험 제주지점에 도착했다. 제주지점 담당자가 세종지점 채승훈 차장 연락을 받았다며 나를 맞이했다. 서류를 전달했더니, 이 서류 하나 때문에 제주도까지 오셨냐며 놀라워했다. 나는 황급히 인사하고 나와 다시 택시를 잡아타고 제주공항으로 갔다. 여전히 기상 상태가 안 좋아서 비행기가 계속 연착했다. 할 수 없이 약속한 대표님께 전화해서 좀 늦는다고 사정을 얘기했다. 약속시간보다 늦게 도착해 자필서명을 받은 후 천안지점에서 서류를 스캔해서 업무를 진행하고, 세종지점에는 원본 서류를 들고 7시 가까이 도착했다. 채승훈 차장은 퇴근하지 않고 나를 기다리고 있다가 "수고하셨습니다"라고 말했다. 그때서야 그날 한 끼도 안 먹은 게 생각났고 배가 몹시 고팠다.

한 기업의 제주지사에서 연락이 와서 찾아간 적도 있다. 원래는 오전에 제주도에 갔다가 오후에 돌아와 다른 일을 하려고 아침 일찍 약속을 잡았는데, 안개로 비행기 출발이 지연되어 11시가 넘어서야 도착했다. 십 분의 짧은 미팅을 마치고 일어서며 제주공항으로 간다고 하자 이 짧은 미팅을 하려고 여기까지 왔냐고 담당자가 놀라워했다.

비행기 탑승 시간까지 2시간 넘게 남아 있었다. 나는 제주 동문시장까지 걸어가 갈치 물회를 파는 식당에 들어갔다. 정말 맛있었다. 고등어회도 주문해 먹고 있는데, 젊은 여성 두 명이 커다란 배낭을 메고 들어왔다. 배낭을 바닥에 내려놓는데 앳된 얼굴이 대학생처럼 보였다. 식사하면서 맥주를 한 병 주문해 건배하며 "고생했어" 그렇게 서로를 격려해 주었다. 가냘픈 몸에 큰 배낭을 멘 것도 그렇고, 점심시간에 다른 이들의 시선을 의식하지 않고 맥주를 마시며 서로를 응원하는 모습이 멋져 보였다.

손님이 별로 없어 무료했는지 주인아저씨가 그 친구들에게 다가가 말을 걸었다.

"손님들도 회사 그만뒀나요?"

"네. 그만두고 바로 와서 열흘간 올레길 걸었어요."

"얼마 전에도 퇴사하고 올레길 걷는 젊은이들을 봤어요."

대화 내용이 신선하고 재미있었다. 그들은 96년생이고 엔지니어인데, 회사가 자기랑 잘 안 맞는 것 같아 그만뒀다고 했다. 그리고 올레길을 걸으며 진짜 하고 싶은 일이 무엇인지, 어떻게 살아갈지 생각해보았다고 했다. 어린 친구들이 커다란 배낭 하나 메고 열흘이나 도보여행을 했다니 대단하게 느껴졌다. 처음 보는 아저씨에게 솔직하게 자기를 표현하는 그 친구들의 당당함도 인상적이었다.

나는 이야기에는 참여하지 못했지만, 가게를 나오며 이렇게 말했다. "괜찮으면 아저씨가 밥값 내줘도 될까요?" 주인아저씨는 너털웃음을 터뜨리며 "손님들이 멋쟁이 아저씨 만났네요"하자 주방에 있던 아주머니도 나와서 멋쟁이 아저씨라고 맞장구를 쳤다. 여성들은 "와, 대박!"을 외치며 감사해했다. 나는 밥값을 내주면서 "적성에 안 맞아서 회사 그만둔 것 같은데, 참 당당해서 보기 좋아요. 아저씨가 많이 배웠어요. 건강하게 잘 살아요!"라고 인사했다.

인생이란 목적지를 향해서 조금씩 조금씩 전진하는 것이다. 영업도 그렇다. 당장은 앞이 보이지 않아도 꾸준히 걷다 보면 어느새 목적지에 도달한다. 10년 전쯤 철용이와 부산까지 자전거를 타고 가자고 얘기한 적이 있다. 처음에는 농담이었지만, 몇 달 후 우리는 그 계획을 실행에 옮겼다. 자전거를 오래 타니 처음에는 엉덩이가 아팠지만 어느새 익숙해졌다. 우리는 중간중간 속도를 올려 얼굴을 스치는 상쾌한 바람을 즐기기도 하고 잠시 앉아서 쉬기도 하며 계속 앞으로 나아갔다.

5월이라 이미 햇볕이 따가웠다. 우리는 청주에서 출발해 국도의 이정표를 따라 미원면, 보은군, 옥천군, 영동군, 상주시를 지났다. 처음 보는 새로운 풍경에 가슴이 설렜다. 저녁 무렵 성주군에 도착했다. 철용이는 천주교인이었는데, 우리는 성당에 찾아가 자려는 엉뚱한 생각을 하고 있었다. 성당에 손님 방이 없어 성주군청에 찾아가 숙직실에서 하룻밤 잘 수 없냐고 물어보았다. 외부인은 재워줄 수 없다는 말에 우리는 여관을 찾아서 맥주 한 캔을 마시며 하루를 정리하고 5시간 정도 잤다. 출발할 때는 2박 3일로 예상했는데, 달리다 보니 2일이면 가능할 것 같아, 조금만 자고 일어나기로 했다.

다음 날 피로가 전혀 풀리지 않은 채로 다시 부산을 향해 부지런히 페달을 밟았다. 그런데 밀양 근처에 도착했을 즈음 폭우가 내려서 우리는 주유소 처마 밑에 앉아서 떨어지는 빗방울만 바라보며 어찌할 바를 몰랐다.

철용이가 말했다. "진수야 그냥 가자." 나는 기다렸다는 듯이 웃으며 화답했다. "그래, 가자!" 우리는 굵은 빗줄기를 헤치고 힘차게 나아갔다. 물에 빠진 생쥐처럼 금세 옷이 다 젖었다. 달리다 보니 다시 햇빛이 빛나고 옷이 조금씩 말랐다. 비록 몸에서 쉰내는 났지만, 마음은 무척 즐거웠다.

노래를 부르며 달리다 보니 김해시가 보였다. 지나가는 차량이 신호에 걸리면 차창을 열고 어디 가냐고 신기한 듯 물어보기도 하고, 어떤 이는 생수를 한 병 주며 파이팅을 외치기도 했다. 날이 어둑어둑해졌을 무렵 우리는 드디어 부산광역시 경계를 표시한 표지판 아래에 도착했다. 둘이서 기쁨을 만끽하며 사진을 찍었다. 뭔가 해냈다는 성취감을 마음껏 누렸다.

출발할 때 부산에 자전거로 간다고 군대 동기인 김동우에게 연락했었다. 다시 전화해서 나오라고 하니 1박 2일 만에 청주에서 부산까지 자전거로 온 것을 믿지 못하겠다는 듯이 고개를 절레절레했다. 김동우도 취미 수준을 넘을 만큼 사이클을 좋아하고 자전거에 대해 많이 아는 친구였다. 철용이와 내가 오면서 찍은 사진을 보여주자 그제야 허풍이 아니었다는 것을 인정하고 대단하다고 엄지를 치켜세우며 횟집에 데려가 술을 사주었다. 지금도 철용이와 만나면 언젠가 강원도 고성군 통일전망대까지 자전거로 가보자고 이야기하곤 한다.

힘들 때마다 그때를 기억하면 입가에 미소가 떠오른다. 순간 순간은 힘들고 좌절의 연속이지만 꾸준히 정진하면 목표를 이루고 커다란 성취감을 맛보게 된다. 제주 올레길을 완주한 그 여성들도 힘든 순간이 닥칠 때마다 한 발짝 한 발짝 묵묵히 앞으로 나아간 기억을 떠올리며 계속 전진할 힘을 얻을 것이다.

때를 기다리는 법

서울보증보험은 개업한 지 1년이 지나고 일정 수준 이상의 실적을 올린 대리점에는 특정 상품들 및 일정금액 이하에 대해 직접 승인해서 보증보험증권을 발행할 수 있는 권한을 준다. 지점 승인 담당자에게 심사의뢰를 하고 승인을 받아서 보험증권을 발행하는 것에 비해, 훨씬 더 효율적으로 일하고 훨씬 더 신속하게 보험증권을 발급할 수 있게 되는 것이다.

광개토9대리점이 1년이 채 안 되었을 무렵, 많이 애쓴 끝에 한 기업체와 거래하게 되었다. 기쁨은 잠시뿐이었다. 기존에 거래하던 대리점은 대리점에서 직접 승인해서 우리보다 보증보험증권 발급 속도가 빨랐다. 업체 실무자가 불편해서 결국 그 업체는 기존 대리점과 다시 거래하기로 했다.

나는 무척 아쉬웠다. 하지만 아픈 마음을 억누르고, 우리 대리점이 직접 승인을 할 수 있게 되기까지, 그 업체 대표님과의 인연을 이어나갔다. 시간이 흘러서 우리가 자격을 갖추게 되자, 나는 다시 대표님을 찾아가서 한 번만 더 기회를 달라고 말했다. 여러 번 찾아가 부탁해서 일을 맡게 된 후 신속하고 빈틈없는 업무 처리로 거래업체 실무자를 만족시켰다. 그 업체는 계속 사세를 확장하며 다른 업체들도 우리 대리점에 소개해 주었다. 기다리고 인내하며 때를 기다린 결과 나는 몇 배 더 큰 실적을 거둘 수 있었다.

서울보증보험은 지점별로 영업할 수 있는 지역이 정해져 있다. 그런데 지역에 상관없이 영업할 수 있는 기업들이 있었고, 1년에 한 번씩 그 기업들의 명단이 나온다. 이런 기업들은 주로 전국적으로 사업하는 대기업이라서 지역에 상관없이 한 대리점에서 관리하는 게 효과적이었고, 이미 오랫동안 거래한 대리점이 있었다. 대기업이나 금융권 퇴직자가 아니고 특수관계인도 아닌 나 같은 사람이 이런 기업과 거래하는 것은 낙타가 바늘구멍에 들어가는 것처럼 어려운 일이었다.

한 번은 택배회사가 눈에 들어왔다. 자료를 찾아보니 보증보험 수요가 아주 많았다. 각 지역 대리점은 물론 각 택배 차량이 대리점 개념이라 보증보험이 필요하다고 했다. 나는 인터넷으로 검색해서 가까운 택배 집하장을 찾아갔다. 택배를 실어나르느라 다들 정신이 없어서 끼어들기가 어려웠다. 차주가 잠시 쉬는 것 같으면 재빨리 움직여 명함을 전달했다. 차량이 출발하기 전 차창에 대고 내 소개를 하며 명함을 건네기도 했다. 며칠간 명함을 돌리다 보니 나를 알아보고 눈인사하는 차주들도 있었다.

아직은 택배 업종에서 큰 성과는 없지만, 이렇게 뿌리는 내 땀은 내일을 위한 씨앗이었다. 언젠가는 광개토9대리점도 전국적인 대기업과 거래하게 해줄 희망의 씨앗이었다.

땀은 배신하지 않는다

서울보증보험은 해마다 창립기념식에 우수대리점을 선정해 시상한다. 그중 신인상은 손해율, 매출액, 신규 시장 개척 등 여러 분야를 평가해 수상자를 뽑는다. 어느 날, 서산에 있는 아이스크림 대리점을 소개받아 방문하려고 운전하고 있을 때 류실장이 전화했다. 메신저로 연락하지 않고 전화를 한 것으로 보아 뭔가 긴급한 건이었다.

긴장하며 블루투스 이어폰으로 전화를 받았다.

"대표님……. 우리가 신인상에 선발되었어요!"

평소와는 달리 들뜬 류실장의 목소리가 왠지 비현실적으로 느껴졌다. 나는 정말인가 싶어서 되물었다.

"확실해요?"

"신인상 수상자 세종지점 광개토9대리점이라고 몇 번이나 확인했어요."

나는 너무나 기뻐서 그 기분을 만끽하기 위해 차를 길가에 세우고 잠시 차에서 내렸다. 지난 2년간 있었던 일들이 주마등처럼 눈앞에 펼쳐졌다. 기뻤던 일, 슬펐던 일, 그동안 개척한 수많은 업체들, 내 명함을 받은 수많은 사람들…….

잠시 후 이영복 지점장님도 내게 전화했다.

"박사장님, 축하해요!"

"이거, 정산이 잘못되었다고 바뀌거나 하진 않겠죠?"

"바뀌긴요. 그럴 리가요. 지금 어디예요?"

"서산 가는 중인데 일 마치는 대로 지점으로 돌아가겠습니다."

기분이 묘했다. 어떤 목표를 이루겠다고 다짐한 후 필사적으로 노력하다가 마침내 달성한 그 기분은 겪어보지 않고는 도저히 알 수 없다. 서산에서 아이스크림 대리점 사장님과 미팅하는데, 마음이 들떠서 공중에 둥둥 떠 있는 것 같았다. 신뢰할 만한 분에게 소개를 받은 사장님은 이미 마음을 정한 상태라, 내가 설명을 시작하자 그럴 필요 없이 그냥 보증보험을 맡기겠다고 말했다. 여러 대기업과 거래하는 아이스크림 대리점 특성상 다음 달에도 보증보험 갱신 건이 두 건 있다고 했다. 미팅을 마친 후 여러 건을 계약하게 된 기쁨도 기쁨이지만, 빨리 세종지점 사무실에 가서 전산에 수상자로 뜬 내 이름을 내 눈으로 보고 싶었다.

사무실에 도착한 후, 떨리는 마음으로 전산에서 내 이름을 직접 확인한 후에야 나는 내가 수상자임을 실감했다. 이영복 지점장님이 불러서 지점장실로 갔다. 들어가자마자 나는 지점장님 손을 내 두 손으로 꽉 잡았다.

"고맙습니다, 지점장님. 지점장님 아니었으면 저는 상을 못 받았을 거예요."

"아닙니다. 대리점 개설하신 지 2년 만에 10억 원이 넘는 매출을 올리셨으니 정말 대단하십니다. 서울보증보험에 30년 정도 있었지만 처음 봤습니다. 정말 대단하세요."

선비처럼 진중하고 감정 표현을 거의 하지 않는 지점장님이 그날만큼은 아낌없이 칭찬하며 축하해주었다.

이영복 지점장님을 만난 후 사업의 방향성을 함께 고민하고 논의하게 되면서 나는 불과 1년 만에 엄청나게 성장했다. 채승훈 차장의 조언대로 손해율 관리에 유의하며 영업대상을 다각화해 위험을 분산했고, 유성동 대리가 아침마다 교육을 해주어 상품에 대한 전문성도 갖추게 되었다. 이영복 지점장님은 첫인상은 안정을 추구하는 전형적인 관리자 스타일인데, 실제로 일해보면 공격적인 영업맨 스타일도 있었다. 두 가지 장점을 다 갖추었으니, 영업조직에는 꼭 필요한 분이었다. 단지 나이 때문에 올해 여름부터 임금 피크제 대상으로 업무 영역이 대폭 축소되어 나는 정말 아까운 인재라고 아쉬워했다.

지점장실을 나오니 여러 대리점과 직원들의 축하 인사가 이어졌다. 특히 채승훈 차장의 축하 인사가 내게는 가장 가슴에 다가왔다. 환하게 웃으며 "사장님, 대단하세요"라고 치하하는데, 너무나 기뻤다. 마침 유성동 대리는 외근 중이라, 나는 문자를 보냈다. '대리님, 대리님이 새벽잠을 포기하시고 가르쳐주신 상품교육 정말 감사했습니다. 제가 정말 큰 신세를 졌습니다.' 유성동 대리도 곧 축하한다는 답 문자를 보냈다. 무엇보다도 류실장에게 감사했다. 처음에는 전산 업무를 같이 하기도 했지만, 사무실에서 혼자 그 많은 업무를 처리하느라 얼마나 힘들었을까? 나는 악수를 청하며 감사하다는 말을 되풀이했다. "저 혼자는 못했을 거예요. 이 상은 절반은 류실장님이 수상하시는 겁니다." "아닙니다, 대표님. 축하드립니다."

　사무실을 나와서, 자주 가는 육거리시장 우리동네전집에 혼자 들어갔다. 사장님은 "낮부터 웬일이세요?"라고 걱정스런 표정으로 물었다. 혼자 낮에 오니 뭔가 안 좋은 일이라도 생겼나 보다 생각한 것 같다.

　"막걸리 한 주전자하고 녹두전 주세요."

　한 사발 들이켜니 정말 상쾌했다. 너무 힘들어서 포기하려고 했던 순간들이 떠올랐다. 버티고 버티니 이런 날이 왔다. 혼자 마시는 막걸리지만 너무나 행복했다. 가게를 나오려는데 할아버지들이 막걸리를 마시고 계셨다. 막걸리 한 주전자에 4천원, 전 한 접시에 5천 원이었다. 나는 사장님에게 5만 원을 드리고 할아버지들이 드시는 술과 안주도 그 돈으로 계산하시라고 했다. "오늘 정말 좋은 일이 있어서요."

사장님이 거스름돈을 주려고 하시길래 만류했다. "사장님도 맥주 한 병 드세요!" 시장은 워낙 가격이 저렴해서 적은 돈으로도 크게 인심 쓸 수 있었다. 기분이 너무나 좋았다. 술을 마신 터라 원룸으로 향했다. 찜질방에서 원룸으로 이사한 지 몇 달 지난 때였다. 햇볕이 잘 안 드는 원룸이지만, 그날따라 방안이 너무나 따스하고 아늑했다.

2019년 2월 19일 그랜드하얏트서울호텔에서 서울보증보험 창립 50주년 기념식 및 우수대리점 시상식이 개최되었다. 시상식 전날 밤에는 잠을 설쳤다. 군대에서 첫 휴가를 나갈 때 군화를 닦고 옷을 다리면서 새벽을 맞이했던 것처럼, 나도 오랜만에 구두를 꺼내 구두약으로 닦고 라이터 불로 불광도 내보았다. 군대에서 하도 많이 닦아봐서 그런지 실력이 아직 녹슬지 않았다. 구두는 방금 산 것처럼 번쩍였다. 셔츠도 정성스럽게 다림질했다. 파산신청을 할까 말까 고민하던 때가 엊그제 같은데, 시상식에서 상을 받는 장면을 상상하니 너무나 기뻐서 잠이 오지 않았다.

새벽에 일어나 정장을 입고 구두를 신고 방을 나섰다. 날씨는 추웠지만, 기분이 정말 상쾌했다. 전에는 서울 가는 버스나 기차를 타면 앉자마자 잠이 들었는데, 그날은 잠이 오지 않았다. 빈 상가에서 남의 눈을 피해 숙식을 하던 일, 찜질방에서 자다가 몸살로 응급실에 갔던 일, 친구 한만욱이 영업할 때 타라고 소나타를 뽑아주었던 일이 생각났고, 점심시간이 되면 명보가 일하는 공업사에 찾아가서 큰 양푼에 밥을 비벼서 나눠 먹던 기억, 보증보험 수수료가 기대보다 적어서 피부관리를 다시 본격적으로 하려고 고민할 때 이영복 지점장님을 만나 다시 도전하겠다고 결심했던 기억이 되살아났다. 어느새 내 눈에는 눈물이 맺혔고, 그 모든 어려움을 이겨내고 여기까지 온 내가 자랑스러웠다.

그랜드하얏트호텔은 서울에서 사회생활을 할 때, 가끔 식사도 하고 연말 행사도 했던 곳이라 낯설지 않고 반가웠다. 옛날에 잘나가던 시절이 다시 떠올랐다. 행사장을 둘러보고 있는데 이영복 지점장님이 축하 꽃다발을 들고 나타났다. 내가 정장을 입은 모습을 처음 봐서 딴 사람 같다고 했다. 금융위원회 위원장의 축사로 행사가 시작되었다. 나는 그토록 기다리던 표창패와 괌 여행 티켓을 선물로 받았다.

나는 예전에 몇 번 괌에 간 적이 있어서 다음 날 출근해 그동안 고생했던 류실장에게 티켓을 주며 신랑과 함께 가라고 했다. 그러나 결국 류실장은 여행을 포기했다. 공무원인 남편분이 자신이 휴가를 가면 동료들이 고생한다고 정중하게 거절했다. 대신 나는 회사에서 받은 상금 150만 원 중 80만 원을 성과급으로 류실장에게 지급했다.

한 달 후 나는 회사에서 받은 티켓으로 괌에 갔다. 공항에서도 고객들의 전화에 응대하느라 분주했지만, 포상 휴가는 역시

달콤했다. 서울에서 오랫동안 대리점을 운영한 선배님과 한 방에 묵으며 많은 이야기를 들었다. 모든 분야가 그렇지만, 서울에서 영업을 하면 역시 스케일부터 다르다는 생각이 들었다. 괌에 머문 4일간 영업과 관련된 많은 조언을 들을 수 있었다.

하루는 바다와 섬을 돌아다니며 낚시도 하고 스노쿨링도 하는 호핑투어(hopping tour)가 예정되어 있었지만, 나는 그냥 호텔 방에서 쉬기로 했다. 오랫동안 고생한 나에게 휴식을 선사하는 게 이번 여행의 목적이었다. 최고급 호텔에 묵고 있어서 호텔 부대시설만 이용해도 즐길 게 많았다. 한참 동안 바닷가에 누워 편안한 마음으로 내가 꿈꾸는 미래를 상상했다. 그런 다음 나는 셔틀버스를 타고 면세점이 있는 시내로 나갔다.

내 생일 날 만나서 식사하고 딸아이가 계산하는데, 지갑이 없어 주머니에서 돈을 꺼내서 계산하는 것을 본 후 언젠가 돈을 벌면 지갑 하나 사 주리라 마음먹었다. 지갑은 한 번 사면 십 년은 쓴다. 나는 면세점에 들어가서 예쁜 반지갑을 샀다. 근처 맥도널드 햄버거집에 가서 주문한 햄버거와 감자튀김과 함께 지갑을 놓고 사진을 찍어서 '아빠 햄버거 먹는 중'이라는 메시지를 한국의 딸에게 보냈다. 사진을 본 딸아이는 영상통화를 하며 좋아서 어쩔 줄 몰라 했다. 딸아이는 지금도 그때 사준 지갑을 들고 다닌다.

4장

어떻게
살 것인가

영업자가 사는 법

단지 목구멍에 풀칠하기 위해 하기 싫은 일을 견디며 살아야한다면 인생이 얼마나 비참할 것인가? 좋은 아파트에 살고 비싼 차를 몰고 명품 옷을 입더라도, 그 삶을 지탱하기 위해 대부분의 시간 동안 하기 싫은 일을 하며 만나기 싫은 사람들을 보며 살아야 한다면 삶의 질은 낮을 수밖에 없다.

나는 영업자고 이 일이 자랑스럽다. 가족을 위해 생계를 위해 분투하는 소상공인, 자영업자, 직장인들을 매일 만나며 그들에게 힘이 되고자 한다. 먹고살기 위해, 내게 생계를 의지한 사람들을 위해, 어쩔 수 없이 계산기를 두드리고 이해득실을 따지지만, 그 처절한 생존경쟁 속에서 오히려 진정한 배려와 선의가 빛난다. 마치 전쟁터에서 인간성의 가장 고귀한 측면을 마주하게 되는 것과 같은 이치라고나 할까. 치열한 삶의 현장에서 땀과 눈물을 흘려본 사람일수록 진짜 중요한 순간에 선의를 베푸는 것을 많이 경험했다. 내 진심과 성실을 인정받아 여기까지 왔다. 내가 오늘날 이렇게 작은 성공을 구가하는 것은, 이해관계를 떠나 나를 지원해 준 수많은 친절한 마음과 응원 덕분이다.

영업자의 첫인상

약속 시간을 정확히 지키는가가 첫인상을 결정할 때가 많다. 나는 여러 변수를 고려해 항상 약속 시간 30분 전에 도착하는 것을 목표로 동선과 일정을 정했다. 바쁜 사람일수록 시간이 돈이다. 30분 전에 도착하면 우선 마음이 편하고 내가 할 이야기를 정리할 시간을 확보할 수 있다. 늘 일기예보를 확인해서 폭설이나 폭우 같은 상황에서는 훨씬 더 일찍 움직였다.

옷차림도 중요하다. 요즘은 비즈니스 캐주얼이 대세라 옷값이 부담스러운 내게는 다행이었다. 지금은 돈이 부족하진 않지만, 종일 운전하며 여러 거래처를 방문해야 해서 정장은 아무래도 불편하다. 깔끔하게 입기만 하면 되고, 정장을 갖춰 입을 필요가 없어서 좋다. 고객을 만날 때는 최대한 건강하고 깨끗한 모습을 보이는 것이 중요하다. 술 냄새가 나거나, 눈이 충혈되었거나 피곤해 보이는 모습은 고객에게 좋은 인상을 주기 어렵다. 나는 새벽에 항상 반신욕을 한 후 말끔한 모습으로 영업에 나서곤 했다.

상품에 대한 지식도 중요하다. 영업자는 자신이 파는 상품에 대해 잘 알아야 자신감이 생겨 당당하게 고객을 대할 수 있다. 잘 모르면서 팔려고 하면 처음부터 움츠러들고 예상치 못했던 질문에 당황하게 된다. 나는 상품지식을 쌓으려고 처음부터 많은 노력을 기울였다. 그렇지만, 고객이 내가 모르는 부분을 질문하면, 모른다고 솔직하게 이야기했다. 얼렁뚱땅 말로 때우고 넘어가는 것은 고객을 무시하는 일이다. 보증보험상품은 너무나 다양해서 경험이 쌓여도 반드시 다뤄보지 않은 상품이 있을 수밖에 없다. 나는 모르는 부분이 있거나, 처음 취급하는 상품에 대해서는 아는 척하지 않고 잘 알아본 후, 다시 연락해서 정확한 정보를 전달했다.

대리점을 상대로 상품판매대금 보증보험을 주로 영업할 때는 가입 가능 여부와 보증 한도가 주된 화제였다. 일반 기업체에 영업할 때는, 입찰과 낙찰 과정, 선급금 지급에 관한 보증보험, 하자보증에 관한 보증보험 등이 중심 내용이 되었다. 그 기업이 속한 업종의 시장 상황, 경쟁사 또는 경쟁제품과의 차별성 등도 파악하고 있어야 실무자와 원활하게 대화할 수 있었다. 무엇보다도 가장 중요한 것은 보증보험 가입 의뢰가 들어왔을 때, 업체 상황과 상품 내용을 최단 시간 내에 정확하게 파악해 보험증권 발급 가능 여부를 신속하게 알려주는 것이다.

또한 신문이나 인터넷을 통해 요즘 트렌드를 파악하려고 노력한다. 어떤 얘기를 하더라도 화젯거리가 떨어지지 않도록 다양한 상식을 쌓고, 고객과 만나면 그들의 관심사에 귀를 기울인다. 자전거나 영화, 요리, 등산, 건강관리에 관해 얘기하다 보면 자연스럽게 영업도 원활해진다.

탁월한 영업자는 후천적 천재다

영업의 기술은 후천적으로 계발된다. 명문대를 나왔다고, 말을 잘한다고 성공할 수 있는 일이 아니다. 현장에서 수없이 부딪히고 깨지면서, 거절당한 횟수만큼 조금씩 성장해 나간다. 어떤 물건이든 사람의 마음을 움직이고 신뢰를 얻어야 팔 수 있다. 그래서 항상 긍정적으로 생각하고 밝은 모습을 보이려 노력했다. 영업자는 눈빛이 살아있어야 하고, 진실해야 한다. 고객의 질문에 웃음으로 대충 때우고 말재간으로 그 순간을 넘기면 언젠가는 대가를 치르게 된다.

보증보험 영업을 시작할 때 낭패를 본 적이 있다. 내게 친한 선배가 한 기업체의 보증보험 담당자를 소개해주었다. 인맥이 별로 없던 내게 정말 귀중한 기회였다. 나는 보증보험상품은 어느 대리점에서 판매하든 똑같은 상품이고 아는 선배가 소개했으니 자연스럽게 나와 거래할 거라고 안일하게 생각했다.

그러나 그 회사 보증보험 담당자는 나를 만나자 많은 질문을 쏟아냈다. 나는 답변은 제대로 못 하면서 그냥 제게 맡겨 달라고 애원하는 수준의 미팅을 이어나갔다. 그 담당자는 내게 말했다. "우리 회사에 대해 잘 모르시는군요. 공부 많이 하신 후 다시 오십시오." 회사를 나서는 내 얼굴이 화끈거렸다. 애써 소개해준 선배에게 너무 미안했다. 그다음부터 나는 어떤 기업을 방문하든 업계 동향과 주력 사업을 알아본다. 특히 홈페이지가 있으면 방문 전에 회사 홈페이지를 샅샅이 살펴보고 인터넷에서 검색해서 언론 기사나 고객 후기도 찾아본다.

개척영업을 할 때는 업체를 방문하기 전에 실제 상황을 가정한 예행연습을 많이 했다. 주차장에 내려 가방을 들고 나선 후 인터폰을 찾거나 인터폰이 없으면 문을 두드린다.

고객 누구세요?

나　서울보증보험에서 나왔습니다.

고객 무슨 일이시죠?

나　상품 홍보차 나왔습니다. 보증보험상품 이용하시나요?

고객 다른 공제조합 이용하는데요.

나　서울보증보험에도 ○○기업을 위한 보증보험상품이 준비되어 있습니다. 소개자료만 전달하겠습니다.

몇 가지 시나리오를 예상해서 대본을 만들고 암기했다. 거울을 보며 웃는 연습을 하고 자연스러운 손동작을 고민했다. 명함을 받으면 그 내용을 보면서 어떻게 대화를 풀어나갈지 미리 생각해 보고, 헤어질 때는 정중하게 90도 가까이 허리를 굽혀 큰 소리로 인사하는 연습을 했다. 내 목소리가 중저음이라서 굵은 목소리로 인사하면 사무실에 있는 사람들이 다 나를 쳐다 봤다.

고객을 만나서 해야 할 이야기를 미리 작성하고, 다시 써서 외우는 작업을 반복하다 보니 어느 순간 녹음기를 틀어 놓은 것처럼 이야기를 할 수 있게 되었다.

고객의 눈높이에서 고객의 마음으로

보증보험 영업을 시작할 때부터 친구 한만욱을 역할모델로 삼 았다. 나는 첫 자동차보험을 아버지 친구분에게 가입했고, 그 분이 돌아가신 후에는 학교 동창에게 가입했다. 그런데 그 친 구가 보험 일을 그만두고 식당을 시작해서 전혀 모르는 분으로 두세 번 담당자가 바뀌었다. 지금은 손해보험 영업을 오래 한 만욱이에게 가입하고 매년 갱신하고 있다. 친구라서 가입했지 만, 고객이 되어보니 왜 그 친구가 오랫동안 손해보험으로 고 수익을 올리고 있는지 알 수 있었다. 만욱이는 고객의 눈높이 에서 늘 친절하게 설명하고, 무엇보다도 가벼운 접촉사고만 나 도 즉시 뛰어와 자기 일처럼 처리해준다. 오랫동안 손해보험 영업자로 잘나가고 있어 직업을 바꿀 이유가 없고, 재산을 많이 모으더라도 쉽게 일을 그만두고 은퇴할 사람이 아니므로, 담당자가 바뀔 염려가 없어 좋다.

한 번은 눈이 펑펑 내리는 날, 만욱이와 음식점에서 점심을 먹고 있었다. 몇 숟가락 먹지 않았는데, 만욱이 전화벨이 울렸다. 만욱이는 사고 전화라며 바로 일어섰다. 나는 황당해서 그저 쳐다만 보았다. 인기 있는 식당이라 밖에서 기다리는 사람도 많았는데, 나 혼자 덩그러니 앉아서 밥을 먹고, 남은 만욱이 밥은 포장해서 들고나왔다. 며칠 후 저녁에 소주를 한잔하면서 말했다.

"그때 좀 황당하긴 했지만, 정말 대단해! 바로 숟가락을 내려놓고 그렇게 달려가다니……. 왜 사람들이 다 너한테 보험을 가입하는지 알 것 같아."

"손해보험은 무조건 상대방 운전자 측보다 빨라야 해."

만욱이 딸이 원하던 대학교에 합격한 날 만욱이가 전화해서 만나자고 했다.

"야, 오늘 한잔 살 테니 나와라."

만욱이 차를 함께 타고 저녁을 먹으러 가는데, 사고가 났다는 전화가 왔다. 우리 둘 다 잘 아는 선배 차였다. 우리는 바로 사고 현장으로 향했다. 현장에 도착하니 다행히 사고는 경미한 편이었다. 상대방 운전자는 계속 전화기에 이야기하고 있었다. 시간이 조금 흐른 후 상대방 사고담당자가 와서 일 처리가 마무리되었다. 선배는 다 마무리된 후 "넌, 왜 왔어?"하고 내게 물었다. "같이 밥 먹으러 가다가 형 때문에 온 거야." 선배는 만 욱에게 연신 고맙다고 했다.

늦은 저녁을 먹으며 물어보았다.

"너는 사고 나면 왜 매번 현장에 직접 가니? 현장 출동 신청 하지 않고."

"물론 현장 출동 요원들이 전문적으로 잘해 주시겠지만 그 래도 담당 영업사원이 함께 있으면 마음이 놓이잖아."

그의 말이 옳았다. 사고 수습도 필요하지만, 일단 놀란 마음 을 진정시키는 것이 중요하다. 사고가 났을 때 최대한 빨리 달 려와 내 편이 되어줄 사람이 있으면 큰 힘이 된다.

나는 만욱이에게 많이 배웠다. 그래서 보증보험 의뢰가 들어 오면 최대한 빨리 찾아가는 습관을 들였다. 손해보험이 생명보 험과 가장 다른 점은 대개 갱신형 상품이라는 점이다. 올해 가 입한 고객은 내년에는 신규고객이다. 고객이 만족하지 못하면 떠난다. 늘 고객의 편의를 최우선으로 추구하는 서비스가 고객 만족과 꼬리에 꼬리를 무는 소개로 이어진다. 선배는 사업을 하다 보니 주위에 보험영업을 하는 사람이 많았지만, 늘 만욱 이에게 상담하고 보험에 가입했으며 지인들에게 소개했다. 사 고 현장에 직접 가본 나는 그 이유를 너무나 잘 안다.

나는 아이스크림과 우유 등 식품 대리점 영업에 주력할 때는 늘 새벽 시간을 이용했다. 사장님들은 자신들처럼 새벽에 일을 시작하는 내게 동질감을 느껴 나를 믿고 보증보험을 의뢰했다. 그분들이 물건을 나르고 있으면 나도 함께 물건을 날랐다. 그냥 잘 보이려고 한 행동이 아니었다. 나나 그분들이나 시간이 금이니, 함께 물건을 나르며 말을 붙이는 게 서로에게 좋았다.

어느 날 부부가 하는 주유소 겸 세차장을 방문해 보니 세차하려고 줄 선 차들이 많았다. 나는 차에서 내려 세차장에 들어오는 차들의 동선이 엉키지 않도록 유도했다. 사장님은 미안해하면서도 밀려드는 차량에 정신이 없었다. 그렇게 한참을 서서 차량을 안내하다 보니 옷은 금방 땀으로 젖고 얼굴은 새까맣게 탔다. 그 주유소는 끝내 나와 거래하지 않았다. 그러나 지인들이 운영하는 주유소 중 보증보험에 가입하는 곳들을 모두 내게 소개해주었다.

손님이 찾아오는 미용실

나는 찾아가는 서비스로 시장을 개척했다. 그러면서도 고객이 먼저 연락하는 영업자가 되어야겠다고 생각했다. 한 번 고객이 매년 계약을 갱신하는 단골이 되고, 모르는 고객도 소문을 듣고 내게 연락하게 되어야 영업자로 성공할 수 있다. 어떻게 하면 고객이 먼저 영업자를 찾게 할 수 있을까?

지난 5년간 나는 극도로 검약하고 절제하는 습관을 들였다.

어느 날 영화 〈아저씨〉에서 영감을 받아 스스로 머리 깎는 방법을 고안해냈다. 뒷머리는 면도기로 자르고, 다른 부분은 손톱 가위와 어린이용 가위로 머리를 직접 깎으며 이발비를 절약했다. 처음에는 류실장이 "뒷머리 한쪽이 파여서 티 나요"라며 웃었지만, 나중에는 주위 사람들이 모를 정도로 표 안 나게 잘 잘랐다.

그런데 점점 머리숱이 적어지고 머리카락에 힘이 없어서 파마를 해야겠다는 생각이 들었다. 비용이 만만치 않았다. 그러다가 지인을 통해 시장 안에 있는 오래된 미용실은 파마 가격이 저렴하다는 것을 알게 되었다. 문제는 남성 손님을 환영하지 않는다는 것이었다.

그렇더라도 대안이 없었으므로 무작정 찾아갔다. 미용실에 들어서려는데 적잖게 당황했다. 여성 손님이 십여 분 있었는데, 모두 예순 중후반 이상으로 보였고, 어떤 분은 여든도 넘은 것 같았다. 원장님은 지인의 소개로 왔다고 하니 어쩔 수 없다는 듯 앉아서 기다리라고 했다.

"얼마나 기다려야 하나요?"

"한 시간 반은 기다리셔야 해요. 손님이 많아서, 인내심이 없으면 머리 못 하세요."

인내심이 있어야 손님이 될 수 있는 미용실이라니, 헛웃음이 나왔다. 한두 시간 정도 기다리자 드디어 순번이 왔다.

원장님은 내가 1980년대를 풍미한 록밴드 송골매의 보컬이었던 구창모를 닮았다고 했다. 지금도 갈 때마다 구창모를 닮았다며 파마를 해준다. 파마약을 바르고 헤어롤을 감은 머리에 수건을 두른 채, 나와 똑같이 파마를 하고 머리에 수건을 두른 할머니들과 다닥다닥 어색하게 붙어 앉아 중화제를 바를 때까지 또 기다렸다. 파마 가격은 2만 원이었다. 이후에도 나는 스스로 머리카락을 자르며 관리하다가 석 달에 한 번 정도 파마를 하러 갔다. 미용실은 항상 손님들로 가득했다.

한번은 원장님에게 물어봤다.

"항상 손님이 많은데, 언제 와야 한가하세요?"

"손님이야 아침 7시에도 오고, 밤에도 오죠. 매일 10시까지 해요."

"힘들어서 어떻게 그렇게 하세요?"

"손님이 많으면 좋죠. 재미도 있고."

그 후에는 하루 일을 마치고 저녁 늦게 머리를 하러 갔다.

원장님은 40여 년간 미용실을 했다고 한다. 점심은 칼국수 끓여서 손님들과 함께 먹고, 김장철에는 친한 손님들과 함께 200포기의 김치를 담근다고 했다.

"말이 200포기지, 동네 잔칫날이야."

원장님이 웃으며 말했다. 코로나19 팬데믹 이전에는 아침에 문을 연 후, 줄 서서 들어오는 손님들에게 번호표를 30번까지 선착순으로 나누어주었다고 한다. 미용실이라기보다는 함께 모여 얘기도 나누고 노래도 부르는 동네 사랑방 같았다. 손님

중에는 90대 중후반 분도 있다고 했다. 같은 미용실을 수십 년 다닌 할머니들은 누군가 세상을 떠나게 되어 미용실에 나타나지 않으면 자연스럽게 서로 소식을 전하며 슬퍼하기도 했다.

손님들은 자발적으로 바닥에 쌓인 머리카락을 쓸어서 치우기도 하고, 사용한 수건들을 한곳에 모아두기도 했다. 잘 모르는 사람이 보면 한 가족으로 보였다. 원장님과 친해지자 파마를 하면서 이것저것 이야기를 나누었다.

"40년 넘게 이 일을 하셨는데, 다른 일을 하실 생각은 안 해 보셨어요?"

처음에는 몇 년만 할 생각으로 미용실을 시작했지만, 어느새 40여 년이 흘렀다고 했다. 다른 일을 할 생각은 안 해 보았다고 한다. 원장님은 예순 중반이 넘었지만, 항상 긍정적으로 살아서 그런지 아픈 곳은 없다고 했다. 원장님의 어머니는 100세인데 혼자 버스를 타고 다니실 정도로 건강하다고 했다.

"원장님, 혹시 어머님 오시면 연락 주세요. 저는 100세 드신 분을 뵌 적이 없어서 꼭 뵙고 싶어요. 제가 맛난 것 사 드릴 테니 꼭 연락 주세요."

이렇게 말하면 원장님은 말이라도 고맙다고 미소를 지었다.

어느 날 파마하러 갔다가 드디어 원장님의 어머니를 만나뵙게 되었다. 돌아가신 어머니가 생각났다. 미용비를 내고 나니 현금이 별로 없었지만 남은 돈을 드리며 "할머니, 맛있는 것 사 드세요"라고 하니 수줍게 웃으시며 고맙다고 하셨다. 원장님

말씀이 할머니께서 매일 입버릇처럼 "아픈 데가 없으니 어쩌
나?"라고 농담을 하신다고 했다.

그동안 살아오시면서 원장님도 얼마나 힘든 일이 많았을까?
미용실 하면서 힘들었던 일, 돈을 떼인 일들, 가족이나 친지 때
문에 속상했던 일 등, 책이나 방송에서 보는 것 이상의 파란만
장한 인생역정을 들으면서 삶의 지혜를 배운다. 누구나 인생을
살면서 좋은 일, 나쁜 일을 많이 경험한다.

보증보험을 하면서 힘들 때, 특히 개척영업을 할 때 원장님
이 떠오르곤 했다. 파마 비용 2만 원이라는 확실한 이점을 고
객에게 제공하고, 아무리 힘들어도 개인적으로 속상한 일이 있
어도 늘 웃으며 밝은 모습으로 손님을 맞아주었다. 어떻게 하
면 시장 안에 있는 그 작은 미용실처럼 고객들이 나를 찾아오
게 할 수 있을까? 답은 분명했다. 변함없는 성실함, 긍정적인
자세, 손님 한분 한분 만족할 때까지 최선을 다하는 모습, 고객
을 가족처럼 대하는 따뜻한 마음……. 미용실 원장님은 내게
큰 가르침을 주었다.

주유소 편의점의 영업 비밀

어느 날 소개를 받고 주유소를 방문했다. 도착해서 주유원에
게 사장님 어디 계시느냐고 물어보니, 주유소에서 운영하는

편의점에 계시는데, 손님이 많아서 기다려야 할 것 같다고 했다. 편의점에 들어가니 정말 손님이 많았다. 사모님이 계산하느라 정신이 없었다. 좀처럼 끝날 것 같지 않아 다시 밖에 나와 기다렸다.

화물차 기사들이 음료수나 기타 먹거리, 일상용품을 사 들고 나와 차에 올라탔다. 주유소가 아니라 편의점이 본업 같다는 생각마저 들었다. 한참 후 사모님이 가게 문을 열고 웃으면서 들어오시라고 말했다. 직원에게 계산대를 맡기고 내게 원두커피를 주었는데, 내가 커피를 못 마신다고 하자 베지밀을 건네며 대화를 시작했다.

사모님은 보증금액을 증액하고 싶다고 요청했다.

"증액이 필요하신 이유는 뭔가요?"

"거래처도 증가하고, 요즘 기름값이 계속 올라서요."

국제유가가 불안정하면, 일종의 선물 거래처럼 조금이라도 기름값이 저렴할 때 주문을 넣으려고 정유사 관계자들과 주유소 대표님들이 예민해진다.

"저희가 주차공간이 넓다 보니, 화물차들이 많이 주차하면서 거래가 늘었어요. 보증금액을 증액하면 사업을 키우는 데 도움이 될 것 같아요."

나는 소개를 받아 주유소를 처음 방문하면, 자연스레 주차장 규모부터 본다. 화물차 차고지 등록제 시행으로 화물차량이 차고지를 신고해야 하는데, 주차공간이 넓은 주유소는 대형화물차량이 차고지로 사용하면서 기름을 넣으므로 그만큼 매출액이 크다.

사모님은 대략적인 매출액과 현재 운영상황 등 주유소에 관한 여러 사항을 얘기해주었다. 나는 주유소 담당 세무사와도 연락해서 필요한 서류들을 준비해 달라고 했다. 사무실에 와서 승인 담당자와 논의하니, 증액이 가능하다고 했다.

나는 심사승인을 받고 자필서명을 받았다. 그러면서 궁금했던 점을 물어봤다.

"저, 하나 여쭤봐도 될까요? 여기 편의점은 손님이 왜 이렇게 많은가요?"

"집에서 담근 김치를 갖다 놓거든요. 라면 드시는 손님들께 드려요. 라면도 봉지라면을 끓여서 내주잖아요. 손님들이 좋아하죠."

식당이 아닌 일반 편의점에서, 직접 담근 김치를 내준다니, 장시간 운전에 지치고 배고픈 화물차 기사들이 잔뜩 모일 수밖에 없었다. 영업의 기본은 무엇일까? 고객에 대한 작은 관심과 배려가 편의점에 손님이 끝없이 들어오게 하는 비결이었다. 그 결과 편의점 매출도 아주 높았지만, 무엇보다도 많은 화물차주가 주유소 단골이 되었던 것이다.

영업은 시간과의 싸움이다

군대에 있을 때 훈련을 나가면 텐트 치는 작업이 정말 곤욕스러웠다. 장대비가 내리면 판초 우의를 입고 배수로에 쌓인 흙과 나뭇잎들을 야전삽으로 계속 파내야만 했다. 파내다 보면 배수로가 무너지고, 그러면 또 파내기를 거듭했다. 눈이 오면 전술도로에 눈이 쌓이면 안 되기에 제설작업에 매달렸다. 얼마나 눈이 내리는지, 그리고 날씨는 얼마나 추운지, 한참 시간이 흐르다 보면 시간 감각이 없어지고 얼굴의 감각도 마비되는 것 같았다. 쓸어도 쓸어도 끝이 없었다. 어렵게 제설작업을 마치면 다음 날 또 내리고 또 눈을 쓸러 나갔다.

영업도 마찬가지다. 어제까지 열심히 했어도 오늘도 아침 일찍 일어나 또 배수로를 파내고 눈을 쓸어야 한다. 어제는 이미 지났고, 오늘의 시간을 어떻게 사용하는가가 절대적으로 중요하다. 진정한 영업의 프로가 된다는 것은 시간을 통제한다는 것이다. 시간을 어떻게 사용하느냐가 수입을 결정한다. 영업이 아름다운 것은, 오로지 자신을 통제함으로써 성공할 수 있는 직업이기 때문이다. 주어진 시간을 통제하고 정신을 통제하고 확고한 목표를 향해 달려갈 마음가짐만 있으면 누구나 성공할 수 있다고 생각한다. 운전하다가도 졸리면 내려서 기지개를 펴고 팔굽혀펴기를 30번 했다. 조금이라도 낭비하는 시간이 있어서는 안 된다.

개척영업에서 점차 소개영업으로 넘어가며 나는 어렵게 얻은 기회를 흘려버리지 않으려 만전을 기했다. 소개가 이루어지면 그 자리에서 소개받은 가망 거래처 사장님 혹은 실무자 이름과 연락처를 휴대전화에 저장하고, 소개한 분의 성함도 기록했다. 그러면서 바로 전화를 걸었다. 기왕 소개해주셨으니 말 한마디 해주시라고 웃으면서 전화기를 건넸다. 그냥 보증보험 잘하는 분인데, 지나가다가 들르면 차나 한 잔 주라고 말해달라고 부탁했다. 전화를 끊고 나면 소개해준 분은 웃으며 "참, 박사장님은 영업 잘하시네요!" 하고 허허 웃곤 했다.

영업자에게 나중이란 것은 없다. 오직 이 순간밖에 없다고 생각하며 일했다. 지금의 좋은 감정이 어떻게 바뀔지 모르고, 내일은 무슨 일이 생길지 모른다. 소개받은 가망 고객에게 경쟁자가 먼저 접근할 수도 있다. 그래서 소개받는 즉시 행동에 나서야 한다. 소개해준 분과 헤어지면, 나는 차에 타자마자 심호흡을 하고 소개받은 분에게 전화했다. 좀 전의 통화에 대해 언급한 뒤 방문할 수 있는지 타진했다.

"제가 잠시 후에 그쪽에 갈 일이 있는데 방문해도 될까요?"

소개받은 업체 관계자가 그러라고 하면 나는 즉시 그 업체를 방문해서 상담을 진행했다.

2018년 2월 오랜만에 형을 만나려고 캐나다에 가기로 했다. 당시 진행하던 일을 어떻게든 출발 전에 마무리하려고, 마지막 서류를 받으러 비행기에 타기 직전에 거래처를 방문했다.

거래처 담당자는 깜짝 놀라 물어봤다.

"캐나다 간다고 하지 않았어요?"

"네. 서류 검토하고 공항버스 타면 돼요."

순간순간을 소중하게 사용하면 오히려 여유가 생긴다. 허겁지겁 시간에 쫓기며 살지 않아도 된다. 나는 내 시간을 잘 통제하고 있었으므로, 비행기에 타기 직전에도 자투리 시간을 효과적으로 사용할 수 있었다. 그러면 점점 더 시간과의 싸움에서 유리해지고 성공할 가능성이 커진다.

한결같은 정성으로 마음을 얻다

계약에 성공했다고 끝이 아니다. 한 번 계약한 분들을 단골로 만들려면 지속적인 관심을 기울여야 한다. 나는 상담 요청이 들어오면 최대한 빨리 찾아가서 상담한 후, 근처에 있는 기존 계약자 사무실도 방문했다. 용건이 생각나지 않으면 그냥 물 한 잔 달라고 하며 말을 꺼냈다. 대표님이나 실무자에게 불편한 점은 없는지, 업무 관련해서 개선할 부분은 없는지 확인한 후 사무실로 돌아와 해결책을 찾았다. 채승훈 차장과 상의하면 큰 도움이 되었다.

그렇게 지속해서 관심을 기울이고 불편 사항을 제거하니 거래처들은 대단히 만족했다. 거래처가 많아져서 일일이 찾아다니기 힘들어진 후에는 전화를 많이 활용했다.

매주 화요일 오전 10시부터 12시 사이, 계약 만료까지 3개월이 남은 거래처들에 전화해서 갱신 여부와 보험료 변동 부분에 대해 상담했다. 그렇게 함으로써 보험료가 인상되었을 경우 고객이 준비할 수 있도록 했다. 너무 바빠서 전화를 받기 어려운 분들에게는 안부 인사와 갱신 안내를 문자로 보냈다. 매주 화요일 무조건 시간을 정하고 이렇게 하다 보니, 고객들과 자연스레 친분이 돈독해지는 느낌이 들었다. 지금은 거래처가 많이 늘어 화요일에 전화하지 못했거나, 아니면 다시 통화가 필요한 경우를 체크했다가 목요일 10시에 또 전화한다.

나는 친구를 보며 한결같은 정성의 중요성을 다시금 느꼈다. 고깃집을 하던 친구 철용이는 코로나19 팬데믹 이후 폐업하게 되었다. 영업을 종료한다는 말을 듣고 함께 고기를 구워 먹으며 쓸쓸하게 술잔을 기울였다. 친구는 그 후로도 2주간 더 가게를 운영해서 나는 몇 번 더 찾아가 보았다.

폐업을 결정하면 걱정거리도 많고 의욕이 떨어져 더 이상 장사에 정성을 기울이기 어려울 텐데, 마지막 날까지도 신선한 식재료를 준비하고 최선을 다해 음식을 만드는 친구를 보면서 나는 감동했다.

"난 장사를 안 해봐서 모르는데, 손님 안 오면 어쩌려고 이렇게 음식을 준비하냐?"

"그래도 오늘까지는 장사하기로 했는데 제대로 해야지. 동

네 장사라 재료 떨어져서 음식 맛이 바뀌면 손님들이 금방 알
아채. 남으면 네가 싸 가라, 청소 좀 도와주고."

친구가 너스레를 떨며 말했다.

손님이 언제 올지 모르니 마지막까지 최선을 다한다는 생각,
그게 프로의 모습이라는 생각이 들었다. 장사가 신통치 않아도
제시간에 문을 열고, 음식 맛 바뀔까 봐 재료를 아끼지 않고,
영업시간 끝날 때까지 문 닫는 날까지 최선을 다하는 것. 영업
도 마찬가지다. 하루하루 성실한 일과를 반복하는 것. 어떤 상
황에서 어떤 고객을 만나도 최선을 다해 당당히 내 상품을 판
매하는 것.

폐업을 해도 인생은 계속된다. 어떤 일을 그만둘 때까지 조
금도 흐트러지지 않고 최선을 다하는 사람이라면 다른 어떤 일
을 해도 믿을 수 있다. 한결같은 정성을 기울이는 한, 나도 내
친구도 고객의 마음을 얻어 결국 성공할 것이다.

고객과의 신뢰는 평생을 간다고 생각한다. 때에 따라서는 사
후에도 이어질 수 있다. 어느 날 일을 마치고 운동을 하고 있었
는데, 전화가 한 통 왔다.

"○○주유소 사장님이 돌아가셨어요."

나는 순간 뭔가에 얻어맞은 것처럼 머리가 띵했다.

다음 날 정유사 사무실로 찾아갔다. 주유소를 아주 오랫동안
운영해서 고정 거래처도 많았고 매출 규모도 컸다. 사람 일은
모른다고 그렇게 갑자기 돌아가실 줄은 몰랐다. 사장님은 커피

를 사랑했다. 내가 찾아가면 여러 번 커피를 권했다. 커피를 마시면 속이 안 좋아서 못 마신다고 하면 "커피를 못 마시는 사람도 있나?" 그러면서 다른 음료수를 내주었다. 자식에게 주유소를 물려주고 은퇴 후 낚시를 즐기며 살 계획을 얘기할 때면 신나서 눈이 빛났다.

그런 분이 갑작스레 돌아가셔서 주유소를 찾아가 보니 정유사 직원분이 나와 업무를 도와주고 있었고, 세무사도 와서 유족에게 실무를 가르쳐 주고 있었다. 유족들은 인수인계를 받느라고 정신이 없어 보였다.

그 주유소는 세차 설비를 새로 바꾸어 세차하러 오는 차량이 많았다. 본격적으로 세차를 하기 전에 예비 세차로 물을 먼저 뿌려 주는데, 돌아가신 사장님이 항상 그 일을 했다. 내가 주유소에 들를 때마다 무료로 세차를 하고 가라고 해서 여러 번 신세를 졌다. 사장님이 내 차에도 예비 세차를 해주실 때면 나는 "놔두세요. 그냥 기계 세차만 해주셔도 황송합니다!"라고 말하곤 했다. 그러면 사장님은 "아니야, 이렇게 미리 물을 쫙쫙 뿌려놔야 더 깨끗해!"라고 말하며 구석구석 물을 뿌렸다.

세차담당 직원은 세차하려고 줄 선 차량들 때문에 세차 기계 작동에 집중하고 있어 예비 세차를 할 수 없었다.

"제가 예비 세차 물을 뿌려 드릴까요?" 나는 오후 약속 대부분을 저녁 시간으로 미룬 후, 차에 있던 반바지를 꺼내 입고 슬리퍼로 갈아신고 나서 예비 세차를 했다. 한여름이라 땀이 비

오듯 쏟아졌다. 나는 돌아가신 사장님처럼 손님 차량이 들어오는 즉시 구석구석 예비 세차를 해주었다.

한참 시간이 흘러서 유조차가 주유소에 들어올 때, 돌아가신 사장님의 아들이 나와 내 모습을 보고 깜짝 놀랐다.

"예비 세차하고 계셨어요? 이를 어쩌죠? 바쁘실 텐데, 이 뙤약볕에."

"아드님, 저는 신경 쓰지 마시고, 유조차 들어왔으니 기름 탱크 확인하세요."

그렇게 급한 불을 끄듯 유족을 도와주고 나서 한숨 돌린 후 보증보험 갱신에 대해 논의했다. 계약자가 사망했으니 새로운 보증보험증권을 발급해야 했다. 나는 유족의 편의를 위해 정유사 담당자 및 세무사와 논의해서 최대한 간편하고 신속하게 업무를 진행하고 보험증권을 발급했다.

몇 달 후 돌아가신 주유소 사장님의 아들이 내게 연락했다. 새로운 정유사 담당자도 와 있었다. 우리 셋은 주유소 뒤 식당에서 함께 식사하며 이야기를 나누었다. 아들은 내가 예비 세차를 해준 것에 대해 여러 번 감사의 인사를 전했다. 이야기를 나눠 보니 정유사에서 그 주유소를 직접 운영하기 위해 임차하기로 해서 임차보증 보험증권을 발행해 달라는 것이었다. 어쩌다 간혹 하는 익숙하지 않은 계약이라, 계약서를 메일로 보내달라고 하고 사무실로 달려왔다. 알아보니 주유소 임차 관련 보증보험은 상품판매대금 보증보험보다 손해율이 상대적으로 낮아 심사 과정이 더 간단했다.

이후 정유사에서 임차보증에 대한 보증보험 의뢰도 많이 들어왔다. 돌아가신 주유소 사장님에게 끝까지 신의를 지키려 했던 행동을, 전혀 예상하지 못했던 정유사 관계자들이 인정하고 보답해준 신기한 경험이었다.

팬데믹 이후 새로운 목표를 향해

새로운 감염병 유행 소식이 뉴스에 나오던 그때를 잊지 못한다. 나는 당시 찜질방을 숙소로 잡고 경상도 지역에서 정유사 직영주유소를 찾아다니며 영업하고 있었다. 하루 업무를 마치고 찜질방에 들어가기 전, 근처 식당에서 저녁을 먹는데 코로나19로 중국의 한 도시가 봉쇄되었다는 뉴스를 보았다. 영화의 한 장면 같다고 여기며 그냥 흘려들었다. 다음 날 일어나 반신욕을 하고 그날은 전라도 지역의 직영주유소들을 찾아가려고 운전대를 잡았는데, 중간에 들르는 휴게소마다 온통 TV 뉴스에 코로나19 관련 소식만 나와 걱정이 되기 시작했다. 찾아가는 직영주유소마다 먼 곳에서 찾아와 영업을 하니 대단하고 놀랍다고 하면서도 관심은 온통 뉴스 속보에 쏠려 있었다. 그렇게 며칠간 찜질방을 전전하며 주유소와 식품회사 지점을 방문했고, 기대했던 성과를 거두었다.

그러나 전국적으로 코로나19가 확산되고 있어서 불안감이 점점 더 커져만 갔다. 사람들이 만남을 꺼리고 재택근무가 확산하면서 방문 영업이 대폭 줄었다. 전화와 문자로 업무를 진행하니 답답하기도 하고, 사무실을 방문할 때처럼 다른 매니저들에게도 명함을 돌리고 나를 소개하는 적극적인 영업이 불가능해서 추진력이 떨어지고 있음을 피부로 느꼈다. 마스크 구입도 쉽지 않아 영업은커녕 밖에 나가는 것도 조심스러웠다. 꼭 필요한 미팅 때문에 출장을 다녀오면 한나절 동안 몸 상태를 확인하며 방안에 머물렀다. 서울보증보험에서 마스크 몇 장을 지급해 주었는데, 당시 대구지역에 코로나19가 급속히 확산하자 나는 대구에 있는 거래처 사장님에게 마스크가 더 필요할 것 같아, 힘내시라는 메시지와 함께 등기우편으로 마스크를 보냈다.

시간이 흐를수록 제조업체들은 물론 아이스크림 대리점, 식품회사, 우유 대리점, 정유사 등 모든 거래처와 전화 통화도 아닌 문자로 대화를 나누는 것이 일상화되어 갔다. 개척영업을 못 하는 기간이 늘어나면서 60개월 동안 열심히 뛰어 2021년 12월에 3억 8천만 원의 연 수입을 올리고 행복을 되찾겠다고 맹세한 부모님과의 약속을 지킬 수 없다는 생각에 코로나19가 원망스러웠다.

전국을 돌아다니며 영업을 하는 터라 내가 감염되어도 낭패였지만, 혹시나 내가 슈퍼전파자가 될까 봐 걱정스러웠다.

2019년 초 신인상을 받은 후 우리 대리점은 나날이 급성장하고 있었다. 하필이면 이런 시기에 영업활동에 큰 지장을 받으니 몹시 우울해졌다. 나는 많이 위축되어 업체 방문을 자제하고 6시면 원룸으로 귀가해 무기력한 나날을 보냈다. 활동이 대폭 감소하니 몸무게가 많이 불어났다. 옛날처럼 눈빛이 살아있지 않아 거울을 보기가 싫어졌다.

어느 날 현대오일뱅크 대전지사에 미팅이 있어서 오랜만에 지사를 방문했다. 대전지사를 방문할 때는 항상 소회의실에서 미팅을 했는데, 그날은 소회의실에서 이미 다른 미팅이 진행되고 있어 나는 안내를 받아 대회의실에 들어가서 대기하게 되었다. 그런데 무심코 둘러보다가 액자 하나를 보았다. 액자에는 '우리는 위기를 극복할 지혜와 능력이 있다'라고 써 있었다. 나는 한참 동안 액자를 들여다보며 가슴이 뛰는 것을 느꼈다.

1973년 1차 석유파동으로 2년도 안 되는 사이에 기름값이 5배 넘게 뛰어 산유국을 제외한 온 세계가 극심한 경제위기에 빠졌을 때, 정주영 회장님은 오히려 중동으로 흘러 들어가는 막대한 달러를 벌어들일 계획을 세웠다. 한국의 건설업체가 과소평가되고 있을 때, 오일 달러를 기회로 삼아 건설업으로 중동에 진출했다. 나는 지금의 위기도 극복할 수 있다고 생각했다. '새로운 시장이 분명히 있을 텐데'라고 생각하며 액자를 바라보는데 담당 부장님이 들어섰다. 나는 부장님에게 액자 아래 선내 사진을 찍어 달라고 부탁했다.

결국 2020년 대리점 수입이 감소하는 것을 막을 수는 없었다. 2019년 1억 2,976만 원을 달성했고, 2020년 수입 목표는 2억 5천만 원이었으나 1억 1,576만 원에 그쳤다. 그로써 2021년 수입 목표인 3억 8천만 원도 꿈의 숫자가 되었다. 물론 큰 타격을 입은 주변 자영업자들을 보면 불평할 입장이 못 되었다. 힘들었지만 지금은 밥은 먹고 살지 않나? 얼마나 다행인가? 하지만 지금 멈추면 희망도 사라질 것 같았다. 코로나에 가로막혀 좌절하면 몇 년 뒤에 뼈저리게 후회할 것 같았다. 어떻게든 방법을 찾아야 했다.

장애물을 넘어 계속 전진하는 근성

어느 날 모르는 번호로 전화가 왔다. 대기업 통신사의 공식 유통사에서 내 얘기를 듣고 연락한 것이었다. 과거에 뿌린 씨앗이 싹을 틔운 것이다. 다음 날 나는 여분의 마스크를 여러 장 준비하고, 손소독제와 분무형 살균제로 무장한 후 충남 서산으로 향했다. 미팅하면서 담당자가 그동안 업무 공유가 잘 안 되어 답답해했다는 것을 알게 되었다. 보험증권 발급 진행 과정을 실시간으로 메신저로 알려 드린다고 하니, 담당자가 만족스러워했다. 필요할 때마다 달려가고 업무 상황을 실시간으로 공유하니 서산센터 매니저들이 곧 나를 신뢰하게 되었다.

중부지역 각 센터를 구석구석 찾아다니며 인사하고 보험증권 발급과 관련해서 불편한 점들을 개선해 나가자, 어느 순간 그 유통사의 중부지역 보증보험증권을 대부분 내가 발급하게 되었다. 일 처리가 신속하다고 소문이 나면서 호남지역에서 연락이 오기 시작했다. 호남에서도 거래처를 나로 바꾸는 곳이 한 군데씩 생겨났다. 그렇게 열정적인 삶을 다시 살기 시작하니 거울을 보면 하루하루 눈빛이 살아났다. 내 변화를 거래처들이 먼저 알았다. 소개에 소개가 이어지면서 나는 마침내 그 유통사의 전국 센터를 상대로 딸과 함께 영업하게 되었다.

감염병 확산이 심해지면 개척영업을 중단하고 전화영업에 집중했다. 수많은 거래처에 계속 전화를 돌리며 소개할 만한 곳이 없는지 타진했다. 그러다가 새로운 고객을 소개받으면 마스크를 두 개씩 겹쳐 쓰고 방문했다. 내가 전파자가 되어서는 절대로 안 된다는 생각에 극도로 조심했다. 그렇게 통신사 대리점 고객을 늘리는 한편, 중소 건설사와 방위산업체들을 찾아다니며 영업하게 되면서 2021년에는 전 해의 거의 두 배에 달하는 2억 2천만 원의 수입을 거두었다. 시련이 닥쳐도 도전을 멈추지 않아 이룬 성과다. 2022년에 들어서는 한층 수입이 증가해 1월 급여로 3,600만 원 이상을 수령했고, 중소 건설사들에 대한 영업도 계약으로 이어져 점차 결실을 맺어가고 있다.

결과적으로 코로나19 팬데믹으로 매출목표 달성이 2년 정도 지체된 것 같다. 나는 매출목표를 수정했다. 2021년이 아닌,

2023년 연간 보험료 매출액 45억 원을 달성해 3억 8천만 원의 연 수입을 달성할 계획이다.

절실하면 답이 보인다

나와 거래하던 업체 대표님이 거래 은행이 주관한 기업체 미팅에 나를 초대하고, 와서 인사하라고 권했다. 마음 깊이 감사하며 미팅에 참석했다. 명함을 주고받고 티타임을 하면서 잠시 보증보험에 대한 질의응답 시간을 가졌다. 그런데 한 분이 내게 서울보증보험에 대한 불만을 토로했다. 나는 순간 당황했지만, "대표님이 그동안 저를 못 만나시고, 오늘에야 저를 만난 게 잘못입니다. 기회를 주시면 제가 해결해 보겠습니다"라고 말했다. 나는 대표님에게 내일 회사로 찾아뵙겠다고 말했다.

다음 날 회사로 찾아가 대표님 및 실무자와 논의해 보았다. 1억 원의 선급금에 관한 보증보험증권이 필요한데, 심사 과정에서 자꾸 걸린다는 것이었다. 회사의 재무제표와 매출 현황을 살펴보니 향후 성장 가능성이 크다는 생각이 들었다. 기존에 발행된 증권들을 기성 처리해서 보증금액 한도를 높여야 한다고 판단했다. 나는 여러 현장 중 가장 공사가 많이 진척된 곳의 관할 지자체에 가서 해결방안을 찾아보겠다고 말했다. 공사가 진척된 정도만큼 인정받고 기성 처리할 수 있으면 그만큼의 보증금액 한도를 확보할 수 있었다.

나는 태어나서 처음으로 그 지역을 찾아갔다. 코로나19 확산이 심할 때라 마스크를 두 개 겹쳐 쓰고 들어갔다. 관공서는 민간보다 방역이 한층 더 까다로웠다. 주무관 미팅을 요청했다.

"제가 세종에서 왔는데, 바쁘실 테니 제가 찾아온 목적을 3분만 말씀드려도 될까요?"

"네, 그러시죠."

"주무관님, 요즘 코로나 때문에 기업들이 많이 힘든 것은 잘 아실 거라 생각합니다. ○○ 회사는 기술력이 우수해 사업이 나날이 번창하고 있는데 기존 보증보험 기성 처리가 안 되어서 보험증권 발급에 어려움이 많습니다. 이건 기성 처리 샘플인데요. 건설사는 협력업체가 자금을 융통하도록 이런 식으로 기성 처리를 해주고 있습니다. 부디 우수 강소기업이 사업을 원활하게 진행할 수 있도록 공사가 완료된 부분에 대해 기성 처리를 해주시기를 부탁드립니다."

나는 절박하게 공사 완료 부분에 대해 기성 처리를 해줄 것을 간청했다. 주무관님은 충분히 설명을 듣고 나서 회의 후 통보해 주겠다고 말했다. 3분이 아닌, 30분의 미팅은 그렇게 끝났다.

돌아오는 길에 근처 바닷가를 돌아보았다. 처음 가본 그곳은 너무나 아름다웠다. 그로부터 3일 후 ○○ 회사에서 전화가 왔다. 주무관이 기성 처리를 해주겠다고 연락했다고 했다. 나는 만세를 불렀다. 그 후 무난하게 1억 원의 선급금 보증보험증권이 승인되었다.

대표님이 한번 보자고 했다. 회사를 방문했더니 대표님이 내 손을 잡고 감사하다는 말을 되풀이했다. 나는 좋은 경험을 하게 되어 오히려 감사하다고 답했다.

과감한 목표, 열정적 실행

개척영업을 하면서 요령이 생겨서 나는 모르는 업체를 방문하면 인터폰이 아니라 위쪽의 카메라를 응시하며 "서울보증에서 왔습니다"라고 이야기한다. 그러면서 명함이 투명 커버에 들어 있는 지갑형 수첩을 카메라에서 잘 보이도록 각도를 맞춰 보여준다. 그러면 문이 열리는 속도가 빠르다. 사람들은 신원을 파악하고 나면 불신을 쉽게 거둔다.

이렇게 개척영업을 했던 기업에서 어느 날 내게 전화했다. 통화 후 미팅을 했는데, 정부 지원 주택용 태양광 설치공사를 하신 분들이 연세가 많은 어르신들이라서 직접 찾아뵙고 신분 확인 후 개인정보동의서에 자필서명을 받아야 할 것 같았다.

"저희 쪽에서 하자보증 보험증권 발행하시면 됩니다. 자필 서명은 제가 찾아가서 받아 오겠습니다."

"찾아가신다고요? 엄청 멀어요."

"괜찮습니다."

주소지를 받아보니, 내가 안 가본 곳들이었다. 안동, 영천, 청도, 창녕. 나는 총 거리를 계산해 보고 일정을 짜 보았다.

세종시에서 안동시 녹전면 193km 2시간 40분 운전, 9시 도착

영천시 화산면 130km 2시간 운전, 11시 30분 도착

청도군 금천면 49km 1시간 운전, 1시 도착

창녕군 남지읍 80km 1시간 40분 운전, 3시 도착

청주시 220km 3시간 20분 운전

새벽 5시 30분부터 움직이면 하루에 다 처리할 수 있을 것 같았다. 나는 예상 가능한 변수와 대응 방안도 곰곰이 생각해 보았다. 첫째, 한 곳이라도 시간이 지체되면 뒤에 방문할 곳 도착시간이 연쇄적으로 지연될 수 있다. 거동이 불편한 연세 드신 분들이라서 시간을 놓치면 만나기 어려울 수 있다. 코로나 19로 인한 사회적 거리두기로 찜질방에서 잘 수 없어서 하루에 일을 끝낼 수 없으면 난감했다. 둘째, 내가 갑자기 찾아가서 설명하고 사인하라고 말씀드리면 자칫 사기꾼으로 오해받을 수도 있을 것 같았다. 해결방안이 무엇일까? 근처의 관공서나 파출소에서 자필서명을 받거나, 혹은 마을회관에서 청년회장님과 배석하고 자필서명을 받으면 해결할 수 있을 것 같았다.

나는 업체 담당자에게 내 작전을 설명하고, 미리 어르신들에

게 내가 찾아간다고 전화해달라고 요청했다. 어르신들과 의논하고 파출소나 행정복지센터, 또는 마을회관으로 장소를 정해서 알려달라고 했다. "내일 한 분씩 만나 뵙고 서명을 받는 즉시 다음 장소로 출발할 때 문자를 드리면, 다음 고객님께 다시 확인차 연락을 주셔야 원활히 업무를 진행할 수 있을 것 같습니다." 나름대로 이렇게 업무분장을 했다. 담당자는 내 세심한 계획을 들으며 흐뭇해했다.

다음 날 새벽에 일어나서 늘 하던 대로 팔굽혀펴기를 150번 하고 사과 한 개를 먹은 후 운전대를 잡았다. 거의 3시간이 걸려 안동시에 도착하니 계약자분이 마을회관에서 중년 남자 두 분과 기다리고 있었다. 서울보증보험에서 나왔음을 확인시켜주고 준비한 서류에 서명을 받았다. 역시나 연세가 많으시다 보니 혹시나 하는 마음에 마을에서 젊은 축에 드는 이웃들과 함께 있었던 것이다.

다음 목적지인 영천으로 향하며 계약자분에게 전화해보니 통화가 안 되었다. 업체 담당자에게도 전화해서 확인했다. 그랬더니 계약자분이 대구의 한 병원에 갔다고 했다. 나는 차를 돌려서 대구로 향했다. 도착해 보니, 방역 때문에 병원에 들어갈 수 없어 계약자분은 병원 밖에 있었다. 길에 차를 세워놓고 어르신에게 나를 소개했다. 그분은 미안해하면서 서류에 서명했다. "죄송해요, 커피도 한잔 못 사 드리고." "아닙니다. 치료 잘 받으시고 쾌차하십시오."

점심을 건너뛰고 열심히 운전했지만, 다음 방문지인 청도에 도착하니 시간이 1시간 30분이나 지체되었다. 어르신 두 분이 기다리다가 반가워하며 아드님에게 전화를 걸어서 나를 바꿔 주었다. 나는 영상통화로 아드님에게 서류를 보여주고 설명하며, 어르신이 서명하는 과정을 전부 보여주었다. 어르신들은 고맙다고 음료수를 주시면서 조심해서 가라고 했다. 나는 그분들의 두 손을 맞잡고 "건강하게 사세요!"라고 말했다. 다시는 못 볼 수 있는 분들인데 음료수를 주시니 그 마음이 너무나 따뜻하게 느껴졌다.

4시가 다 되어서 마지막 목적지인 창녕군에 도착했다. 어르신 옆에 역시 아드님이 서 있었다. 꼭 서명을 받아야 한다고 해서 무슨 일인가 싶어 아드님이 하던 일을 멈추고 시간을 내서 찾아왔다고 했다. 나는 꼭 서명을 받아야 하는 이유를 설명했다. "제가 오늘 서명을 못 받으면, 서울보증보험 지점에 어르신이 직접 찾아가셔야 하니, 업체에서 걱정돼서 오늘 꼭 서명하시라고 신신당부하신 거예요." 아드님은 의심을 거두며 미안해했다.

나는 거의 12시간 정도 아무것도 먹지 못했음을 깨달았다. 배가 너무 고파서 이 근처에 밥집이 있냐고 물어봤다. 우포늪 너머에 밥집이 있다고 했다. "우포늪이요?" 내 머릿속에 예전에 TV에서 본 멋진 장관이 떠올랐다. 나는 우포늪으로 갔다. 평일이라 사람이 거의 없었다. 점점 어두워지는 원시의 늪 풍경은 나를 사로잡았다. 혼자 전망대에 올라 한참 동안 바라본 풍경은 너무나 아름다웠다, 나처럼 식탐이 많은 사람이 배고픔도 잊을 만큼.

그날 새벽부터 늦은 밤까지 내가 운전한 거리는 700km에 달했다.

어느 날 그 업체 담당자가 내게 말했다.

"박사장님한테는 진심이 느껴져요. 앞으로도 잘 부탁드립니다."

그날 내가 얻은 수입은 기름값에 못 미치는 수수료뿐이었지만, 내가 진정으로 얻은 것은 고객의 마음이었다. 그 후로 많은 분을 소개받았고, 계약으로 이어졌다.

지금 가진 것에 감사하라

투자에 실패하고 보증을 잘못 선 이후 한순간에 몰락하면서, 친구나 지인들에게서 오는 전화 통화, 모임 등을 피하기 시작했다. 나중에는 친한 지인들에게 하소연하는 내 모습이 싫어서 대부분의 전화번호를 지워버렸다. 모든 인간관계에서 단절되고 싶었다. 산속에 들어가면 모든 게 다 해결될 거라는 생각에, MBN TV 〈나는 자연인이다〉의 주인공처럼 속세를 떠나서 잊힌 존재로 살고 싶다는 생각에 골몰하기도 했고, 원양어선을 타면 목돈을 준다는 이야기를 듣고 알아보기도 했다.

지인들과 연락을 끊고 술자리에 전혀 나가지 않다 보니, 내가 피부관리실을 운영할 때 한 친구가 찾아와서 "진수야, 너 암이라는 얘기가 있던데 사실이니?" 하고 물어보기도 했다. 우울증이 정확히 뭔지는 모르지만, 길에 우두커니 서서 보면 세상 사람들은 바쁘게 움직이고 즐거워 보이는데 나만 외롭고 슬픈 것 같았다. 하지만 여러 카드로 비싼 이자를 돌려막고 채권추심 독촉 전화가 아무리 와도 극단적인 선택은 생각한 적이 없다. 그런 생각을 전혀 하지 않은 이유는, 내가 생각의 힘을 강하게 믿기 때문이기도 하다. 어떤 생각을 계속하다 보면 실제로 그렇게 되기 쉽다.

빚 독촉에 시달리며 홀로 사는 외롭고 고단한 삶이었지만, 오랫동안 깊은 우울감에 빠진 적은 없었다. 하루를 5시 30분에 시작해서 시간을 쪼개 종일 개척영업과 소개영업을 하고, 저녁에는 내 사정을 알고 있던 한만욱이나 심명보가 술 한잔하자고 하지 않으면 나는 바로 찜질방으로 들어갔다. 일찍 들어가야 빨리 반신욕을 마치고, 찜질방에서 그래도 로열석인 식당 쪽 구석 벽면에 자리를 잡을 수 있었기 때문이다. 반대쪽은 TV가 있어서 사람들이 많이 앉아 뉴스나 스포츠 경기를 보기 때문에 조용히 쉬기 어려웠다.

처음에는 부채 생각 때문에 잠을 못 이룬 적도 많았지만, 내가 깨달은 삶의 지혜 중 하나가 '내일 일은 내일 걱정하자'는 것이다. 일주일 전에도 걱정이 있었을 텐데, 바쁘게 살다 보니 일주일 전 일은 잘 생각이 나지 않았다. 그렇게 잠들고 다음 날도 새벽부터 밤까지 분주한 하루가 이어졌다. 나도 모르는 사이에 형편이 나아지고 있었다. 만두, 핫바, 김밥과 빵으로 때우다가 따뜻한 국물이 있는 국밥을 사 먹게 되었다.

열심히 하루를 보낸 것이 쌓여서 부채를 조금씩 상환하고 삶의 질이 조금씩 나아졌다. 혼자 살면서 장 보는 지혜가 많이 늘었다. 어디에 가면 현미가 저렴하고, 어디를 가면 국산 콩두부를 잘하고, 어디를 가면 식혜를 맛있게 만들고……. 그렇게 식재료를 사다가 현미밥을 해 먹고, 나물을 무쳐 먹고, 밥을 비벼 먹는다. 할머니들이 직접 키운 마늘, 양파, 파, 깨 등으로 만들어 파는 반찬을 사다 먹는다. 특히 나박김치, 무말랭이를 좋아한다.

달님과의 대화

투자 실패와 보증 문제로 고민과 걱정이 쌓이기 시작할 즈음에는 밖으로 나가기 싫어졌다. 그러다 보니 아침을 맞는 게 싫어서 늦게 일어나려고 일부러 술을 마시고 늦게 자기도 했다. 술을 먹고 자면 잠의 질이 안 좋아서 그런지 아무리 늦잠을 자도 피로가 점점 쌓였다. 얼굴은 까칠해지고 팔다리는 근육이 없어져 물렁물렁해지고 배만 나왔다. 잘못된 투자를 하기 직전으로 돌아갈 수만 있다면……. 이런 생각을 하다 보면 꼬리에 꼬리를 물고 갖가지 원망과 후회가 밀려왔다.

　잘나갈 때는 전혀 느끼지 못했던 것들이 내 삶에 찾아들었다. 친구나 지인들과 술을 마셔도 즐겁지 않고 외로움과 좌절감만 몰려들었다. 오히려 술자리 후 무심천 다리 밑에 흐르는 냇물을 바라보며 혼자 생각하다가 냇물과 이야기하는 것이 마음 편했다. 그러다가 달님이라도 밝게 떠 있으면 달님과 푸념 섞인 가슴 속 대화를 하곤 했다.

어느 날 무심천 다리 밑에 앉아서 흐르는 냇물과 하늘의 달님과 이야기를 하는데, 누군가 흐느껴 우는 소리가 들렸다. 소리 죽여 우는데도 내게 들릴 만큼 슬픔을 주체하지 못하고 오열하고 있었다. 그 사람도 나처럼 힘든 일이 있었으리라.

그렇게 시간이 흐르고 많은 생각을 해도 변하는 것은 아무것도 없었다. 아침에 거울을 보면 어깨가 축 처진 자신감 없는 중년 남자의 모습이 보였다. 아이러니하게도 원망이 남아있는 것도 내가 살아있어서이고, 현실을 걱정하는 것도 내가 살아있다는 증거였다. 살아있는 것들은 적응하고 변화한다. 살아있는 한 희망은 있다. 어느 날 거울을 들여다보며 원망과 후회로 가득한 과거의 박진수가 아니라 가능성으로 가득한 미래의 박진수에게 기대를 걸어보자는 생각이 들었다.

나이가 더 들어서 이런 처지가 되었다면 더 힘들지 않았을까? 이런 생각을 하니 쓸쓸하면서도 위안이 되었고, 스스로 자신을 조금은 위로해줄 여유가 생기기도 했다. 어떻게 나에게 이런 일이 생길 수 있을까? 이런 부정적인 생각을 하면 원망을 넘어 분통이 터지기도 했지만, 차차 과거의 나에게 한탄하는 것보다 미래의 나에게 말을 걸면 마음이 더 편안해진다는 것을 알게 되었다.

고수입을 올리던 시절에는 전국의 맛집을 찾아다니고 해외여행도 많이 다녔다. 고급차를 몰고 값비싼 국내산 홍어집을 찾아가서 향토 막걸리를 곁들이는 호사를 누렸다. 그러면서도 TV에 안타까운 사연이 나오면 바로 전화를 걸어 기부를 곧잘 했다. 불운한 사람들의 사연을 들으면 힘내라고 마음속으로 응원을 보냈다. 상황이 뒤바뀌어 내가 그 불운한 사람들에 속하게 되었다. 그러나 부채를 상환하고 재기에 성공하면 다시 새로운 인생이 펼쳐지지 않을까?

내게 아직 기회가 있다고 달님이 말해 주는 것 같았다. 과거의 내가 아닌 내일의 나를 생각하며 긍정적인 마음으로 다시 한번 도전해보라고. 달님과 대화하며 나름대로 인생의 지혜라 할 만한 것을 얻은 것 같다. 가장 중요한 것은, 잘못은 내게 있고 나만이 그 모든 것들을 바로잡을 수 있다는 깨달음이다. 모든 결정은 내가 했고, 그 결과가 현재의 내 모습이었다. 그렇다면 미래에 대한 결정도 내가 하는 것이니 결정을 잘하면 미래를 바꿀 수 있었다. 내게 주어진 순간순간을 최대한 잘 활용하면 내가 원하는 미래를 스스로 만들 수 있지 않을까?

갈 길을 잃었을 때 오직 하늘에 떠 있는 달빛이 나를 비춰주었다. 흐르는 물소리가 나를 위로했고, 달빛은 가로등처럼 나를 인도했다. 낮과는 다른 고요한 적막 속에 졸졸 흐르는 물소리, 검은 하늘로 솟구친 나무들과 무릎까지 오는 잡초들, 이따금 몰아치며 수풀을 헤집어놓는 바람 소리, 멀리 보이는 도시의 불빛들……. 그렇게 걷다 보면 잠시나마 마음속의 분노와 고뇌가 사라졌다. 걷고 또 걸으면 마음이 평안해지고 미래를 하나씩 계획하게 되었다. 사람은 죽으라는 법은 없는 것 같다. 걷다 보면 길이 나온다.

우울할 시간이 없다

태안 쪽으로 영업하러 간 날에는 그냥 바다를 보면서 잠이 든 적도 여러 번이었다. 차에서 몇 시간 눈을 붙인 후 숙소인 청주로 돌아오고는 했다. 새벽에 돌아오다가 해가 떠오르는 모습을 보고 차를 세우고 한참 바라보기도 하고 휴게소에 들어가서 세수하기도 했다. 새벽의 휴게소에는 유난히 씻고 양치하는 운전기사들이 많았다. '아, 이분들도 운전하다가 차에서 자고 일어나 하루를 시작하는구나.' 평소에는 잘 모르던 이웃의 삶을 보며 안전 운전을 기원하기도 했다. 그분들도 나처럼 자신의 목표, 자신의 가정을 위해 치열하게 살아가고 있었다.

내 경험으로는 돈에 쪼들리는 사람에게 가장 중요한 것은 생각만 하지 말고 무조건 움직이는 것이다. 나는 생각이 많아지면, 무조건 건설 현장으로 달려가 닥치는 대로 일했다. 외국인이 다수인 건설 현장에서 만난 한국 분들은 처음부터 현장 일을 하기보다는 대개 다른 사연이 있는 분들이 많았다. 코로나 19 팬데믹으로 사업이 망한 후 일용 노동에 뛰어들어 생계를 유지하고 자녀 학비를 버는 분들, 집합금지 명령으로 가게 문을 닫은 자영업자…….

철용이도 팬데믹 이후 고깃집을 폐업했다. 돈이 없던 시절, 어쩌다 술 한잔할 때면 늘 철용이 고깃집을 찾았었다. 삼겹살 일인분에 소주 한 병을 시키면 철용이는 오징어 한두 마리를 구워 주었다. 많이 팔아주지 못해 항상 미안해하면서도 맛있게 먹었다.

내가 부채를 다 갚아가던 2021년의 어느 날 철용이는 가게를 접고 새로운 일을 찾아야 했다. 오랫동안 나를 위로해주고 응원해주던 친구를, 이번에는 내가 응원하게 되었다. 예전에 우리가 청주에서 부산까지 자전거로 1박 2일 여행을 갔던 추억에 다시 젖기도 하고, 친구의 미래를 축복하며 "넌 앞으로 평생 술값 걱정은 하지 마라" 그렇게 큰소리치기도 했다.

철용이 가게는 2018년 청주에 물난리가 났을 때도 침수되어 큰 피해를 봤다. 코로나19로 또다시 손해를 보고, 적자가 쌓여 폐업 결정을 내리게 되었다. 그러나 역시 철용이는 삶에 대한 의지가 강했다. 친구는 "진수야, 너를 보면 희망이 보인다"라고 말하곤 했다. 철용이는 삼겹살집 문을 닫은 즉시, 대학생 때 취득한 토목기사 1급 자격증으로 한 건설회사의 현장소장으로 취업했다. 지치고 힘들었을 텐데, 열심히 돈을 벌어 평범한 일상으로 돌아가고자 최선을 다하고 있다.

얼마 전 철용이 아버님이 돌아가셨다. 나는 3일 동안 철용이와 함께 빈소를 지켰다. 요즘 나는 철용이가 현장소장으로 있는 건설 현장에 가서 도와준다. 철용이가 뒷짐지고 지시만 하는 성격이 못 되어서 본인 스스로 삽질을 하곤 한다. 무더울 때 둘이 함께 삽질할 때면 옛날 생각도 나고, 앞으로 조금 더 힘내서 살자고 서로에게 다짐한다.

혼자 사는 삶에 익숙해지면서 삼겹살집에 혼자 가서 고기도 구워 먹고 생맥주집에 혼자 가서 마시기도 했다. 한 번은 옆 테이블에 앉은 젊은 외국인들이 병뚜껑을 따다가 내가 앉은 테이블 위에 병뚜껑이 떨어졌다. 그들은 미안하다고 연신 나에게 말했다. 나는 영어로 괜찮다고 말하며 어디서 왔냐고 물어보았다. 미국에서 왔다고 했다. 우리는 몇 마디 더 얘기하다가 아예 합석했다. 한 친구는 텍사스에서 왔는데 할아버지가 한국전에 참전했다고 말했다. 나는 너무나 감사해서 당신의 할아버지와 동료들 덕분에 우리나라가 발전하고 있다고 말하며 그 테이블의 술값을 대신 내주었다.

나도 처음엔 자꾸 혼자만의 공간 속으로 숨어들기도 했다. 하지만 남을 의식하지 않는 순간부터 자유로움을 느꼈다. 오히려 어렵던 시절에도 돈을 모아서 가까운 타이완과 일본으로 여행을 다녔다. 하루에 1만 원 하는 캡슐호텔에서 자고, 현지인들이 가는 시장에서 저렴한 만두를 사 먹고, 비가 오면 처마 밑에서 부산하게 뛰어가는 사람들을 바라보며 행복을 느꼈다. 한 번은 캡슐호텔 옆 칸에서 자는 아들뻘의 20대 스웨덴인과 함께 온천도 가고 햄버거도 먹으며 언젠가는 꼭 스웨덴에 가보겠다고 약속한 적도 있다. 혼자 하는 여행은 외로움보다는 새로운 만남과 경험으로 채워졌다.

함께 일하는 류지연 실장은 언젠가 내게 이렇게 말했다. "대표님을 다른 사람이 보면 엄청 부자로 알겠어요. 초밥 드시러 일본 가고, 온천욕하러 타이완 가고……." 여행도 인생도 돈이 많아야 행복한 것이 아니라 내 마음이 편하면 행복한 것이다. 길거리 공연을 보면서 이 순간이 지나면 평생 다시 볼 기회가 없는 현지 젊은이들과 함께 박수하며 환호하고, 노천카페에서 맥주 한 잔을 놓고 아는 팝송이라도 나오면 흥얼거리고……. 돌이켜보면 가장 불우했던 시절에도 나는 많은 기쁨을 누렸다.

아주 조금만 환전해간 돈이 떨어져 은행에 가서 소액을 환전한 후 마사지를 받고 현지 시장에서 만두와 맥주를 사 먹기도 했다. 바에서 옆자리 사람들과 대화해보면 언어, 습관, 문화는 달라도 사람 사는 모습은 다 비슷한 것 같았다. 통역기 앱을 사용하면 대화에 별 어려움이 없었다. 여행지에서 돌아오면 확실히 새로운 에너지가 생겼다. 하루를 더 열심히 살아야겠다는 생각도 들고, 더 열심히 일해서 또 여행을 가야지 하는 생각도 들었다.

힘든 시간을 보내면서도 잃지 않으려 한 것은 나 자신에 대한 격려와 응원이었다. '지금까지 잘했어. 이 순간이 지나면 희망이 올 거야. 조금만 더 버티자'라는 격려였다. 영업을 하다 보면 별의별 일을 다 겪는다. 사람에게서 가장 큰 힘을 얻지만, 반대로 사람 때문에 일을 그만두고 싶을 때도 많다. 영업하면서 도 닦는다는 생각도 든다. 스트레스가 쌓인 날에는 코인노래방에 가서 2천 원 내고 여섯 곡을 목청껏 불렀다. 임재범의 〈비상〉, 이문세의 〈알 수 없는 인생〉, 박중훈의 〈비와 당신〉, 부활의 〈희야〉, 〈네버엔딩 스토리〉, 이승철의 〈그런 사람 또 없습니다〉를 부르다 보면 스트레스가 눈 녹듯이 사라졌다. 영업자는 스트레스를 잘 관리해야 내일을 긍정적으로 맞이할 수 있다.

코로나19 팬데믹 이후에는 우리나라 온천들을 찾아다녔고, 무작정 무궁화호를 타고 떠나는 여행도 좋았다. 처음 보는 풍경이 좋고, 여행지의 재래시장에 가서 음식을 먹어도 좋다. 특히나 빨리 먹을 수 있고, 저렴하고 건강에도 좋은 순대국밥이 너무 좋다. 오래된 가게에서는 국내산 재료를 많이 사용해서 한 달에 스물한 번을 먹은 적도 있다. 시간이 없어서 순대국밥만 먹는다고 하기에는 순대국밥을 너무나 좋아하는 마니아임이 틀림없는 것 같다. 재래시장에서 사 먹는 호떡 맛도 일품이다. 무작정 잡아탄 시골 버스를 타고 종점까지 가는 것도 좋고, 계획 없이 떠나 마주치는 새로운 세계와 풍경, 하루를 열심히 살아가는 낯선 사람들이 반갑다. 이상하게도 그렇게 낯선 곳, 낯선 도시를 여행하고 나면 머리가 맑아지고 새로운 기운이 솟는다.

여행을 다니며 느끼는 것은, 대한민국은 너무나 안전하고 어느 재래시장에 가도 너무나 친절하다는 것이다. 사람은 외로운 존재라고 하지만, 어쩌면 스스로 그런 상황을 만드는 것이 아닐까? 방안에 있으면, 외로움을 느낀다. 하지만 밝은 햇빛을 보며 걷고, 여기저기 다니다 보면 어느새 전혀 외롭지 않다. 건강이 허락하는 한 더 많은 것을 내 눈으로 보고, 더 많은 음식을 먹어보고, 새로운 경험을 하고 싶다.

항상 하늘을 보며 날씨의 변화, 계절의 변화를 느꼈다. 시간이 흐르면, 하루를 성실히 보내면, 행복이 올 것 같았다. 막노동을 하며 땀을 뻘뻘 흘릴 때도, 시간이 흐르면 15만 원을 손에 쥘 수 있으니 행복했다. '못 팔면 굶는다!'가 나의 영업철학이었다. 나는 전투 중이었다, 나 자신을 상대로. 그러나 슬프지 않았다. 밥을 얻어먹어도 창피하지 않았다. 나중에 여유가 생기면 많은 사람에게 베풀 것이기 때문이었다. 나중에 베풀기 위해 지금 얻어먹는 것이었다. 목표가 확고하니 현재의 누추함과 비루함은 별것 아니었다.

하루를 일찍 시작하고 바쁘게 보내면 쓸데없는 생각을 하지 않게 된다. 그러다 가끔은 여유를 갖고 지난날을 반성하고 미래의 실수를 줄여나가야 한다. 흐르는 강물을 보고, 푸르른 나무를 보고, 희망을 간직한 채 바쁘게 살다 보면 우울할 시간이 없다.

묵호항

나는 청주 오근장역에서 무궁화호를 타고 강원도 동해시까지 4시간 넘게 기차여행을 하곤 한다. 차창 밖으로 지나가는 풍경을 보면서 멍때리며 앉아 있는 게 좋고, 제천역에서 기차를 환승하고 또 한참을 달려가면 시간이 금방 가서 지친 마음을 달래며 시간을 보내기 너무 좋다. 동해시에 도착하면 바다를 바라보며 상념에 잠길 수도 있고 특히 묵호항 좌판에서 방어회를 싸게 사서 즉석에서 한잔하는 즐거움이 쏠쏠했다. 묵호항 근처에 찜질방이 있어서 편리했다. 하루 여행 코스로 제격이었다.

친한 친구에게 내가 이혼하고 혼자 살고 있다는 얘기를 어렵게 꺼낸 적이 있다. 술을 마시다가 감정에 취했던 것 같다. 술집에서 내가 좋아하는 노래인 이광조의 〈사랑을 잃어버린 나〉가 흘러나와서 그랬을까? 친구는 내 얘기를 잘 들어 주었다. 그 친구도 혼자 살기에, 더 쉽게 얘기를 꺼낸 것 같다. 다음 날 자고 일어나니 괜한 얘기를 했다는 생각이 들었다. 그러던 중 다른 친구에게서 연락이 와서 저녁을 먹다가 그가 내 이혼 사실을 알고 있어 참으로 당혹스러웠다. 마음이 불편하고 창피해서, 그냥 자리를 일찍 떴다. 다른 사람에게 내가 이혼했다는 얘기를 한 친구가 원망스러웠고 한동안 그 친구를 미워했다.

어느 날 묵호항에서 바다를 바라보는데 그냥 웃음이 나왔다. 나는 왜 그 친구를 미워했을까? 이혼도 내가 한 거고, 친구에게 말한 것도 나 자신인데……. 참으로 나 자신이 한심했다. 바다를 바라보면 언제나 그 모습 그대로인데, 이혼 사실을 창피하다고 감추는 게 어리석게 느껴졌다. 파도에 스치는 바위와 모래, 그것들은 있는 그대로 존재할 뿐이다. 사람도 마찬가지다. 있는 그대로가 중요할 뿐 어떻게 보이느냐는 내 맘대로 할 수도 없고 중요하지도 않다.

내 모습이 부끄럽다고 오랜 친구를 미워하다니 내 좁은 마음이 미안했다. 그때 나는 다시 행복을 찾으면 그 친구에게 연락해서 내 마음을 전하리라 다짐했고, 시간이 흘러서 지금은 그 친구와 다시 연락하며 지낸다.

과거에는 남을 많이 의식했었다. 내가 행복하고 잘살 때는 남들이 나를 의식했을지 몰라도, 힘들어지니 자꾸 남과 비교하게 되었다. 나보다 힘들었던 친구들은 자리를 잡고 평범하게 살아가는데, 나는 반대로 점점 몰락하고 있었다. 나 스스로 남과 비교하고 나 스스로 실망하고……. 지금은 이게 얼마나 어리석은지 알 것 같다. 나를 진짜 아끼는 사람들은 내 상황을 술안주로 소비하지는 않을 것이다. 내 얘기를 술안주로 소비하는 사람들은 어차피 내게 그렇게 중요한 사람들이 아니다.

한번은 유리창 공사를 하러 가서 일하다가 점심을 먹는데, 누군가가 나를 쳐다본다는 느낌을 받았다. 눈이 서로 마주쳤는데, 아는 사람이었다. 얼마나 후끈거리던지 그냥 눈빛을 피하고, 밥을 먹다 말고 도망치듯 식당을 빠져나왔다. 그 후 공사장에서 일할 때면, 그것도 청주 근처에서 일할 때면 아는 사람을 만날까 봐 점심을 굶기도 했다.

작년 말 공사 현장에서 철용이를 도와주고 함께 점심을 먹으러 갔다가 거래처 대표님과 마주친 적이 있다. 근처에 골프장이 있는 맛집이었는데, 거래처 사장님이 그곳에서 가족 모임을 하고 있었다. 나는 처음에는 몰라봤는데 그분이 나를 쳐다보다가 "사장님!" 하고 먼저 인사를 건넸다.

나는 아무렇지 않게 "어, 안녕하세요? 골프 하러 오셨나요?" 라고 물어봤다.

"아뇨. 가족 모임 하러 왔어요."

"아, 네."

거래처 대표님은 내게 조심스럽게 "이제 보증보험은 안 하세요?" 라고 물어보았다. 건설 노동을 하는 분들과 함께 어울려 밥을 먹고 있어서 내가 직업을 바꾸었다고 생각한 것 같았다.

"아뇨. 보증보험 열심히 하고 있죠."

나중에 찾아가서 보증보험 영업을 하기도 했는데 "아휴, 보증보험도 너무 힘들죠?" 라며 나를 걱정해 주었다.

지난 60개월간 가장 변한 것 중 하나가, 나를 남과 비교하지 않는다는 것이다. 아무리 재산이 많아도, 아무리 잘나가는 것 같아도 그들은 그들만의 고민이 있을 것이다. 내밀한 사정은 서로 알 수 없다. 그저 개인적인 일일 뿐이다. 나 혼자 스스로 남들과 비교하며 자신을 학대하고 있었는지도 모른다. 남 이야기는 그냥 스쳐 지나가는 이야기일 뿐인데, 나 혼자 괜히 다른 이들의 시선을 힘들어 했던 것이다.

나는 과거의 삶의 방식 중 잘못된 것도 많았음을 인정한다. 잘못된 점을 수정하면서 더 넓은 마음으로 넓은 세상을 받아들이며 살아가려 노력한다. 그리고 남은 인생을 어떻게 살아갈까에 대한 답을 찾기 위한 소중한 단서로 간직한다. 남에게서 문제의 원인을 찾으려 하며, 남을 이해하는 마음이 모자랐던 게 내 잘못이었다. 보증보험 일로 만나는 사람들에게 좋은 인연으로 남기 위해 노력한다. 내가 추구하는, 나누는 삶을 살다가, 언젠가 생이 다할 때 한 명이라도 더 많은 사람이 나와의 만남을 좋은 추억으로 기억하길 바란다.

오늘의 별을 찾아서

경제적 자유를 얻은 지금은 휴일에 서점에 가서 몇 시간씩 책들을 뒤적이기도 하고, 재래시장을 돌아보며 전통 순두부를 만드는 집에 찾아가 두부를 사 오기도 한다.

오래전부터 천문대에 가서 별빛을 보고 싶었다. 별마로천문대로 출발하면서 중간중간 샛길로 새서 숲길도 걷고 한반도 모양 전망대도 가보았다. 친절한 관리인이 내 사진을 찍어주었다. 영월 전통시장에 가서 맛있는 음식도 먹고, 유명한 찻집을 찾아가서 쌍화차 한잔 마시고, 드디어 밤 9시 예약 시간에 맞춰 천문대에 도착했다.

수많은 아이들과 부모님들 사이에서 예약을 확인하고 표를 받아 천문대로 들어갔는데, 아쉽게도 갑자기 하늘에 구름이 끼어 별을 보지 못했다. 아이들이 실망했을 거로 생각했는데 아이들은 천체망원경 앞에서 신이 났다. 아이들은 꼭 목적을 달성하지 못해도 천문대까지 찾아온 과정, 별이 아니더라도 망원경으로 보이는 것들, 그 시간과 그 분위기를 그대로 즐기는 것 같았다.

산 정상에서 바라본 영월 시내의 불빛은 너무나 아름다웠다. 나는 한참을 바라보다가 역시 오길 잘했다는 생각이 들었다. 별은 못 보고, 생각지 않았던 영월 시내의 불빛에 감동했지만, 인생이 그런 것 같다. 목표를 향해 달려가다 달성하지 못하면 아쉽고 실망스러울 수도 있지만, 열심히 달려가다 보면 새로운 목표가 생기기도 하고 새로운 즐거움을 발견하기도 한다.

투자에 실패하고 사람들을 피하던 시절, 나는 평생교육원에 등록하고 상담심리학을 배웠다. 나처럼 나이 들어 공부하러 온 분들이 아주 많아 놀랐고, 가끔 수업 시간에 토의나 토론을 하다 보면 사람들은 표현을 안 할 뿐 모두가 불안정한 존재임을 알게 되어 또 한 번 놀랐다. 그러면서 내가 잃은 것보다 내게 남아있는 것에 관심을 가지기 시작했다.

내가 가지고 있는 것이 있을까? 한참을 생각하다가 내가 다시 평범한 행복을 추구하는 것 자체가 살아있다는 증거임을 알게 되었다. 남은 것은 적지만, 아직 내게 다시 도전할 용기가 남아있는 것에 감사했다.

제대 직후 운동하다가 다쳐서 수술한 오른쪽 다리는 지금도 날씨가 궂은 날에는 통증이 느껴진다. 그런데 자전거를 타면 다리의 상태가 좋아진다는 것을 알게 되어 자전거 마니아가 되었다. 또 반신욕을 하면서 구부렸다 폈다를 반복하니 많이 완화되었다. 그래도 아직 불편해서 저녁에 온열팩을 할 때가 많다. 오른쪽 다리의 통증만 빼면 종합검진에서 아직은 당뇨도 없고 별다른 질환도 없고 특히 간 기능은 젊은이와 비슷하다고 한다.

건강과 용기가 내겐 남아있었다. 이 두 가지는 물질적인 것보다 더 중요하다. 건강과 용기가 있으면 물질적인 문제도 해결할 수 있지만, 돈이 많다고 건강과 용기를 살 수는 없으니까.

마음이 뒤숭숭할 때마다 아무 생각 없이 걷기로 했다. 지금 이 길이 행복으로 가는 길이 아닐지라도 걷다 보면 아무 생각이 없어졌고 그냥 편해졌다. 때로는 스치는 풍경을 보며, 길가의 나무와 풀잎을 보며 여러 추억이 떠올랐다. 사회적으로 성취감을 느꼈을 때, 걱정이 없고 행복했던 때가 생각나면 입가에 저절로 미소를 짓게 되었다. 그때는 가까운 사람들과 근심 없이 웃고 즐기며 그런 삶이 당연하다고 여겼다. 모든 것들이 바뀐 현재 상황을 미래의 내가 떠올리면 어떤 생각이 들까? 행복을 되찾은 미래에 현재를 다시 생각하면 강물처럼 흘러가 버린 인생의 한순간으로 느낄지도 몰랐다.

과거에 집착해서, 추억에 빠져서 살아가는 것이 얼마나 부질없는지 깨달았다. 과거는 과거고 나는 현재를 살아가며 미래로 나아가고 있다. 죽기 전까지 내 삶은 언제나 현재진행형이고 어디로 나아갈지 방향이 중요하다.

요즘은 내게 높은 실적을 올리는 비결을 알려달라는 요청이 종종 들어온다. 특별한 비결은 없지만, 내가 어떤 자세로 어떤 방식으로 영업하는지 보여주며 조언하기도 한다. 대기업 임원으로 은퇴한 후 보증보험을 시작한 분이 내게 영업을 배우겠다고 한 적이 있다.

나는 새벽부터 밤까지 내가 시간을 어떻게 활용하는지, 개척 영업은 어떻게 하는지 등을 설명하고, 당시 주력하던 아이스크림 대리점 영업 사례들을 들려주었다. 그분은 꼼꼼히 메모하다가 잠시 멈추고 나를 쳐다보며 엄두가 나지 않는다는 듯이 "대체, 이걸 어떻게 하세요?"라고 물었다. 나는 대기업 임원이었던 과거는 이미 지나갔으니 잊어버리시고 하루하루 그날의 목표에 집중하시라고 조언했다. 나는 영업 초기에 하루에 반드시 7곳을 개척하겠다고 결심했고, 그 목표를 달성해야 숙소로 돌아갔다. 나는 그 대표님께 "지금 당장 행동하는 게 중요합니다" 이렇게 강조했다. 나 자신에게 항상 했던 말이었다. 우리는 지금, 이 순간에도 행동을 통해 미래의 나를 만들고 있다. 그분과 미래에 또 어떤 모습으로 다시 만날지 기대된다.

내 집을 짓는 꿈

요즘에는 돈을 벌기 위해 막노동을 할 필요는 없지만 내가 노후를 보낼 집을 스스로 짓기 위해서 주말에 시간이 되면 한용이 형을 따라 집 짓는 곳에 가서 일당을 받고 육체노동을 한다. 아니면 철용이 공사 현장에 가서 도와주기도 한다. 건설 노동을 하면 다시는 과거의 힘든 삶을 되풀이하지 않겠다는 다짐을 굳힐 수 있고, 집 짓는 법도 배우니 일거양득이다. 노후를 보낼 집을 내 손으로 다 짓지는 못하겠지만, 하나하나 배울 때마다 새롭고 신기하다. 나는 아파트가 아닌 단독주택에 살 생각이므로, 집을 잘 관리하고 일정 수준의 수리도 직접 하려면 알아야 할 게 많아 열심히 배운다.

어려웠던 시절, 한여름에 지붕에 올라가서 방수 실리콘을 바르다 보면 뜨거운 햇볕에 얼굴이 화끈거리고 복사열에 발바닥까지 뜨거워졌다. 높은 곳에서 아래를 내려다보면 공포를 느꼈지만, 먹고살기 위해서 죽기 살기로 일하던 시절이다.

생존의 압박을 느끼지 않는 지금은 땀을 뻘뻘 흘리더라도 그렇게 힘들다는 느낌은 들지 않는다. 그런데 건설 현장에서 한국 사람을 보기가 힘들어 종일 외국인들과 함께 일하다 보면 문득 여기가 한국이 맞나 하는 느낌이 들 때도 있다. 건설 현장에서 만난 외국인 중에는 대학을 졸업한 사람들이 적지 않다. 자기 나라에서 교사였다는 사람은 나와 친해지자 자신이 가르치던 아이들 사진을 보여주기도 했다. 1960년대에 독일로 파견 간 광부들, 간호사들처럼 그들도 힘들게 번 돈을 자기 집에 보낸다. 아메리칸드림을 꿈꾸고 이민 가서 고생 끝에 정착한 미국 한인들도 그렇게 이민자의 삶을 시작했을 것이다.

요즘 가장 큰 행복 중 하나는 내 집을 지을 곳 후보지들을 방문해서 찍은 사진을 보며, 집 구조를 머릿속으로 상상해보는 것이다. 별채에 황토 찜질방을 만들어서 쉬는 모습, 그토록 갖고 싶었던 김치냉장고에서 동치미를 꺼내먹는 상상을 한다. 나의 로망인 팔각정을 조그맣게 짓고 거기서 비 오는 날 빗소리를 들으며 막걸리에 파전을 먹고 싶다.

　내 집을 짓는 꿈을 키우는 한편, 주말에 친구 한준태가 추모관 짓는 것을 돕고 있다. 준태는 집은 부유했지만, 어려서 아버지를 잃고 홀어머니 아래서 자랐다. 항상 어머니를 생각하는 효심이 깊은 친구였다. 서울의 명문대에서 미술을 전공한 후 독일에 유학했다. 10여 년 전쯤 한국에 돌아온 후 다시 연락하게 되어 지금까지 만나고 있다. 결혼하지 않고 어머니와 함께 살았는데, 몇 년 전 어머니가 돌아가셨다.

　우리는 가끔 전화로 독거인끼리 안부를 묻곤 했다. 내가 전화해서 "어이, 독거인! 밥은 먹었나?" 하고 물어보면 친구는 내게 "독거노인! 자넨 먹었는가?" 대꾸하곤 했다. 친구는 지금도 돌아가신 어머니를 그리워하며 어머니의 영정사진을 식탁에 올려놓고 매일 안부 인사를 드린다고 한다. 그리고 항상 어머니 음식을 그릇에 떠 놓고 외출할 때 "나갔다 올게요" 하고 인사하고 나간다고 한다. 조선 시대 삼년상을 치르던 상주가 이렇지 않았을까?

　어느 날 친구와 통화를 하는데 숨이 가쁘길래 뭘 하냐고 물었더니 집을 고친다고 했다. 어머니와 오랜 시간 함께 살아온 집을 어머니 추모관으로 바꾸기 위해 시간이 날 때마다 집을 고치고 있다고 했다. 전화를 끊고 나서 오래전에 돌아가신 내 어머니를 생각했다. 생각해보면 불효한 일밖에 없는 것 같아 너무나 가슴이 아팠다. 살아계실 때 맛난 음식을 사 드리고, 좋은 구경을 시켜 드렸으면 좋았을 텐데, 뭐가 그리 바쁘다고 그런 시간을 못 냈을까?

나는 친구에게 말했다. "내가 토요일마다 가서 공짜로 도와줄게. 대신 점심은 네가 사라!" 그러자, 친구는 고마워하면서 "진짜?" 하고 반문했다. 나는 어머니가 생각나서 그냥 도와주고 싶었고, 그렇게 하면 내 어머니에게 조금이라도 효도하는 기분이 들 것 같았다.

친구가 나를 든든한 조력자로 생각해주어 기뻤다. 내부 단열 공사를 하고 나서 준태는 "진수야, 너 없었으면 엄두도 못 냈겠다"라며 고마워했다. 도배를 하고 나니 "너 참 잘한다!"며 감탄했다. 막노동을 하며 어깨 너머로 익힌 기술을 이렇게 발휘하니 뿌듯했다. 얼마 후에는 페인트칠을 했다. 30년 전에 군대에서 해본 게 다지만, 우리는 또 잘 해낼 거라고 믿으며 도전했다. 그렇게 조금씩 조금씩 추모관이 완성되었다.

친구는 술도 거의 안 하고 담배도 안 피우고 워낙 바른생활을 하다 보니 나이보다 훨씬 젊어 보인다. 인생이라는 드라마의 주인공은 나다. 자신이 하기에 따라 작은 행복을 얻는 해피엔딩으로 끝맺을 수 있다. 나도 친구도 자신만의 드라마에서 해피엔딩을 맞이하길 바란다.

늘 배우고 반성하는 삶

무언가를 배우면 그 자체도 즐겁고 나중에 써먹을 수도 있어 좋다. 멈추지 않고 자신을 계발하면 건강도 지키고 삶의 질도 향상된다.

충분한 여유가 생기면 우선 양식조리사 자격증을 따고 싶다. 나는 과거에 캐나다 여행 중 정말 맛있는 티본스테이크를 먹어본 후 늘 티본스테이크 전문점을 열고 싶다고 생각했다. 테이블 세 개 정도인 작은 레스토랑을 차리고 일주일에 이틀은 청소년이나 청년을 초청해서 티본스테이크를 대접하며 이야기를 나누고 싶다. 수십 년의 세월을 뛰어넘어, 산다는 것에 대해 이야기하면 서로 많은 깨달음을 얻을 것 같다. 또는 평생 티본스테이크를 맛보지 못한 동년배나 선배 세대 가족을 초청해서 음식을 대접하며 살아가는 이야기를 하고 싶다. 인생은 참으로 짧다. 일주일에 두 번, 한두 시간 맛있는 음식과 즐거운 대화를 나눌 수 있으면 나도 행복하고 초청받은 사람들도 행복할 것이다. 그 경험을 통해 주변으로 행복이 전파되면 이 세상이 조금이라도 더 밝아지지 않을까?

파절이(파무침)가 맛있는 삼겹살집에 찾아가서 배운 적도 있고, 몇십 년째 한자리에서 장사한 유명한 파전집 주방에서 파전 만드는 과정을 지켜보기도 했다. 시간이 나면 배우고 싶은 요리가 많다. 맛있는 요리를 만들어 사람들과 나누고 싶다. 지금은 평생교육원에서 요리를 배우고 있다. 최근에는 해물잡채를 배웠는데, 고추기름에 파프리카, 양파, 당근 등을 볶으니 눈도 맵고 재채기도 났지만, 직접 보고 실습을 해보니 할 만했다. 선생님이 만드신 것보다는 맛이 덜하지만, 제법 맛있었다. 이렇게 요리 하나를 배우고 나면 뭔가 이루었다는 성취감이 크다. 양질의 식재료를 쓰고 간을 덜 해서 직접 반찬을 만들어 먹으면 건강에도 아주 좋을 것 같다.

나는 글씨를 참 못 쓴다. 그래서 항상 글씨 쓰는 법을 배우러 다니고 싶다는 생각을 많이 했다. 펜글씨를 연습하거나 캘리그래피를 배우고 싶다.

찜질방 생활을 할 때 어려운 이웃을 돕고 싶다는 생각으로 사회복지사 2급 자격증에 대해 알아보아 사이버대학교에 등록해서 틈나는 대로 화상강의를 수강했다. 실습할 수 있는 곳을 찾다가 한 지역아동센터에서 실습할 기회를 얻었다. 기관마다 실습생 정원이 있어 전화로 연락하면 대기자 명단에만 올려 준다는 얘기가 있어서, 실습 기관을 검색해 직접 찾아가서 센터장님과 면담 후 기회를 얻을 수 있었다.

나는 센터에 가서 아이들과 그림도 그리고 악기연주도 하며 너무나 좋은 시간을 보냈다. 놀이 기구나 장난감이 없어도 함께 뛰어다니고 간단한 가위바위보 게임만 해도 아이들은 정말 즐거워했다. 실습하기로 한 시간보다 일찍 가서 화장실이나 계단 청소를 하기도 하고 웃풍을 막기 위해 창문에 뽁뽁이를 붙여주기도 했다.

가끔 거래처인 아이스크림 대리점에서 도매가격으로 아이스크림을 사서 아동센터에 가져다주며 아이들이 먹는 모습을 보면서 사회복지사 자격증에 도전하길 정말 잘했다고 생각하곤 했다. 그렇게 정해진 실습시간이 끝나고 나서 함께 실습한 분들과 정기후원 신청을 하고 아이들과 인사하고 나서는데 많이 아쉬웠다. 자격증을 취득한 후에도 간혹 아이스크림을 사다 준다.

나는 매일 일기를 쓴다. 시간이 있을 때는 길게 쓰고, 아니면 짧게라도 하루를 기록에 남긴다. 더 나이가 들어 돌이켜 볼 때 내 인생의 순간순간을 기억하기 위해, 똑같은 실수를 반복하지 않기 위해, 나로 인해 상처 입은 이들에게 속죄하기 위해, 조금 더 보람찬 내일을 맞이하기 위해……. 지난 일기를 읽어보면 나도 모르게 가슴 깊숙이 끓어오르는 뭔가가 느껴진다. 하루하루를 반성하고 되짚어보는 것은 내가 목표를 향해 나아갈 수 있는 강한 추진력이 된다.

나는 우울할 시간이 없다. 항상 이루고자 하는 목표들이 있으니까, 새로운 도전을 계속해야 하니까.

영순장학회

눈물 젖은 빵을 먹어보지 않으면 인생을 알지 못한다는 말처럼 배고픔을 겪어보니 나도 인생을 조금은 알게 된 것 같다. 지금도 음식점에서 먹다가 음식이 남으면 꼭 포장해서 들고 온다. 풍족한 시대를 살아가다 보니, 음식의 소중함, 평범한 일상의 소중함을 잊어버리기 쉽다. 지금처럼 평온하고 풍요로운 삶은 당연한 것이 아니다. 술안주로 먹던 족발, 치킨을 싸 가면 친구는 투덜거렸지만, 나는 다음 날 점심시간에 차 안이나 공원 벤치에서 먹었다. 그렇게 살다 보니 내가 바뀌기 시작했다.

주변에서 가난한 사람들이 보이기 시작했다. 길을 가다 보면 폐지를 줍는 할머니들에게 관심이 갔다. 그럴 때마다 여유가 생기면 도와드려야겠다고 생각하곤 했다. TV를 봐도 어려운 사람들이 눈에 많이 들어왔고, 불우한 환경 속에서도 열심히 살아가는 모습을 보면서 나도 저렇게 살리라 다짐하곤 했다.

출근하듯 아침에 정유사를 방문하고 미팅 후에 나오면 주차
장 근처에서 종이박스를 접어서 손수레에 싣는 할머니를 볼 수
있었다. 정유사 사무실에 아침에 가면 부장님들이 음료수를 준
다. 그러면 나는 먹지 않고 폐지를 수거하는 할머니에게 드렸
다. 처음엔 안 받다가 안면을 익히게 되자 수줍은 듯 웃으며 받
아들었다.

어느 날 할머니에게 근처에 사시냐고 물어보았다. 그런데 뜻
밖에 할머니는 상당히 먼 곳에 살고 있었다.

"여기까지 박스 가지러 오시는 거예요?"

거의 매일 같은 시간에 할머니를 볼 수 있었다. 그렇다면 할
머니는 매일 아침 일찍 그 먼 거리를 걸어서 온다는 얘기였다.

"이것도 경쟁이 심해서 일찍 움직여 멀리까지 나오지 않으
면 힘들어요."

순간 나는 부끄러웠다. '이렇게 연세가 많고 거동도 불편하
신 분이 경쟁에서 살아남으려고 이 멀리까지 오시는구나.' 나
름대로 열심히 살고 있다고 생각했는데 할머니는 나보다 더 치
열하게 살아가고 있었다. 나는 할머니를 만난 이후로 더 열심
히 영업을 해야겠다고 다짐하곤 했다.

어느 날부터인가 할머니가 보이지 않아 궁금했다. 한참 시간
이 흐른 후 할머니가 다시 나타났다. 나는 반가워서 "그동안 왜
안 보이셨어요?" 하고 물어보았다. 할아버지가 돌아가셨다고
했다. 무슨 말을 해야 할지 머릿속이 하얘졌다. 나는 지갑에 있

던 3만 원을 드렸다. 할머니가 한사코 거부하시길래, 그냥 손수레에 지폐를 올려놓고 황급히 뛰어서 자리를 떠났다.

아, 나도 인생에서 지금의 고비를 이겨내고 싶다는 생각이 간절했다. 그리고 고비를 넘기고 나면, 나보다 어려운 사람들을 생각하는 마음을 지니고 살아가리라 다짐했다. 그분도 한때는 좋은 시절이 있었을 텐데……. 어떤 사연이 있어 노년에 고생하시는지는 몰라도 가슴이 먹먹했다.

경제적 자유를 얻은 후 바뀐 것 중 하나가 남을 위해 조금은 마음을 쓸 수 있는 여유가 생긴 것이다. 식당에서 가끔 혼자 앉아서 밥을 먹는 노인분들을 볼 수 있다. 나도 혼자 먹다 보면, 그 쓸쓸한 모습에 눈길이 간다. 나는 식당을 먼저 나오는 경우 계산하면서 노인분 것도 함께 계산해 달라고 한다. 왜냐고 물으면 "그냥 부모님 생각나서요" 하고 나온다. 가끔 군인들이 앉아 밥 먹는 테이블이 있으면 밥값을 내준다. 나도 휴가 나왔을 때 한 번 밥값을 내준 분이 있었는데 그분이 지금도 생각난다.

폐지를 줍는 노인분이 지나갈 때, 정차할 수 있는 공간이면 잠시 차를 세우고 나가 만 원짜리 한 장을 드린다. 안 받으려고 하는 분에게는 "제가 로또가 당첨됐어요. 뜨끈한 국밥 사드세요" 하고 건넨 후 차에 탄다. 적은 돈이지만, 그것을 통해 '당신은 외롭지 않습니다'라는 마음을 전달하고 싶었다. 사람은 누구나 외로운 존재다. 누군가 배려해 주면 마음이 따뜻해진다.

사람이 은퇴하면 얼마가 필요할까? 나는 구체적인 금액보다, 가까운 지인들 만나서 막걸리 한잔 사줄 돈이 있으면 되고, 가끔 여행을 다닐 수 있고, 누워서 잠잘 곳만 있으면 된다고 생각한다. 재산은 모으면 모을수록 욕심이 더 생길 것 같고, 지키려고 애쓰다가 결국에는 돈의 노예가 되어 죽음을 향해 나아간다고 생각한다.

당신에게는 기회가 있습니다

빚 독촉에 시달릴 때 파산신청을 하면 이 고통에서 벗어날 수 있지 않을까 생각하기도 했다. 하지만 신용 불량자가 되면 경제활동에 제약이 있어 재기하기가 훨씬 더 힘들어진다는 생각에 이도 저도 할 수 없었다. 그럴 때는 마야의 〈나를 외치다〉를 부르며 마음을 달랬다. "지금 이 순간 끝이 아니라 나의 길을 가고 있다"고 악을 쓰며 노래를 불렀다. 앞만 보고 달려가자 생각했다.

없는 사람들이 왜 자살하는지 이해가 되기도 했다. 그러나 사람이 이 세상에 태어난 데는 반드시 이유가 있다. 간혹 유명인들이 생을 달리하는 뉴스를 듣곤 한다. 남 보기에 화려하다고 사는 게 녹록하지는 않다. 내가 좋아했던 분이 떠났을 때, 너무나 안타까워 며칠 동안 하늘을 바라보며 탄식했다. 함께 얘기할 기회가 있었다면 얼마나 좋았을까? 삶의 목적과 생명의 가치,

지금 숨 쉬고 살아있는 모습이 얼마나 소중한가에 대해 얘기를 나눠 보았다면 얼마나 좋았을까?

나는 휴일에 아침 방송을 보다가 재래시장이 나오면, 몇 시간 운전해서 찾아가는 경우가 종종 있다. 국밥을 먹으며 재래시장에서 장사하는 분들의 분주한 모습을 보면 인생을 어떻게 살아야 하는지 그냥 배우게 된다. 시장 한구석에 앉아 나물을 다듬는 할머니, 뙤약볕 아래 열심히 호떡을 굽는 아주머니, 목청껏 손님을 부르며 과일을 파는 아저씨, 생선을 팔기 위해 치열하게 흥정하는 사장님……. 이 세상에는 정말 열심히 살아가는 사람들이 많다는 것을 느끼곤 한다.

나는 실패를 생각하지는 않았지만, 만약에 보증보험 영업에 실패한다면 푸드트럭을 할 생각도 했다. 행복을 찾을 수만 있다면 무엇이라도 할 자신이 있었다. 힘들 때는 지갑 속에 넣어 둔 5개년 목표와 딸아이의 사진을 바라보며 '경제적 자유를 위하여'를 외치곤 했다. 지갑에는 2017년 4월 만욱이와 술을 마시다가 받은 5만 원도 있다. 만욱이는 내가 렌트카를 차고지로 옮겨 주었을 때 몇 번 그렇게 돈을 준 적이 있다. 다른 사람이었다면 자존심 때문에 안 받았겠지만, 만욱이 돈은 받았다.

나는 그때 받은 5만 원을 늘 갖고 다닌다. 그 돈을 지갑에 넣으며 다짐했다, 부채를 다 갚으면 평생 만욱이와 명보 술은 내가 사준다고. 지금은 셋이 모이면 술값은 꼭 내가 낸다. 돈이 없을 때 가끔 그 5만 원을 꺼내 보며, 눈을 감고 수없이 결심했다. 반드시 빚을 다 갚고 경제적 자유를 찾겠다고.

한 번 그 돈을 사용할 뻔한 적이 있었다. 타이완에 온천여행을 가면서 20만 원만 환전해갔다. 그런데 야시장에서 맛있는 음식을 한번 먹기 시작하니 보이는 것은 다 사 먹은 것 같다. 우연히 마사지업소에 들렀는데 할아버지가 워낙 시원하게 잘해 주어 마사지를 계속 받다 보니 돈을 금방 다 써 버렸다. 타이완은행에 가서 지갑 속에 있던 한국 돈을 환전하는데 6만 원이 전부였다. 전에 만욱이가 준 5만 원권 지폐가 생각나 그것도 환전할까 하다가 그냥 6만 원만 환전했다. 그 5만 원은 지금도 내 지갑 속에 있다. 지금까지 살아오면서 뭔가 사고 싶거나 먹고 싶어도 그 돈을 보면 절제할 힘이 생겼다.

보증보험 영업을 하면서 알게 된 분 중 스스로 생을 마감한 사장님이 있었다. 몇 번 만나서 보증보험증권 발행이 가능할지 상담했던 분이다. 나중에 알고 보니 사장님의 주거래업체가 파산하면서 힘든 시간을 보내다가 결국 납품 대금을 못 받아 생긴 손실을 도저히 감내할 수 없게 되자 극단적인 선택을 했다. 시간이 많이 지났지만 내게는 큰 충격으로 남아서, 지금도 그분의 카카오톡 프로필 사진이 기억난다.

극단적인 선택에 대한 소식을 들을 때마다 나는 그 전에 그들을 만날 수 있었다면 무슨 말을 해주었을까 생각하곤 했다. '당신에게는 기회가 있습니다. 지금은 앞이 캄캄해도, 발밑이 보이지 않아도, 천천히 더듬으며 한 발짝 한 발짝 조금씩 나아가면,

언젠가 동이 트고 새벽의 여명이 앞길을 인도할 것입니다.'

여러 죽음을 겪으면서도 나는 살아있다. 내가 살아있는 이유는 무엇일까? 나는 어떻게 살아야 할까? 나는 사람들이 쓰러지지 않도록 작은 디딤돌이 되어주고 싶다. 누구나 비틀거릴 때가 있다. 그럴 때 서로에게 희망의 디딤돌이 되어준다면 이 세상이 얼마나 아름다워질까?

새로운 꿈을 위한 5개년 계획

나도 돈을 많이 벌어 부자가 되고 싶다. 그러나 돈을 통장에 모으거나 자식에게 물려주는 것이 목적은 아니다. 어떻게 하면 모은 돈을 가치 있게 쓰며 의미 있게 살아갈 것인가를 늘 생각한다. 딸아이에게 이런 고민을 이야기하면 우선 원룸에서 벗어나 이사부터 하라고 하지만, 나는 새로운 꿈을 상상하고 계획하느라 바쁘다.

인생의 삼 분의 이는 돈만 벌다가, 나머지 삼 분의 일은 쓰기만 하다가 죽는다면 인생이 너무 허무하지 않은가? 빈 상가에서 살면서 인생은 결국 혼자라는 생각을 했다. 친한 친구도 형제자매도 함께 있을 때는 좋지만, 살아가면서 서서히 멀어져가고 서서히 잊혀간다는 것을 느꼈다. 그저 우리는 동시대에 태어난 좋은 인연일 뿐이다. 같은 공기를 마시고, 같은 물을 마시며, 좋은 추억으로 남는.

인생은 얼마나 단순한 것인가? 그렇다면 나는 사람들에게 좋은 기억을 남기고 싶었다. 돈을 벌면 적은 돈이라도 나누는 방법을 생각하게 되었고, 미래의 언젠가 내가 죽을 때는 나를 좋게 기억하는 사람들이 많았으면 좋겠다고 생각했다.

어느 날 TV에서 한 대학생이 시험 기간에도 공부는 하지 못하고 식당 아르바이트를 하는 장면을 보았다. 집이 멀어 잠은 동아리방에서 자고 밥은 삼각김밥을 먹으며 힘들게 학창 시절을 보내고 있었다.

부채를 상환하고 조금 여유 자금이 생겼을 때, 근처 대학교에 찾아가 최초로 50만 원을 장학금으로 전달했다. 나는 담당 교직원에게 전달하면서 한 가지 부탁했다. 그 학생이 사회에 진출하면 꼭 받은 만큼 후배에게 베풀라는 말을 전해달라고 했다. 그 후 여러 대학교에 찾아가서 장학금을 전달했다.

준비되면 장학재단을 세워 체계적으로 어려운 학생들을 지원할 것이다. 수많은 대학생 중 누구를 지원할까 생각해보았다. 누나가 투병 생활을 하던 병원과 아버지, 어머니가 입원했던 병원의 간호사 선생님들이 생각났다. 특히 아버지가 입원해 계셨던 병원의 수간호사 선생님의 헌신적인 모습이 생각났다. 특수학교 설립 문제가 뉴스에 자주 등장하던 시절에는 특수학교 선생님들을 주목하게 되었다.

어려운 학생들에게, 특히 간호학과, 특수교육학과 학생들에게 장학금을 지급하겠다는 인생 목표를 세웠다. 돈이 생길 때마다 장학금을 주면 중단되기도 쉽고 체계적인 지원이 어려우니 장학재단을 만들어야겠다고 생각했다. 장학재단 이름은 부모님의 성함인 최영숙, 박순학의 가운데 한 글자씩 따서 '영순장학회'로 하기로 했다.

한때는 돈을 많이 벌어 멋지게 살고 싶었지만, 무일푼이 되자 오히려 사람은 무엇을 위해 살아가는지 깊이 생각하게 되었다. 돈이 절박했지만, 가장 빈곤할 때 돈이 전부가 아님을 절감했다. 돌아가신 부모님을 기억하는 사람이 이제는 직계가족인 나와 캐나다에 사는 형밖에 남지 않았다. 그렇게 생각하니 인생이 참으로 무상하다는 생각이 들었다.

누구나 평범한 행복을 누리며 건강하고 근심 없이 살아간다면 얼마나 좋을까? 시련에 마주쳐도 그것을 극복하며 새로운 삶의 가치와 목적을 발견한다면 정말 좋을 것이다. 고통은 따르겠지만, 새로운 인생의 참맛을 알게 된다면 진정한 행복으로 나아갈 기회가 될 수 있다. 나는 사람들이 시련을 극복하며 성장해갈 때, 영순장학회를 통해 그들이 넘어지지 않도록, 넘어졌더라도 다시 일어날 수 있도록, 손을 잡아주고 싶다.

목표를 세우고 그것을 향해서 한 발짝씩 나아가면 실제로 이루어진다. 정주영 회장님은 현대 울산조선소가 실제로 추진되기 거의 10년 전부터 이미 마음속에 계획을 세웠다고 한다. '어쨌든 1960년대 전반에 이미 내 마음속에 조선소가 머지않은

미래의 꿈으로 들어앉아 있었던 것은 확실하다.'

대학교에 가서 장학금을 전달하면 직업이 뭐냐고 물어본다. 그러면 나는 그냥 빵집을 한다고 말했다. 그러면 어디서 하시냐고 물어보며 학교에서 필요하면 연락해서 빵을 주문하겠다고 하기도 한다. 어떤 학교에서는 학과장님이 "어려운 학생들을 기억하시는 게 너무나 감사합니다"라고 말하기도 했고 또 다른 학교에서는 총장님이 직접 이메일로 감사의 뜻을 전하기도 했다. 그럴 때마다 나와의 약속을 스스로 지켜나가고 있다는 생각에 기분이 좋았고, 다른 이들에게도 그 마음이 전달된다고 생각하니 감동이 밀려와 눈물이 났다.

장학금을 주겠다는 내 목표가 조금씩 현실로 이루어지고 있어 너무나 기쁘다. 보증보험을 시작할 때는 친구들에게 밥을 얻어먹고 다녔는데, 이제는 나도 어려운 학생들을 도와줄 수 있다니 꿈만 같다. 지금은 시작 단계일 뿐이지만, 앞으로 많은 학생에게 도움을 줄 수 있다면 얼마나 행복할까? 장학금을 처음으로 전달한 날 원룸에 돌아와 누웠는데, 지금까지 자신에 대한 약속을 지킨 것 중 가장 대견하다는 생각에 가슴이 뿌듯했다. 이렇게 나는 하루하루 내 꿈을 이루어가고 있다.

2022년 1월부터 2026년 12월까지 20억 원을 모으겠다는 새로운 목표를 세웠다. 그 자금은 내가 시작할 장학사업의 종잣돈이 될 것이다. 꿈이 커지는 만큼 나는 더욱 열심히 일할 것이다. 이 세상은 할 수 있는 일, 하고 싶은 일, 해야만 하는 일로 가득하다. 이런 꿈들을 이룰 생각을 하고 조금씩 이루어나가는 것이 너무나 행복하다.

KBS스페셜 〈앎, 여자의 일생〉

힘들 때 내게 큰 영감을 준 프로그램이 있다. KBS스페셜 〈앎, 여자의 일생〉이었는데, 어린 두 딸을 남기고 암으로 세상을 떠나는 김현정 선생님의 이야기였다. 수척한 얼굴로 딸들에게 힘 겹게 내뱉은 말이 유언이 되었다. "언제 어디서라도 열심히 살기!" 이 말은 내게 커다란 울림을 주었다. 일이 좀 안 된다고 절망하고 짜증 내고 불안해하는 내 모습이 부끄러웠다. 말기암 선고를 받고도 삶에 대한 희망의 끈을 놓지 않기 위해 끝까지 노력하는 모습을 보면서 그깟 인간이 만들어 놓은 돈의 노예가 되어 하루하루의 영업실적에 기뻐하고 슬퍼하는 내 모습이 초라하게 느껴졌다. 병마와 싸우며 점점 쇠약해지는 그분의 모습이 너무나 안타까웠다. 한 번도 뵙지는 못했지만 편하게 쉬시길 기원했다. '내게 큰 용기를 준 김현정 선생님, 고맙습니다.'

해당 프로그램에서 딸들에게 당당한 엄마의 모습을 보여주기 위해 암 투병을 하면서도 교직에 복직하는 모습은 내 경제적 고통은 정말 아무것도 아니구나 하는 깨달음을 주었다. 인터넷에서 본, 그분이 안치된 납골당 모습이 우리 부모님과 같은 곳인 것 같았다. 그래서 부모님 납골당에 방문할 때면 그분 딸들의 행복을 기원한다.

누구에게나 기회는 있다고 생각한다. 그 기회를 붙잡아 일어서느냐, 아니면 기회인지도 모른 채 흘려보내느냐의 문제다. 건강이 허락하면 무엇이라도 할 수 있는 것인데, 가까운 미래만 생각하다 보니, 주위를 너무 의식하다 보니 위대한 도전을 못 하는 것 같다.

흘러가는 구름처럼 시간은 쉼 없이 흘러간다. 가까운 지인들은 이제는 좀 쉬면서 하라고 말하기도 하지만, 한번 어려움을 겪어본 나로서는 놀 수가 없다. 노는 순간, 노는 것이 습관이 될 것이고, 의미 없는 소비는 나의 꿈인 영순장학회 출범에 장애물만 될 것이다. 이름을 남기고 죽는 것은 어려운 일이다. 그러나 누군가는 의미 있게 이름을 남기고 죽는다.

누나의 유산

누나는 고등학생 때 백혈병으로 서울의 대학병원에 입원해 투병 생활을 하다가 세상을 떠났다. 서울에 있는 병원에 입원하는 것은 경제적으로 큰 부담이었지만, 부모님은 백혈병 치료를 잘하기로 소문난 그 병원에 기대를 걸었다.

오래전이지만, 지금도 누나의 모습이 생생하게 떠오른다.

"누나는 힘든데, 진수 너는 매일 밖에서 뛰어놀아 볼이 빨갛구나." 창백하게 변해가는 누나의 모습을 나는 대수롭지 않게 여겼던 것 같다. 한 번은 누나가 내게 청산가리를 사 달라고 한 적이 있다. 그때는 청산가리가 뭔지 몰랐다. 나는 누나의 고통을 몰랐다. 누나는 그 어린 나이에 얼마나 외롭고 고통스러웠을까? 하고 싶은 것도, 먹고 싶은 것도 많은 나이였을 텐데…….누나는 엄마에게 "나, 병 나으면…… 파마도 하고…… 남자친구도 사귀고…… 원 없이 놀러 다닐 거야"라고 말하곤 했다.

대학병원에 입원했던 누나가 집으로 다시 내려왔다. 내가 중학교 2학년 때였다. 항암제 때문에 머리카락이 모두 빠지고 살도 다 빠져서 뼈만 남은 모습으로 방에 실려 들어갔다. 얼마 후 누나의 장례식이 있었다. 한동안 누나 묘에 누군가 와서 꽃을 놓고 가곤 했다.

아버지가 살아계실 때 우리는 누나 묘를 1년에 두 번씩 찾아 갔다. 그때마다 아버지는 주변에 무성해진 아까시나무 가지들을 잘라내곤 했다. "진수야, 아빠, 엄마 죽으면 네가 와서 누나 묘 좀 관리해라." 그래서 나는 지금도 1년에 몇 번씩 누나가 좋아하던 환타와 새우깡을 사 들고 누나 묘를 찾아가서 주변을 정리한다.

누나 사후 아버지는 누나의 반지와 아버지의 반지를 녹여 하나로 만들고 안쪽에 누나의 이름을 새겨 돌아가시기 전까지 끼고 다녔다. 나는 아버지가 돌아가신 후 유품으로 물려받은 그 반지를 내 손가락에 꼈다. 나이가 들어 살이 쪄서 손가락에 안 들어갈 때도 있었지만, 최근에 몸무게를 줄이면서 다시 낄 수 있었다. 경제적 어려움이 심해지거나 두려움이 엄습해오면 그 반지를 보며 목표 달성을 다짐하곤 했다.

나는 힘들 때마다 누나 묘에 가서 환타 한 캔을 따서 놓고 생각에 잠기곤 했다. 묘소 옆에 돗자리를 펴고 누워 한참을 생각했다. 사람이 죽으면 아무것도 못 하는데 나는 비록 힘들지만 살아있으니 고민도 있는 게 아닌가? 지금의 고통은 어떤 결과를 위한 과정일 뿐이 아닌가? 신은 감당할 수 있을 만큼만 시련을 준다고 하지 않았던가? 사람은 언젠가 죽는다. 하지만 나는 살아있으니 그것 자체로 기회가 있는 것 아닌가?

'누나, 내가 누나 몫까지 열심히 살아볼게. 지켜봐 줘' 그렇게 약속하고 자리를 떠나곤 했다.

얼마 전 1980년대 우리 누나가 입원했던 대학병원을 운영하는 서울의 대학교를 방문해 직원분과 상담하고 장학금 관련 서류를 작성하며 잠시 이야기를 나눈 적이 있다. 얘기하면서 백혈병으로 고생하는 아이들에게 기부하고 싶다는 생각이 들었다. 누나가 끝내 꿈을 펼치지 못한 것처럼, 그 아이들이 치료비가 없어서 생을 마감한다면 얼마나 억울하고 그 부모님들은 얼마나 한이 맺힐까?

누나가 투병할 때 친구들은 물론 모르는 분들이 헌혈증을 많이 모아 주었던 기억이 있어 나는 헌혈을 많이 했다. 고등학생이 된 이후로는 2, 3개월에 한 번씩 했던 것 같은데, 어머니는 내가 너무 자주 헌혈하는 것 아니냐고 걱정하셨다. 자주 해도 몸에 이상이 없어서 신경 쓰지 않았다. 그러던 중 군대에서 헌혈하다가 정신을 잃은 적이 있었다. 이후로는 헌혈하는 게 겁나서 별로 못 했다. 앞으로는 헌혈을 자주 해야겠다.

돈은 아름다운 꽃이다

나는 '돈'이란 성실하게 살아가는 사람들을 위한 일종의 공공재라고 생각한다. 공부는 하고 싶은데 돈이 없어서 못 하는 사람들, 열심히 노력하지만 직장이 없어서 경제적으로 어려운 사람들, 치료를 받아야 하는데 돈이 없어서 병원에 못 가는 사람들을 위한 공공재다.

내 능력이 허용하는 한에서 어려운 학생들, 보육원을 퇴소한 청년들, 그리고 백혈병 등의 난치병과 싸우는 아이들에게 작은 힘이라도 보태주고 싶다. 언젠가 그들이 건강해지고 무사히 학업을 마친 후 사회에 나가 남을 배려하며 사는 세상을 만드는 데 힘을 보태고 싶다.

미래에셋 박현주 회장님은 『돈은 아름다운 꽃이다』에서 '돈 자체가 목적이어서는 안 된다. 돈도 꽃처럼 돌고 돌아 씨를 만들고 열매를 맺어 이 땅의 젊은이들을 위해, 건강한 사회를 위해 아름다운 꽃이 돼야 한다'고 썼다. 얼마나 멋진 말인가? 이 글귀는 장학재단이 인생 목표인 내게 나아가야 할 방향성을 제시했다. 꽃이 진정 아름다울 수 있는 것은 꽃이 진 뒤 씨앗을 만들고 다시 수많은 꽃을 피우는 보이지 않는 아름다움이 있기 때문이라고 했다.

영순장학회를 만들 생각에 빠져 있던 나는 그 말에 매료되었다. 젊은이들을 위해 조금이라도 내 여윳돈을 나누어 주고, 그 돈이 박현주 회장님의 말처럼 돌고 돌아 열매를 맺고, 그들이 또 받은 만큼 후세에게 베풀어 준다면 우리나라의 미래는 밝아질 것이다. 그래서 나는 더 열심히 일할 수 있는 명분을 스스로 만든다. 능력껏 돈을 벌어 건물을 짓고 싶다. 거기서 나오는 수익금으로 장학사업을 한다면, 내가 언젠가 죽더라도 딸아이가 장학사업을 이어서 한다면, 더 바랄 것이 없다. 어떤 이에게는 아주 적은 돈이더라도 그 돈을 기부하면 누군가에게는 하루를 살아가는 생활비가 될 수도 있기에, 돈은 정말 아름다운 꽃인 것 같다.

서점에 가면 여름에는 시원하고 겨울에는 따뜻하며, 눈에 띄는 책들의 책장을 넘기다 보면 시간을 보내기가 참 좋다. 우연히 본 노자의 『도덕경』에서 공수신퇴 천지도(功遂身退 天之道)라는 말을 보았다. 공이 이루어지면 물러나는 것이 하늘의 도리라는 것이다. 부자가 되면 그 부를 나누어주고 퇴장하는 것이 내 도리라고 생각했다.

위대한 상속녀

정유사의 소개로 한 윤활유 대리점과 거래하게 되었다. 처음 방문할 때 납품으로 바쁜 대표님 시간에 맞추려고 새벽에 출발해 7시 40분쯤 도착했다. 대표님은 물건을 싣다가 시골에서 쪄 온 감자를 먹으라고 내주었다. 나는 너무 맛있어서 상품설명도 잊은 채 얼른 몇 개를 먹었다. 다 먹을 수도 있었지만, 일부러 두 개를 남겼다.

"아니, 다 먹지, 왜 남겨요?"

"아, 어머니가 음식은 나눠 먹는 거라고, 항상 다 먹지 말고 다른 사람을 위해 조금은 남기라고 하셨어요. 다음에는 더 많이 주세요."

이렇게 웃으면서 말했더니 대표님은 "사람이 정이 있네. 민부장이 참 괜찮은 사람이라더니. 설명 들을 것 없이 그냥 보증보험 진행해 주세요"라고 말했다.

"좋게 봐주셔서 정말 감사합니다. 그래도 설명은 잠시 드리겠습니다."

그렇게 첫 방문에서 바로 거래하게 되었다. 지금도 1년에 한 번씩 보증보험 갱신할 때가 되어 찾아가면, 시골에서 키운 감자를 너무나 맛있게 얻어먹는다. 윤활유 대리점이 계속 성장해 나가고 있어 볼 때마다 나도 뿌듯했다.

갈 때마다 느끼지만, 새벽에 아버지와 아들이 함께 일하는 모습이 정말 아름다워 보였다. 간혹 이렇게 가족이 함께 일하는 업체, 특히 부모의 일을 자식이 열심히 배우는 모습을 보면 부러운 마음이 들었다. 부모는 늘 자식이 더 좋은 직업, 사회적으로 더 인정받는 직업을 갖길 바라지만, 일이 고되더라도 힘들게 자리 잡아 오랫동안 업력을 쌓은 사업체를 자식이 이어받아 잘 운영한다면 그것만큼 큰 인생의 보람은 없을 것이다.

예림이는 엄마의 도움을 받아 대형마트에서 작은 카페를 하고 있었다. 어려서부터 부지런한 성격이라 열심히 사는 모습이 늘 대견하다고 생각했다. 카페를 운영하며 진로를 고민하면서 나중에 피자를 배우러 이탈리아로 유학 갈 생각을 하고 있었다. 마침 카페를 리모델링하고 재계약을 하려 하길래 나는 딸아이에게 아빠가 하는 일을 한번 해보라고 권했다.

"나중에 수제 피자집을 운영하는 것도 좋지만, 영업만큼 자신의 시간을 자율적으로 쓰면서 노력에 상응하는 만큼 경제적인 보상을 얻을 수 있는 직업은 없다고 생각해. 특히 건강만 허락한다면 정년이 없기에 평생직장으로 너무나 좋단다. 점점 더 많은 여성이 영업을 하고 있고 이미 성공한 분들도 많아.

세상에 영업이 아닌 건 없어. 식당에서 음식을 먹을 때도 주인 입장에서는 영업이고, 사장은 그 회사의 제품과 사업을 판촉하는 대표 영업자고, 대통령도 해외에 나가면 대한민국을 대표하는 영업자잖아. 아빠가 해보니 영업은 정말 매력적인 일이야. 힘들 때도 있지만, 보람도 그만큼 크지. 보증보험을 판촉하는 건 내가 아쉬워서가 아니라, 개인사업자와 사업체의 리스크를 줄여주는 일이라 당당하게 권할 수 있어. 상공인들을 도와주는 보람찬 일이지."

딸아이는 몇 개월을 고민하다가 영업의 길로 들어섰다. 전산 작업과 전화 응대법부터 배웠다. 그리고 나와 함께 자필서명을 받으러 다니고, 개척영업도 했다.

처음에는 딸아이 앞에서 거절당해 창피했던 경험을 하기도 했고, 운전하며 가다가 고객이 전화해서 신용등급 하락으로 보증금액이 감액된 것에 대해 강한 불만을 토로하는 것을 휴대전화 블루투스 이어폰의 스피커 모드로 한참 동안 함께 듣기도 했다. 딸아이에게 성공하는 모습만 보여주고 싶은 것이 아빠의 마음이겠지만, 한편으론 실패하는 모습을 보여주는 것도 좋다고 생각한다. 영업은 쉬운 일이 아니다. 내가 나이가 더 들어서 도와줄 수 없을 때 딸아이가 아무리 힘들어도 혼자서 헤쳐나갈 수 있도록 강해지길 바란다. 이런 과정을 보고 들으면서 딸아이는 영업의 실제를 배워나갔다. 1년 넘게 이 일을 하면서 알게 모르게 숙련된 모습을 보면 내 딸이지만 종종 자랑스럽게 느껴진다.

어느 날 딸아이가 내게 "아빠, 참 열심히 산다"고 했을 때 "다 이렇게 살아!"라고 말했지만, 내가 살아가는 모습을 보고 딸아이가 뭔가 느낀 것이 있는 것 같아 가슴이 뭉클했다. 고기를 잡아주기보다는 고기 잡는 법을 가르쳐 주라는 말처럼 언젠가 내가 먼저 죽더라도 성실히 살고 신용을 잃지 않으면 어떤 상황에서든 먹고살 수 있다는 것을 가르쳐 주고 싶다. 언젠가는 아빠와 딸 사이가 아닌, 동등한 사회인으로서 서로 배우고 성장하길 바란다.

요즘은 딸아이와 소개영업 위주로 영업을 하고 있다. 점심도 제대로 못 챙겨 먹고 소개받은 곳을 하루에 네다섯 군데 방문한다. 어느 날은 일산 사무실을 방문하고 다시 남양주를 방문하고 다시 안양으로 이동한다. 계약자 시간에 맞추다 보니 동선은 커질 수밖에 없다. 시간에 쫓겨 하루에 2만 2천 보를 걸을 때도 있었다. 점심도 못 먹고 따라다니면 얼마나 힘들까? 하지만 나는 결코 뒤를 돌아보고 딸아이를 재촉하지 않는다. 스스로 따라올 때까지 그냥 앞만 보고 걷는다. 지금은 손을 잡아줄 수 있지만, 그런 날은 얼마 남지 않았다.

치열하게 하루를 보내고 저녁 즈음 밥을 먹을 때면, 그제야 딸아이에게 말한다. "힘들지?" 그러면 딸아이는 "밥이나 빨랑 먹자"라고 말한다. 맛있게 밥 먹는 모습을 보면 그저 흐뭇하다. 날마다 크고 작은 실패와 성공을 경험하며 딸아이는 영업을 배우고 인생을 배우고 세상을 배우며 하루하루 조금씩 발전해 나간다.

노력했지만 성과가 없어 의기소침할 때, 거절당해 좌절감을 느낄 때, 딸아이에게 〈행복을 찾아서〉에서 윌 스미스가 아들에게 말한 대사를 상기시켜 준다.

"예림아, 누구도 네게 '넌 할 수 없어'라고 말하지 못 하게 해. 그게 아빠라도 말이야(Don't ever let somebody tell you, "You can't do something." Not even me.)."

함께 업체 미팅을 하고 딸을 소개하면 상대방은 놀라면서 "따님과 함께 영업하는 모습이 보기 좋습니다. 좋은 결과 있기를 기원할게요"라고들 한다. 최근에는 통신기업 유통 계열사의 센터장님과 미팅 후 이런 문자를 받았다. '대표님과 짧은 시간 말씀을 나누는 동안 그 열정이 충분히 느껴졌고, 따님과 함께 일하시는 모습에서 진정성도 느껴졌습니다. 그래서 15년 동안 얼굴 한 번 못 봤던 기존 거래처보다 대표님과 앞으로 좋은 인연을 이어가고 싶네요. 앞으로 잘 부탁드립니다.'

딸아이는 내 휴대전화에 '위대한 상속녀'라고 저장되어 있다. 2018년 6월 29일, 딸아이와 아구찜 집에서 만났다. 오랜만에 딸아이를 보니 마음이 따뜻해졌다. 우리는 아구찜과 술 한 잔을 나누었다. 일상적인 대화가 오가고, 딸아이가 어떻게 지내는지 듣고, 정말 오랜만에 즐거운 식사를 했다. 딸아이는 내가 찜질방에서 사는 게 마음에 많이 걸렸는지, 원룸이라도 얻어서 이사 가라고 여러 차례 얘기했다. 나는 아직은 때가 아니라고 고개를 저었다. 딸아이는 그래도 예전보다 내 얼굴이 좋아 보인다고 했다.

"그래?" 나는 딸아이도 내 사정이 조금씩 나아지고 있음을 눈치챘다고 생각해 앞으로의 계획을 말해 주었다.

"아빠가 힘들게 살다 보니까, 꿈이 생겼어. 여유 있을 때는 못 보던 것들이 많이 보이기 시작했어. 길에서 박스 줍는 분들, 집이 없어 찜질방에서 생활하는 사람들, TV에 나오는 안타까운 사연들……. 찜질방에서 사는 사람들을 보며 그 사람들은 무슨 사연으로 이곳에 살까 생각하게 되었어. 어렵게 사는 사람들이 정말 많더라.

누구나 언젠가 죽기에 사람들과 자그마한 행복을 나누고 싶단다. 공부하고 싶은 아이에게 장학금을 지원해 주면, 그 아이는 얼마나 행복해질까? 그 아이가 행복해져 아빠처럼 다른 사람들을 도와줄 수 있도록 아빠는 행복의 씨앗을 뿌리고 싶어."

내가 계획 중인 장학사업에 관해서 얘기해주니 딸아이는 "아빠, 방이라도 하나 얻고 그런 얘기 하면 더 와닿을 것 같아" 라고 말했다.

"정주영 회장님도 인천 부둣가에서 막노동을 했어. 단순히 돈 벌어서 혼자 편안하게 사는 게 목표였다면 오늘날의 현대그룹은 없었을 거야. 세계에서 가장 가난한 나라에서 산업을 일으켜 수십 명의 식구와 수많은 직원을 먹여 살리고, 궁극적으로는 이 나라를 부강하게 만들려는 끝없는 도전정신이 있었지. 아빠도 부채를 청산하면 도전을 멈추지 않고 반드시 영순장학회를 만들 거야. 아빠 나이 예순한 살에."

나는 딸아이에게 영순장학회 초대 회장이 되려는 내 원대한 꿈을 털어놓았다.

344

"그리고 아빠가 아프면, 너는 재산을 상속받는 게 아니라 영순장학회 2대 회장으로 취임하게 될 거야. 너는 진정으로 위대한 상속녀가 되는 거야! 자, 건배!"

우리는 크게 제스처를 취하며 잔을 부딪쳤다. 나는 분위기에 취했고, 딸아이는 즐거워 보이는 내 기분에 맞춰 주는 것 같았다.

"부채 갚고 먹고사는 것만 고민하며 살면 삶이 너무 팍팍하잖아. 돈 버는 기계로만 인생을 산다면 너무 슬프지 않을까?"

"그려, 알았으니깐, 빨랑 이사나 해."

"오늘을 기억해라. 영순장학회 창립 계획을 최초로 선언하는 자리니까."

나는 서빙하는 분에게 우리 부녀의 사진을 한 장 찍어 달라고 부탁했다. 그리고 딸아이 전화번호의 연락처명을 '위대한 상속녀 2018년 6월 29일'이라고 저장했다. 나는 그날 딸아이에게 정주영 회장님의 『이 땅에 태어나서』와 5만 원권 지폐를 선물로 주었다.

헤어질 때 내가 찜질방으로 들어가는 것을 보며 슬퍼하던 딸아이의 모습이 떠오른다. 내게 오늘 하루만이라도 어디 여관에라도 가서 푹 쉬라고 말했었다. 함께 만나 밥을 먹을 때마다 찜질방으로 돌아가는 내 모습을 보며 딸아이는 어떤 심정이었을까? 그 생각을 하면 지금도 가슴이 아프다.

그러나 많은 고통을 겪으면서 깨달은 인생의 진리가 있다. 내게 주어진 인생과 고통의 시간은 스스로 극복하고 헤쳐나가는 것이지, 아무리 사랑하는 사람도 대신해줄 수 없고, 주위의 그 누구도 걱정은 해줄 수 있어도 해결해 줄 수는 없다는 것이었다.

다시 돌아온 찜질방에는 여느 때와 다름없이 외국인 노동자들이 스마트폰을 보면서 누워 있었고, 나도 그들 속에 자리를 잡고 누웠다. 그 외국인들도 고국에 가족이 있을 것이고, 그들에게도 한국에서의 꿈, 고국에 돌아간 후의 생활에 대한 꿈이 있을 것이다. 우리나라 사람들이 예전에 가졌던 아메리칸드림처럼, 그들의 코리안드림도 누군가에게는 그냥 꿈으로 끝날 수도 있겠지만 누군가에게는 현실로 실현될 것이다. 내 꿈 또한 그냥 꿈으로 끝날 수도 있지만, 행복한 상상만으로도 큰 힘이 될 때가 있다.

'언젠가는 이 순간도 웃으며 회상할 수 있는 아름다운 추억으로 남으리라. 몸이 건강하기만 하면 4억여 원의 부채도 언젠가 반드시 상환하리라. 나는 반드시 평범한 행복을 되찾을 것이다.' 나는 지금도 딸아이와 통화할 때마다 그날 찍은 사진과 입력한 문구를 다시 본다.

늘 미래에 대한 꿈을 되풀이해서 얘기하는 동안, 미래는 이미 내 앞에 와 있었다.

에필로그

사랑은 죽음보다 강하다

때때로 삶이 힘겨워 무너질 것 같으면, 나는 마음을 지키기 위해 영업을 다녀오는 코스를 조정해서 부모님의 납골당을 찾아가곤 했다. 어느 날은 너무 힘들어 납골당에서 꺼이꺼이 울었다. 늘어나는 부채와 이자를 도저히 감당할 수 없을 것 같아 두려웠다. 어려운 일이 생길 때 어머니라면 어떻게 했을까 생각하기도 했다. 나보다 더 힘든 시대를 살다 간 부모님은 어떻게 그 고난을 견디며 살아오셨을까?

혼자 사는 내게 납골당은 경쟁사회에서 생존하기 위해 강한 척, 아닌 척 갑옷을 두르고 있던 스스로를 무장해제하고 가슴속 얘기를 모두 털어놓을 수 있는 안전기지였다. 부모님의 사진과 유골함을 보며 슬펐던 일, 좌절했던 일을 얘기하다 보면 어느새 마음이 편해졌다. 좋은 일이 있으면 기쁜 소식을 전하고 자랑하기도 했다. 주위의 유골함들을 둘러보면 나도 언젠가 죽을 텐데 살아있다는 것이 얼마나 소중한지 다시금 절감했다.

한 번은 뜨거운 여름날, 낮에 지나가다가 잠시 부모님에게 인사를 드리려 납골당에 들어갔다. 날씨가 너무 더워서 그런지 주차장에는 차가 몇 대밖에 없었다. 납골당에 들어가니 너무나 시원해서 땀이 다 식는 것 같았다. 부모님 자리로 가서 인사 드리고 마음의 각오를 새로이 다지고 있었다. '부모님, 지금은 힘들어도 부끄럽지 않게 꼭 성공하겠습니다. 아무리 힘들어도 포기하지 않고 반드시 목표를 달성하겠습니다. 부모님, 약속 꼭 지키겠습니다!' 나는 수첩이나 책들, 지갑 속 등 구석구석에 '부모님, 약속 꼭 지키겠습니다!'를 수없이 써 놓았다. 절대로 잊지 않기 위해서.

그런데 건너편에서 누군가 너무나 구슬프게 울고 있었다. 살짝 쳐다보니 중년 여성분이었다. 울음소리가 그치지 않아 나는 혹시나 내가 움직이면 그분에게 실례가 될까 봐 가만히 서서 부모님 사진만 바라보고 있었다. 한 30분쯤 지났을까? 그분이 여전히 눈물을 흘리면서 유골함을 돌아보며 힘들게 발걸음을 옮겼다.

나는 그분이 너무나 슬프게 울길래 그분이 서 있던 유골함으로 가보았다. 막연히 배우자가 돌아가셨나 보다 그렇게 생각했다. 하지만 유골함 앞 사진을 보니 앳된 젊은이 사진이었다. 순간 나도 모르게 눈물이 흘렀다.

건강하게 자라준 딸아이에게 고마웠다. 나도 그곳에서 눈물을 흘리다가 눈을 감고 기도를 해주었다. 그리고 돌아다니며 주변의 유골함들을 둘러보았다. 내 나이대에 돌아가신 분들이 흔했다. 놀랍게도 젊은이의 사진이 놓인 유골함도 여럿 있었다. 나는 충격을 받았다. 오늘날처럼 의학이 발달한 시대에 청년들이 왜 이렇게 세상을 일찍 떠나는 걸까? 나중에 지인과 얘기를 나눠보니, 10대에서 30대까지 사망원인 1위는 자살이라고 했다. 얼마나 힘들었길래 그런 선택을 했을까? 그 부모님들은 어떤 마음으로 살아갈까?

나는 부모님께 약속했다. '부모님, 약속 꼭 지키겠습니다. 반드시 부채를 다 갚고 재기한 후, 어려운 젊은이들을 도와 부모님이 제게 주신 사랑을 이 세상에 나누겠습니다.'

불멸의 사랑, 불멸의 연대

어느 날 찜질방에 누워 잠을 청했는데 잠이 오지 않았다. 나는 항상 꿈이 이루어진 미래를 상상하곤 했는데, 그날도 미래에 대해 온갖 상상의 나래를 펼치기 시작했다. 내가 평범한 행복을 다시 찾고 경제적으로 안정되면 그때부터는 무엇을 하면서, 무엇을 위해 살아갈까? 부모님은 두 분 다 60대에 돌아가셨다. 생각해보면 인생은 태어나는 순간부터 죽음이란 결승선을 향해 나아가는 과정이었다. 뛰어가는 사람, 걸어가는 사람, 속도만 다르지, 누구나 언젠가 도달하는 최종 도착지다.

사람이 죽고 나면 무엇이 남을까? 시간이 흐르면 고인을 기억하던 사람들도 하나둘씩 세상을 떠나고 수십 년쯤 지나면 그 사람이 살았던 흔적은 대부분 사라진다. 나는 부모님의 흔적이 이 세상에서 사라지게 하고 싶지 않았다. 나 자신도 흔적 없이 사라지고 싶지 않았다.

장학재단을 만들어 적은 금액이라도 어려운 학생들에게 장학금을 준다면, 그리고 장학금을 받은 학생이 사회에 나가 자리 잡은 후 후배들에게 또 장학금을 준다면 이 세상에 행복이 퍼져나갈 수 있으리라. 내가 도와준 사람들이 나를 기억하고, 그 기억의 힘으로 다른 사람들을 도와준다면 얼마나 아름다운 일인가? 장학재단의 이름은 부모님의 성함을 한 글자씩 따서 '영순장학회'라고 지었다. 그러면 부모님을 기억하는 사람들이 모두 이 세상에서 사라진 후에도, 영순장학회는 계속 살아남아 후세에 희망과 사랑을 전할 것이다.

가슴 속에 원대한 꿈을 품을수록, 찜질방에서 사는 누추한 현실은 아무것도 아닌 것처럼 느껴졌다. 일단 20억 원을 모을 수 있다면, 그 돈을 종잣돈으로 수익사업을 해서 영순장학회를 오래오래 지속하며 수많은 젊은이를 도와줄 수 있을 것이었다. 부모님이 돌아가시기 전 투병 생활을 하실 때 담당 수간호사님에게 너무나 감사해하던 모습이 생생하게 떠올랐다. 그래서 나는 간호학과 학생들에게 장학금을 지급해야겠다고 생각했다.

코로나19 이후 방역의 최전선에서 고생하는 간호사님들을 보며 더욱더 그런 결심을 굳히게 되었다.

보증보험 영업을 열심히 해서 반드시 '영순장학회'를 만들어 수많은 사람들이 우리 부모님 성함인 최영숙, 박순학을 오래오래 기억하게 하고 싶다. 그것이 철없던 아들이 생각해낸 가장 큰 효도다. 언젠가 친구가 "너희 부모님이 너 이혼한 것 알았으면 슬퍼했을 것"이라고 말한 적이 있다. 부모님께는 그냥 모든 것이 죄송할 뿐이다. 나이가 들어도 철없이 살아왔다. 부모님이 살아계실 때 효도를 많이 한 기억이 있으면 좋으련만……. 이런 생각을 하면 할수록 반드시 영순장학회를 만들어서 효도를 한번 하고 싶다.

아버지의 꿈

언젠가 남북이 평화로운 시대가 되어 경제협력사업이 재개되면, 2회에 걸쳐 1,001마리의 소떼를 끌고 방북했던 정주영 회장님처럼, 아버지의 고향인 원산시에 소를 이끌고 가는 허황되면서도 행복한 상상을 한다. 여유 자금이 생기면서 대북사업을 하는 현대아산의 최대 주주인 현대엘리베이터 주식을, 1만 주 매입을 목표로 조금씩 사 모으고 있다.

네 번이나 가출한 정주영 회장님도 부모님에 대한 죄송한 마

음을 늘 지니고 살았으리라. 가난한 농부의 장남으로 뼈 빠지
게 일해도 가족을 부양하기 힘든 삶에서 탈출하기 위해 아버지
가 소 판 돈을 들고 가출해 끝내 성공했지만, 부모님에 대한 부
채의식을 평생 갖고 있었을 것으로 생각한다. 서산 간척지에
옥토를 일구고, 소 판 돈을 들고 떠났던 고향에 소떼를 몰고 방
문한 것도 어쩌면 부모님에 대한 선물이 아니었을까.

1939년생인 아버지는 함경남도 원산부 신풍리 55번지에서
태어났다. 해방되던 이듬해 조부모님과 함께 남쪽으로 내려와
지금의 경기도 안양시 '능골'이라는 곳에 정착했다. 원래는 할
아버지 혼자 일자리를 구하려고 남쪽으로 와서 경제활동을 하
셨는데, 당시 정치 상황을 주시하다가 가족들과 영영 생이별할
지도 모른다는 생각에 원산의 가족을 모두 이끌고 어렵게 남쪽
으로 이주했다고 한다. 할아버지는 정말 현명한 분이셨다.

1950년 6·25전쟁이 발발하자, 할아버지는 국군으로 참전하
고 할머니는 만삭의 몸으로 4남매를 이끌고 피난길에 오르셨
다고 한다. 아버지는 술을 드시면 어려웠던 피난 생활을 말씀
하시곤 했다. 먹을 것이 없어서 굶는 게 일상이었지만 국군과
미군의 도움을 많이 받았다고 했다. 피난길에 만난 미군들은
음식도 나눠주고 길도 안내해 주었다고 한다. 피난민이 넘치는
상황에서도 아이들이 주렁주렁 매달린 만삭의 임산부라 특별
히 배려해주었던 것 같다.

피난 중 작은고모가 태어났다. 허름한 창고에 산모와 아기가

누워 있을 때, 아이들은 먹을 것을 찾아 마을을 돌아다녔다고
한다. 지금도 건강하시고 목소리가 우렁차신 큰고모가 들려준
얘기에 따르면, 큰아버지는 뭔가 먹을 것을 구하기 전에는 절
대로 할머니가 계시는 창고로 돌아오지 않았다고 한다. 장남으
로서 가족에 대한 책임감을 막중하게 느꼈던 것 같다. 당시 낙
동강 인근 허름한 창고에서 태어난 작은고모는 지금도 화가로
활동하며 작품전도 열고 제자들에게 한국화를 가르친다. 할아
버지는 돌아가실 때까지 이북에 있는 형제자매와 친척들을 그
리워하셨다. 그래서 남북 이산가족 상봉 기회가 있을 때마다
신청하시고 숨죽여 발표를 기다리셨지만 결국 상봉의 기회를
얻지 못하고 돌아가셨다.

어려서부터 늘 아버지가 들려주는 6·25전쟁 이야기를 들으
며 자란 나는 군인들에게 감사하는 마음을 갖게 되었다. 전쟁
을 겪은 아버지는 성인이 되자 해병대에 입대하셨고, 돌아가실
때까지 해병대원이라는 자부심이 대단했다. 형이 제1공수특전
여단에 입대했을 때 아버지는 걱정도 하셨지만, 약주 한잔하실
때마다 든든한 큰아들의 군복 입은 사진을 보면서 무척 자랑스
러워했다.

나는 아버지의 영향으로 미군과 유엔 참전국 군인들이 남 같
지 않았다. 늘 그들에게 보답해야 한다고 생각했다. 그래서 외
국인들과 어울리다가 아버지나 할아버지가 한국전에 참전했
다는 얘기를 들으면 술값을 대신 내주기도 했다. 내가 군대에

서 근무한 5사단 지역은 전쟁 때 유엔군 병사들의 희생이 많았던 곳이다. 군대에 있을 때 경기도 연천에 비가 너무 많이 내린 적이 있었다. 미군 지프차가 그만 급류에 휩쓸려서 미군이 사망한 사고가 있었다. 당시 나는 빨리 제대하고 싶은 마음밖에 없었는데, 빨리 집으로 돌아가고 싶었는데, 훈련 중 사망한 미군은 얼마나 집에 가고 싶었을까 생각하니 안타까웠다. 먼 이국땅에서 그렇게 세상을 떠나다니, 그 가족은 얼마나 마음이 아팠을까?

북에서 남으로 이주한 우리 가족은 더 넓은 세계로 흩어졌다. 형은 90년대 초반 캐나다에 이민 갔다. 내가 중학생일 때 형이 군에 입대했다. 휴가 나온 형을 따라 난생처음 생맥주집에 간 적도 있다. 물론 나는 콜라를 마셨다. 형은 공수부대에서 만기 전역한 후 대기업에 취업했다. 그러는 사이 내가 군대에 가게 되었다. 걸프전쟁이 발발했을 때 형이 결혼한다는 편지를 받았다. 형수님은 캐나다 교포로 대학 졸업 후 한국에 와서 영어 강사로 일하던 중 선생님과 학생으로 만나 형과 결혼하게 되었다. 나는 전쟁으로 전방에 비상이 걸려서 결혼식에 참석하지 못했다.

결혼하고 한국에서 2년간 부모님을 모시고 살다가 캐나다에 이민 간 후, 형은 처음에는 다른 이민자들처럼 우리나라의 편의점 같은 미니슈퍼를 했고, 유학원을 운영하다가 지금은 우체국에 근무하고 있다. 부모님은 살아계실 때 미국의 이모 댁에서 몇 개월, 캐나다의 형 집에서 몇 개월 머물며 여행할 때 찍은 사진을 자주 들여다보시곤 했다.

아버지와 어머니는 두 분 다 겨울에 돌아가셨다. 당시는 캐나다로 조기유학, 어학연수를 많이 떠날 때라 항공권을 제때 구하기가 어려웠다. 형은 어렵게 비행기표를 구해 한국에 와서 부모님을 보내드렸다.

형은 내가 잘살고 있는 줄 알았을 것이다. 자주 통화했고, 보이스톡이 생긴 후로는 전화요금에 대한 부담이 없어 일주일에 한 번은 통화한다. 통화할 때마다 늘 밝은 모습을 보여주었다. 이혼했다는 얘기도 한참 지나서야 했다. 2019년 가을, 조카가 한국에서 결혼하게 되어 형 부부가 한국을 방문했다. 말은 없었지만, 내가 원룸에 사는 모습을 보고 많이 안타까웠을 것 같다. 하지만 나는 괜찮았다. 이미 그때는 최악의 상황에서 벗어났을 때라 점점 더 좋은 모습을 보여줄 수 있다는 확신이 있었기 때문이다.

봄, 가을에 형 옷을 아웃렛이나 인터넷에서 사서 보내준다. 형은 그만 보내라고 해도 내가 좋아서 하는 일이다. 아무리 생각해도 옷은 한국 제품이 가장 좋은 것 같다.

캐나다에 가면 형은 나를 데리고 여러 곳을 구경시켜준다. 형은 처음에 토론토에 살았는데, 토론토 같은 대도시는 우리나라와 별다를 게 없다. 지금은 밴쿠버로 이사했는데, 자연이 너무나 아름답다. 형이랑 함께 산과 바다, 호수를 돌아보며 한가롭고 평화로운 풍경에 젖어 들면 나도 그 풍경과 하나가 되는 것 같다. 숨 가쁘게 살아가는 한국에서의 삶과는 달리, 종일 벤치에 앉아서 책을 읽다가 그대로 잠들어도 될 것 같은 한적하고 조용한 분위기가 좋다.

이제 형은 내가 부모님과의 추억을 이야기할 수 있는 거의 유일한 사람이다. 우리는 한 뿌리에서 나와 넓은 세계로 뻗어나가는 인생 동지다. 언젠가 형과 함께 아버지의 고향에 갈 수 있으면 좋겠지만, 그렇지 못하더라도 자식 세대와 손주 세대가 번영하며 이 세상에 아버지의 사랑을 퍼뜨린다면 아버지의 꿈은 실현될 것이다.

밥풀만 한 생각에서 위대한 성취로

'사업하는 사람은 누구나 비슷하겠지만 밥풀 한 알만 한 생각이 내 마음속에 씨앗으로 자리 잡으면, 거기서부터 출발해서 끊임없이 그것을 키워서 머릿속의 생각을 눈으로 볼 수 있는 커다란 일거리로 확대시키는 것이, 나의 특기 중에서도 주특기라 할 수 있다.' 정주영 회장님은 자동차 기술자라서 현대자동차를 창업한 것도 아니고 건설을 잘 알아서 현대건설을 세운 것도 아니었다. 시장의 기회를 보고 미래 산업의 방향을 통찰하고 밥풀 한 알만 한 생각을 계속 발전시키며 필요한 지식을 배우고 방법을 모색해서 결국 거대한 사업을 일구었다.

영순장학회의 꿈도 밥풀 한 알만 한 생각에서 출발했지만, 그동안 몇 군데 장학금을 지급했으니 이제는 밥 한 숟가락 정도로는 커진 것 같다. 얼른 더 키워서 밥 한 공기로, 여러 명이 배를 채울 만한 밥 한 상으로, 동네잔치를 할 만큼 널따란 밥상으로 키우고 싶다.

영화 〈쇼생크 탈출〉에서 주인공 앤디는 교도소 안에 도서관을 만들려고 주의회에 계속 편지를 보냈다. 처음 몇 년간은 답장이 없었지만, 앤디는 포기하지 않고 매주 편지를 보냈다. 무려 6년이 흐른 후 드디어 200달러와 함께 약간의 기부를 받아내는 데 성공한다. 하지만 앤디는 거기서 멈추지 않는다.

"앞으로는 매주 2통씩 써 보내야지!"

주인공은 매주 2통씩 편지를 보내 매년 500달러의 예산을 확답받고 교도소 내에 도서관을 만드는 데 성공한다. 개척영업을 할 때 나는 자주 앤디를 떠올렸다. '대충 타협하지 말고, 중간에 멈추지 말고 될 때까지 하자.'

최근 내가 피부미용사 시험을 볼 때 기꺼이 모델이 되어 준 친구 동연이가 연락했다.

"진수야, 축하해 줘! 나 11년 만에 최고 실적을 올렸어!"

"정말 잘됐다. 축하해!"

"진수야, 네가 영업하는 모습을 보면서 과연 가능할까 하는 생각도 많이 했는데, 나도 다시 도전하고 싶더라!"

동연이는 내게 고맙다며 보리밥을 사주었다. 〈쇼생크 탈출〉이 내게 도전 의식과 희망을 주었듯, 나 역시 친구에게 희망과 용기를 주었다니 너무나 기뻤다.

나는 좋아하던 술을 2022년 5월 28일부터 끊었다. 완전히 끊은 것은 아니고, 한 달에 한두 번 정도 거래처와 맥주 한두 병 정도만 마신다. 전에는 영업을 열심히 한 후 원룸에 사놓은 간이 욕조에 물을 받고 반신욕을 하고 나서 냉동실에 넣어둔 막걸리 한 병을 마시는 게 낙이었는데, 5월 28일 이후로는 한 번도 혼술을 하지 않은 나 자신이 대견하다.

초등학교 시절부터 친구로 지낸 동창이 건강이 안 좋아진 것을 보고 느낀 바가 많았다. 어느 날 그 친구와 저녁을 먹는데, 술을 못 마시고 탄산수만 조금씩 마시는 것을 보았다. "친구야, 나도 이제 술 안 마실 거야. 너 다시 건강해지면 그때 함께 마시자"라고 말하고 그 이후로 술을 안 마신다. 술을 안 마시니 몸무게가 6kg 빠졌다. 몸이 아프냐고 묻는 사람도 있지만, 뱃살이 빠지니 속이 편하고 몸이 가뿐해져 전보다 훨씬 더 건강해졌다. 친구도 건강이 많이 회복되어서 너무나 기쁘다.

몸무게가 빠지니 손가락 굵기도 줄어들어 누나와 아버지의 반지를 녹여 만든 아버지의 유품도 다시 손가락에 낄 수 있었다. 매일 영업을 하다가 시간이 날 때면 반지를 닦으며 부모님과 누나를 생각하고 영순장학회의 꿈을 이루기 위해, 그들이 못다 한 생을 마음껏 누리기 위해, 건강하게 살기로 다짐한다.

하고픈 일, 다 해 보고 오라

얼마 전 고등학교 친구가 세상을 떠났다. "하고픈 일, 다 해 보고 오라"는 말을 가족에게 남겼다고 한다. 그 친구의 자녀에게 가끔 치킨 쿠폰을 보내주며 '삼촌이다~ 통닭 먹고 튼튼하게만 자라다오!'라고 메시지를 보내면 '삼촌! 나이가 이제 서른이에요! 다 자랐어요!' 하고 답장이 오곤 한다. 그 친구 말처럼, 나도 하고픈 일을 다 해 보려고 한다.

캐나다에 방문했을 때 어느 날 형이랑 밴쿠버 항구까지 드라이브를 갔다. 유람선을 보니 여행을 가고 싶었고 "형, 언젠가 크루즈 타고 알래스카 가보자"라고 말하자 형도 좋다고 했다. 그런데 그 후로 코로나19가 발발했고 캐나다에 갈 기회가 없었다. 형은 올해 형수님과 7박 8일간 크루즈를 타고 알래스카 여행을 갔다. 거기서 찍은 사진을 내게 많이 보내주었다. 나는 내년쯤 형과 밴쿠버에서 출발하는 알래스카 여행을 계획하고 있다.

형은 캐나다 옐로나이프라는 곳이 오로라 관광명소라고 얘기해 주었다. 가까운 미래에 옐로나이프에 가서 오로라를 볼 생각을 하면 가슴이 두근거린다.

세계 일주의 꿈을 가진 사람들이 많을 것이다. 나는 어린 시절 영화 〈80일간의 세계 일주〉를 보고 막연히 세계 일주를 꿈꿔왔다. 내가 못 가본 넓은 세상에서 낯선 사람들이 살아가는 모습을 보고 싶다. 전문 산악인은 아니지만, 히말라야산맥, 안

데스산맥, 킬리만자로산에도 가보고 싶다.

무엇보다도 나는 6·25전쟁에 병력을 지원한 유엔 16개국과 의료지원을 한 6개국을 돌아보고 싶다는 꿈을 키우기 시작했다. 언젠가 TV에서 에티오피아 참전용사를 다룬 다큐멘터리를 보다가 너무나 미안한 마음이 들었다. 이탈리아의 침공으로 나라를 빼앗겨 본 경험이 있기에 강뉴부대로 참전한 그들은 대한민국을 위해 싸웠고 혁혁한 전공을 세운 후 귀국했다. 하지만 1970년대에 쿠데타가 발발했고, 참전용사들은 공산당에 대한 배신자로 낙인찍혀 많은 박해를 받았다고 한다.

그때 막연하게 생각했다. 언젠가 유엔 참전국들을 돌아보며 참전용사 묘지에 헌화하고 싶다고. 낯선 나라에 찾아와 목숨을 걸고 자유를 지킨 그들의 묘에서 묵념하며 감사의 마음을 전하고 싶다. 첫 번째 방문국은 에티오피아로 정했다.

하고 싶은 일들을 다 하기에는 인생이 너무 짧다. 오십 줄에 들어선 나는 아마도 살아온 날보다 살아갈 날이 더 짧을 것이다. 후회하고 방황할 시간이 없다. 아직도 내 미래는 무한한 가능성으로 가득한 미완성의 신세계다.

내가 늘 지갑에 넣고 다니며 힘들 때마다 바라보는 딸아이 어린 시절 사진,
5개년 계획 목표, 친구가 준 5만 원권 지폐.

법인보험대리점(GA) 지점장으로 일할 때
잡지에 보도된 내용.

현대오일뱅크 대전지사.
각 지사에는 정주영 회장님의 말씀이
적힌 액자가 걸려 있다. 「우리는
위기를 극복할 지혜와 능력이 있다.」

자재를 사서 지인들과 직접 공사했다.
피부관리실 인테리어 비용은 총 110만 원 들었다.

친구와 함께 청주에서 부산까지
1박 2일 자전거 여행을 하고 나서.

피부관리실에 내가 사랑하는 피규어들을 진열했다.

선배와 함께 공사한
피부관리실은 나름대로
깔끔하고 아늑한
분위기였다. 벽면의
아랫부분에 편백나무를
사용해 은은한 향기가 났다.

自强不息

2017.05.26. AM09:13

보증보험 실무는 전산작업으로
이루어진다. 수많은 상품별로 전산처리
방식을 익힐 때 가장 잘 보이는 위치에
'자강불식'이라고 써서 붙여 놓고
수시로 바라보며 목표를 위해
끊임없이 노력하겠다는 의지를 다졌다.

대형 창틀을 들고 계단을 오르면 한겨울에도 땀이 줄줄 흘렀다.

찜질방에서 128번 아저씨로 살 때 사물함 열쇠.
주인은 장기 거주자 중 일부에게 사물함을
전용으로 쓸 수 있도록 배려했고, 열쇠에 빨간
노끈으로 표시했다.

싱크대와 화장실, 세탁기, 옷장, 책상이 있는 나만의 공간을 얻은 날, 정말 행복했다.

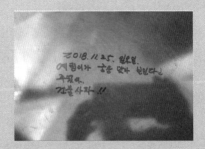

나는 딸이 사준 밥상에 내 결심을 적었다.

나는 원룸의 물건 하나 하나에 내 다짐을 써 놓았다.

일본 여행 중 찍은 아톰 사진.
나는 아톰 피규어를 좋아해서
개인적으로 여럿 소장하고 있다.

캡슐호텔.
내 몸 하나 누울 최소한의 공간에서
생활하는 것도 익숙해지면 괜찮다.

서울보증보험 신인상 표창패.
신규대리점 교육을 받을 때부터
가슴에 품었던 꿈이 2년여 만에
마침내 이루어졌다.

서울보증보험 신인상 상금으로
지갑을 사서 딸아이에게 선물로 주었다.

친구가 어머니와 함께
살던 집을 어머니 사후
추모관으로 바꾸는
작업을 도와주었다.
언젠가는 내 집을 손수
지을 생각이다.

요즘도 주말에 시간이 나면
공사 현장을 찾는다.
과거의 힘들었던 시간을
잊지 않기 위해,
내 집을 직접 짓기 위해.

부모님의 성함에서 한 글자씩 딴
'영순장학회'를 꼭 설립해서 부모님의
삶과 사랑이 영원히 이 세상에
기억되도록 하는 것이 내 인생 목표다.

사진을 찍고 20여 년이 흐른 후
형과 나만 세상에 남았다.

캐나다 밴쿠버에서 알래스카로 가는 크루즈.
다음에 형을 방문하면 함께 알래스카 여행을 하기로 했다.

희망의 증거가 된 60개월의 패자부활전!

당신에게는 기회가 있습니다

1판 1쇄 발행 2022년 10월 20일   지은이   박진수
                                     펴낸이   백지선
ⓒ 박진수, 2022   마케팅   용상철
                                     인쇄   도담프린팅

펴낸곳   또다른우주
등록   제2021-000141호(2021년 5월 17일)
주소   03925 서울시 마포구 월드컵북로 400 (상암동) 5층 13호
전화   02-332-2837
팩스   0303-3444-0330
블로그   https://blog.naver.com/anotheruzu

ISBN 979-11-977363-7-7   03190

여러분의 투고를 기다리고 있습니다.
기획 아이디어와 원고가 있으신 분은 anotheruzu@gmail.com 으로 연락주십시오.